本书为 2019 年度沈阳市哲学社会科学专项资金项目"左图右史与《黑图档》：清代沈阳城市记忆研究"（项目编号：SC19001Z）结题成果

清代沈阳城市记忆研究

赵彦昌◎著

人民出版社

责任编辑：贺　畅
文字编辑：乔　欣
封面设计：王欢欢

图书在版编目（CIP）数据

清代沈阳城市记忆研究 / 赵彦昌著 . — 北京：人民出版社，2023.11
ISBN 978－7－01－026005－1

Ⅰ ①清…　Ⅱ ①赵…　Ⅲ ①城市史－研究－沈阳－清代　Ⅳ ① K293.1

中国国家版本馆 CIP 数据核字（2023）第 204072 号

清代沈阳城市记忆研究
QINGDAI SHENYANG CHENGSHI JIYI YANJIU

赵彦昌　著

人民出版社 出版发行
（100706　北京市东城区隆福寺街 99 号）

北京中科印刷有限公司印刷　新华书店经销

2023 年 11 月第 1 版　2023 年 11 月北京第 1 次印刷
开本：880 毫米 ×1230 毫米 1/32　印张：13.5
字数：206 千字

ISBN 978－7－01－026005－1　定价：53.00 元

邮购地址 100706　北京市东城区隆福寺街 99 号
人民东方图书销售中心　电话（010）65250042　65289539

目　录

绪 论

　　档案是指过去和现在的机关、团体、企业、事业单位和其他组织以及个人从事经济、政治、文化、社会、生态、文明、军事、外事、科技等方面活动直接形成的对国家和社会具有保存价值的文字、图表、声像等历史记录。档案是人们了解一个地区在不同历史阶段的第一手资料，想要探究清代沈阳历史发展脉络，必然要立足于清代盛京档案史料。

　　《黑图档》是辽宁省档案馆馆藏清代档案全宗之一，形成于康熙元年（1662）至咸丰十一年（1861）间，是盛京总管内务府衙门的文书抄存档案，共计1149册，其中康熙、雍正、乾隆三朝以满文为主，嘉庆、道光、咸丰三朝以汉文为主。内容涉及盛京上三旗包衣佐领和盛京总管内务府的设置沿革，及该机构运行过程中的行政管理。包含人员调补、皇庄经营、贡品献纳、宫殿维护及藏品、陵寝修葺及祭祀、旗人刑法诉讼案件、经济管理、承接普发上谕、皇帝巡幸等具体事务。每朝《黑图档》按京来、京行、部来、部行、存查五类排列，每类下按行文时间先后排列。

　　2016年至2018年《黑图档·嘉庆朝》由辽宁省档案馆整理后在线装书局陆续出版。其中，《黑图档·嘉庆朝》记录了嘉庆元年（1796）至嘉庆二十五年（1820）间盛京总管内务府承办皇室、宫廷事务的详细活动，诸如官员升迁调补、庄园经济状况、上三旗人丁构成等。《黑图档·道光朝》反映了道光元年（1821）至道光三十年（1850）行政制度、刑法诉讼、一宫三陵、经济管理、承接上谕等情况。"《黑图档·咸丰朝》收入咸丰元年（1851）至咸丰十一年（1861）档案共有5754件，既有满文也有汉文，每件档案都著有中文标题。"①《黑图档》内容涵盖范围十分广泛，大到政治、经济、军事、文化背景，小到清代盛京民风、民俗都有涉及，是整个东北地区

---

① 赵彦昌、樊旭：《〈黑图档·咸丰朝〉评介》，《满族研究》2019年第3期。

宝贵的研究史料。也为我们进行清代盛京地区政治、经济、文化等历史研究提供了重要的一手资料。

第一节　档案记忆观

档案记忆观是在人类社会发展过程中形成的新观点，它是在社会记忆、集体记忆研究基础之上产生的。档案记忆观强调："档案是建构集体记忆重要且不可替代的要素；档案工作者有责任通过自身的业务活动积极主动地参与集体记忆的建构、维护与传承；档案工作者的观念、工作原则与方法对于集体记忆的真实、完整与鲜活产生正面或负面的影响。"[①] 上海大学丁华东教授认为："档案记忆观"的"核心内涵是：档案记忆观强调的依然是社会记忆，但其将社会记忆与档案的社会记忆属性相结合，把社会、民族乃至个人与档案连接起来。"[②] 中国人民大学徐拥军教授认为："档案记忆观主要是指从集体记忆、社会记忆视角对档案、档案工作及档案工作者的系统认知，同时还包括从档案学视角对集体记忆、社会记忆及其构建的独特认知。"[③]

档案记忆观运用档案这种固化的社会记忆工具，来帮助人类和社会实现相比人脑记忆更准确、更久远、更稳定和可传承的社会发展过程，使人类历史发展过程得以记录和追溯，形成普遍的社会认同。用档案这种原始记录来回顾社会发展和历史记忆，是本书认为的档案记忆观。

对档案记忆观视域下清代盛京的历史研究有三方面现实意义：其一，推动挖掘沈阳城市记忆资源，如在沈阳市档案馆开办的"沈阳的记忆"展览，既再现了沈阳的历史轨迹，也满足了百姓对于沈阳历史文化的需求，通过让百姓更多地接触档案，借助档案熟悉历史，促进城市记忆发展；其二，丰富档案部门实践经验以及增强档案工作者的历史责任感，提升档案工作者工作能力，为全面挖掘沈阳城市历史资源提供人力支撑；其三，从档案记忆的视角探究清代盛京历史，能够真实、全面地展现沈阳城市发展的历史与现貌，反

---

① 冯惠玲：《档案记忆观、资源观与"中国记忆"数字资源建设》，《档案学通讯》2012 年第 3 期。

② 丁华东：《档案记忆观的兴起及其理论影响》，《档案管理》2009 年第 1 期。

③ 徐拥军：《档案记忆观的理论与实践》，中国人民大学出版社 2017 年版，第 82 页。

映沈阳深厚的文化底蕴与强大精神力量，带动旅游文化发展，甚至达到推动经济繁荣的目标。

档案部门在保护一个城市的记忆过程中扮演着重要角色，其中，"档案展览是档案信息开发利用的有效方式，是档案传播的重要手段"①。对于沈阳这座城市，可以由当地各级档案部门牵头，举办形式多样的城市记忆展览。

丰富城市记忆，首先要加强对档案本身的开发，广泛收集城市记忆档案资料，"收集范围应该既包括历史街区、文物古迹、地方民居等城市物质文化遗产，也包括社会习俗、传统技能等城市非物质文化遗产"②。其次要多方位、多方式收集档案资料，包括声像档案、图片档案、文字档案等，并对收集的大量档案资源进行科学整合，将档案分类，并使其系统化、完整化。最后对档案信息资源进行开发利用，使档案发挥出新的价值，推动城市记忆建设。

清代的盛京作为陪都和"龙兴之地"，这段时期创造的历史必然是十分辉煌，档案部门可以多挖掘这一时期的相关档案，提高档案利用效率，增强服务大众的意识，使档案更好地服务于沈阳城市记忆建设。

第二节　档案记忆观视域下的清代盛京

顺治元年（1644）顺治皇帝于北京登基即位，清朝都城也由盛京迁至北京，作为两代帝王都的盛京城并没有被遗忘，清迁都北京后，清朝皇帝对这里依然怀有特殊的感情，尊盛京为陪都。这是因为盛京不仅是大清国的发源之地，清帝祖陵所在地，同时也是维系关外统治的政治中心。从清帝多次东巡祭祖以及清政府对盛京宫殿、陵寝的不断勘察，耗费财力和人力修缮、扩建等活动中都能看出清朝对陪都盛京的重视，以及盛京在清朝皇室心中乃至整个清朝的重要地位。

---

① 陈梅：《保护城市记忆 档案部门怎么做》，《浙江档案》2011 年第 10 期。
② 陈梅：《保护城市记忆 档案部门怎么做》，《浙江档案》2011 年第 10 期。

一、入关前的盛京

明天启五年（1625）努尔哈赤将都城由辽阳（今辽中地区）迁至沈阳，《盛京通志》记载："上欲迁都沈阳，贝勒、诸臣以岁荒食匮谏阻。上不许曰：沈阳形胜之地，西征明由都尔鼻渡辽河，路直且近；北征蒙古二三日可至；南征朝鲜可由清河路以近。且于浑河苏克素护河之上流伐木顺流下，以之治宫室为薪不可胜用也。时而出猎，山近兽多，河中水族亦可捕而获之，朕筹此熟矣。汝等宁不计及耶？"① 这其中可见努尔哈赤迁都沈阳的深谋远虑，虽然他的迁都决定令众臣不解甚至一致反对。但努尔哈赤看中了沈阳山水中野兽富足可以捕捉，地处浑河下游方便运输的优势。沈阳向西讨伐明皇，向北征讨蒙古，向南攻打朝鲜的地理位置优越之处，是夺取天下的最佳据点。"在努尔哈赤迁都沈阳的前一年，即天命九年（1624）已遣侯振举等筹建汗宫及八角殿、十王亭，使得努尔哈赤一年后迁都时便能够使用"② 。努尔哈赤的迁都之举也为大清攻占北京，入主中原奠定了良好的基础。

没有努尔哈赤，就没有"盛京"城，"努尔哈赤先后创文字、建都城、立法制、编八旗、设职官等，完成了国家机构所必备的各种条件，基本完成了女真（满族）从部落到国家的发展历程"③ 。皇太极在父亲努尔哈赤建设的基础上，又对盛京城进行新的建设，他"扩建盛京城垣，新建的盛京城在规模上略有扩大，而且改变了原来单纯的以军事为主的城市功能，将盛京建成以天子治居之城"④ 。十几年间，盛京城发生了天翻地覆的变化。皇太极所建的宫殿、寺庙、陵寝等许多建筑几经风霜与战争洗礼留存至今。

二、清帝东巡

清帝东巡盛京，祭谒祖陵期间，"在追思祖先肇基创业功绩的同时，都在提醒自己以及后代继位者，要敬天法祖，勤政爱民，发扬光大先皇开创的基业"⑤ 清代档案中有大量资料记录着先后有四位清帝，共计十次东巡祭祖的事

---

① （清）阿桂等纂修：《盛京通志》，辽海出版社1997年版，第58页。
② 王茂生：《清代沈阳城市发展与空间形态研究》，博士学位论文，华南理工大学，2010年。
③ 王茂生：《清代沈阳城市发展与空间形态研究》，博士学位论文，华南理工大学，2010年。
④ 王茂生：《清代沈阳城市发展与空间形态研究》，博士学位论文，华南理工大学，2010年。
⑤ 丁海斌、滕春娥：《谈清帝东巡与陪都盛京》，《东北史地》2009年第1期。

宜，这对陪都盛京的所有相关机构和百姓而言都是难得一遇的重要历史时刻。各个机构进行着相应的准备工作，并发送公文向总管部门请示意见。在这些往来公文中便可窥见清代盛京机构运行的规律以及盛京作为陪都在皇帝们心中的历史地位和分量。

　　有四任在北京即位的大清皇帝在位期间先后共进行了十次东巡祭祖，拜谒祖陵。清帝大统天下后，顺治帝首先提出应进行"皇帝东巡"活动。但由于国内政局不稳，顺治皇帝的东巡愿望始终没能实现，首次实现东巡祭祖活动的是康熙皇帝。康熙十年（1671），康熙皇帝首次东巡盛京祭拜祖陵，总管内务府为迎接清帝东巡修缮宫殿。

　　乾隆皇帝四次东巡祭祖，盛京各部以及将军衙门各司其职着手准备恭迎皇帝东巡事宜，在《盛京内务府为造送皇上巡幸盛京两陵致祭抬桌官员职名事咨盛京礼部》中记载："盛京将军衙门等衙门为咨行事。会办处亲呈准礼部咨开，为奏闻事。仪制司案呈本部具奏，皇上恭谒祖陵礼成至盛京升殿事宜一折，于乾隆四十二年七月十四日。本日奉旨：依议。钦此。相应抄录原奏，行文盛京将军转行盛京文武各衙门可也。须至咨者。等因前来。相应抄录原咨粘单，咨行盛京内务府，转饬所属一体遵照可也。"[①] 又如《行在礼部为知会皇上诣太庙行礼之仪注事咨盛京内务府》中记录乾隆第四次东巡祭祖时，礼部关于行礼仪一事给盛京内务府的知照"宝案前行礼仪注一折于本月十六日在瓦子峪大营地方具奏相应抄录仪注行文"。[②] 在这种不远万里、舟车劳顿东巡祭祖的仪式感中我们可以看出清代历代皇帝对盛京这一大清朝血脉发源地的仰重，也体现了盛京在清代统治者心中的分量。

三、修缮建筑

（一）修缮宫殿

　　顺治入关后，皇帝们也一直关注着先祖建设的盛京城宫殿和陵寝的保护和修缮。《黑图档》中记载各个朝代对盛京宫殿、设施、陵寝等的修缮和维护的内容。盛京工部和盛京将军衙门会定期检查盛京建筑是否有损坏需要修缮

---

① 辽宁省档案馆编：《黑图档·乾隆朝》（34），线装书局 2016 年版，第 76 页。

② 辽宁省档案馆编：《黑图档·乾隆朝》（9），线装书局 2016 年版，第 277 页。

的部分，据《黑图档·咸丰朝》中《盛京工部为查验勘盛京宫殿各工情形事咨盛京将军衙门》记载："盛京将军会同工部查照单开情形较重，各处设注敬谨保护，奏明办理。钦此。当经钦遵谕旨，照依单开情形较重各工处所，敬谨勘得文溯阁一座五间，迪光殿一座三间，保极宫一座五间，磁器库一座七间，头停渗漏前后飞檐坠落椽望间有糟朽瓦片破碎不全。此四处工□尚堪设法保护，旨拟将檐椽坠落处所俱用椽木加添插补，檐檩之上铺钉望板用灰墁盖，琉璃瓦片选用齐挨□，归安可保二三年内不致渗漏。估需物料、匠夫银一千五百余两，应令該将军等照例先行造册，估工竣核实，造册题销。"① 然后根据勘查结果记录下需要修缮的地方，进行开库发银，《盛京将军衙门为动用盛京户部库银维修太庙配殿等事咨盛京内务处》中记载。"各工原续估共领遏银一千五百六十五两九钱三分八厘，当经报销各在案。"② 发放匠役出入关所需口票，《刑部为交还承修盛京福昭陵匠役进关所领口票事咨盛京内务府》记载："刑部为咨送事。本部左堂宗室国内关部堂宋前经钦派承修盛京福陵、昭陵殿座工程完竣匠役人等进关后咨取盛京内务府空白图记口票十张，相应将口票九张先行咨送盛京内务府查照缴销。下余口票一张，俟查明再行咨送缴销可也。"③ 准备就绪后交由盛京工部进行修补工作，每一任在北京即位的君王都会定期查修盛京建筑，可见陪都盛京地位非同一般，这也是清王朝不忘祖先创业艰难的一个重要体现。

大清门是盛京皇宫正门，也称"午门"，是皇太极即位后的早期建筑之一。清早期建筑风格粗犷，大清门便是一个重要体现。在当时，这里是皇太极临朝听政举行重大礼仪活动时朝臣、侍卫集合之地。据《黑图档·咸丰朝》中《盛京工部为派员估修大清门西红墙等处事咨盛京内务府》记载，咸丰二年（1852）农历三月工部查看到："大清门前照壁西红墙劈裂臌门，倒坏约长十五丈余"④，《盛京工部为勘修大清门前照壁等事咨盛京内务府》中工部又于农历五月将"大清门前照壁西红墙劈裂，倒坏凑长十五丈"⑤ 维修工事

---

① 辽宁省档案馆编：《黑图档·咸丰朝》（3），线装书局 2016 年版，第 261 页。
② 辽宁省档案馆编：《黑图档·咸丰朝》（3），线装书局 2016 年版，第 74 页。
③ 辽宁省档案馆编：《黑图档·咸丰朝》（1），线装书局 2016 年版，第 249—250 页。
④ 辽宁省档案馆编：《黑图档·咸丰朝》（3），线装书局 2016 年版，第 138 页。
⑤ 辽宁省档案馆编：《黑图档·咸丰朝》（3），线装书局 2016 年版，第 214 页。

向盛京内务府开单报领所需银两统计在上述档案中记载："开单呈报前来本照依该员呈边原呈粘单内开文尺，照例校算共估需物料银……、匠夫银……共……，相应将银数目移付右司查办可也"①，后盛京工部向盛京内务府发文请派人员，《盛京工部为派员会修大清门前照壁西红墙等处事咨盛京内务府》中记载："盛京工部右清吏司为移会事。照得本部会同具奏请修理内务府大清门前照壁西红墙并官员值宿堆等工，今此项要工仿照奏请修理飞龙阁、翔凤阁工程之案，办理相应移会，盛京总管内务府速即先行出派会员移知本部，添写衔名立待具奏可也。"②并就修理做法拟清册，《盛京将军等衙门为勘修大清前红墙堆房等事咨盛京内务府》中记载："具奏修理内务府大清门前照壁西红墙并官员值宿堆等工，因于本年七月二十八日缮折具奏在案，相应抄录原奏造具估计做法清册一本，咨送工部查核并抄录原奏知照，盛京将军衙门暨盛京总管内务府可也。须至咨者。"③而后送往圣上朱批，《盛京将军等衙门为奏准查修大清门前照壁等处事咨盛京内务府》中记载："另有别情奴才等再行恭折，具奏理合据实奏，闻伏乞皇上圣鉴，为此谨奏请旨。等因。于咸丰二年八月十八日奉到朱批，工部知道钦此前来，除咨报户工二部外相应咨照。"④开工和因故停工日期都要记录在案，并奏请盛京内务府批准，《盛京工部为知照兴修大清门前照壁等处日期事咨盛京内务府》中记载："大清门前照壁西红墙长十五丈，大堂后砖墙长六丈；文溯阁东南角堆拨房二间，外围南夹墙长十一丈；文德坊外南边官员值宿堆房二间，东中堆房二间，南红墙长十八丈；武功坊外西南角堆房二间，南红墙长二十丈。以上十处工程于咸丰二年九月二十六停工，现届应修之际，自应赶紧修理。今职等于本年三月十三日复行兴工，合理呈报为此上呈等情□此，相应将该员等呈报复行于工日期咨报工部外并知照盛京内务府可也。"⑤直至咸丰三年（1853）农历六月十二日修复大清门等工程才竣工，《盛京工部为大清门前照壁西红墙等修葺工程完竣事咨盛京内务府》记载："大清门前照壁西红墙并官员值宿堆房等处工程，职等业

① 辽宁省档案馆编：《黑图档·咸丰朝》（3），线装书局 2016 年版，第 214—215 页。
② 辽宁省档案馆编：《黑图档·咸丰朝》（3），线装书局 2016 年版，第 277 页。
③ 辽宁省档案馆编：《黑图档·咸丰朝》（3），线装书局 2016 年版，第 281 页。
④ 辽宁省档案馆编：《黑图档·咸丰朝》（3），线装书局 2016 年版，第 297 页。
⑤ 辽宁省档案馆编：《黑图档·咸丰朝》（4），线装书局 2016 年版，第 197—198 页。

经于去岁八月二十一日呈报兴工，前往俱照原估做法修理，大清门前照壁西红墙十五丈，大堂后砖墙长六丈，文溯阁东南角堆拨房二间，外围南夹墙长十一丈，文德坊外南边官员值宿堆房二间，东中堆房二间，南红墙长十八丈，武功坊外西南角堆房二间，南红墙长二十丈以上十处工程已于是月停工，又于今春复行兴工。今职等俱照原估做法如式修理完竣理合一并声明呈报。"①从修缮大清门等工程的往来文书中不难发现盛京工部从开始勘察到正式开工的准备时间就有近六个月之久，而除去临近冬天气候寒冷不便施工而暂停的时间后实际施工时间大概四个月，可见当时公文来往很不方便，耗时过久，各类准备呈报占时比实际施工用时更久。

守护盛京古老的宫城，除了修缮大型建筑，盛京工部也要负责更换细小的宫至物品，《盛京工部为更换宫殿等处应用锁事咨盛京内务府》记载："盛京内务府咨行更换宫殿等处应用锁钥，前来除本部照例准给处，相应咨覆盛京总管内务府，将换旧锁钥一并交回可也。"②又如更换竹帘雨搭，《盛京工部为更换宫殿竹帘雨搭事咨盛京内务府》中记载："盛京总管内务府为更换竹帘雨搭事，查得宫殿楼阁等处悬挂竹帘雨搭共一百三十四架，其凤凰楼等处竹帘雨搭六十架，已悬挂在案，惟查东西宫等处竹帘雨搭五十六架，其帘布绒绳划单俱被风雨淋漓，尽皆糟朽损坏，不堪卷放，原为遮蔽雨雪，理宜急行更换修理整齐，以壮观瞻。谨开录粘单理合呈请咨报盛京工部，希□派员查勘修理可也，等因扎行到职，遵即带领匠役前往详细查勘。得敬典阁等处竹帘雨搭共五十六架，应行领出粘补二十八架，其余二十八架尚可缓待理合一并开单声明呈报为此，上呈等情据此除将□员呈报查勘，敬典阁等处竹帘雨搭共五十六架，应行领出粘补二十八架并绳条钩环划车等物一并开单。"③

（二）修缮陵寝

盛京除城池、宫殿外，先祖陵寝也是重要建筑，如著名的关外三陵——永陵、福陵和昭陵。只有永陵建在了盛京之外，福陵是清太祖努尔哈赤暨高皇后叶赫那拉氏之陵，前有浑河，后有兴隆岭，前低后高。清代后世皇帝不

---

① 辽宁省档案馆编：《黑图档·咸丰朝》（4），线装书局 2016 年版，第 295—296 页。
② 辽宁省档案馆编：《黑图档·咸丰朝》（4），线装书局 2016 年版，第 230 页。
③ 辽宁省档案馆编：《黑图档·咸丰朝》（6），线装书局 2016 年版，第 282—283 页。

断对福陵进行修缮、拓展，使其规制完整、严谨，建筑肃穆。"昭陵是清太宗文皇帝皇太极和孝端文皇后之墓，建于清崇德八年（1643），至顺治八年（1651）完工，后康、乾及嘉庆各朝均进行了增建与改建，史称'盛京昭陵'，俗称'盛京北陵'。"[①] 承修陵寝的人员有些需从关内外派，东北地区采取封禁政策，修缮工程完工后，外派人员进关需领取进关口票。《钦派承修永陵殿座等处工程大臣为缴还匠役等进关所用佐领图记口票事咨盛京内务府》记载："钦派承修盛京福陵、昭陵殿座工程完竣匠役人等进关□后，咨取盛京内务府空白图记口票十张，相应将口票九张先行咨送盛京内务府查照缴销，下余口票一张俟查明再行咨送缴销可也。"[②]

　　清政府迁都北京后，作为龙兴之地的盛京城一直是皇帝们挂念的地方，清朝皇帝推崇"敬天法祖"，崇敬先帝打下的江山，而盛京城作为清朝最初的都城，自然对后世的皇帝意义非凡。在清朝统治的几百年间历代帝王一直没有放松对于盛京城的管理、修建，也多次不远万里东巡盛京，派人专门看顾盛京宫殿和祖先陵寝，这座古老的城池历经几百年的风雨洗礼，受到多少次创伤便得到多少次修建。

---

①　王茂生：《清代沈阳城市发展与空间形态研究》，博士学位论文，华南理工大学，2010 年。
②　辽宁省档案馆编：《黑图档·咸丰朝》（1），线装书局 2016 年版，第 294 页。

第一章　浩如烟海的清代东北档案

　　1980 年中共中央作出开放历史档案的决定，历史档案的整理与开发利用工作在这一时代背景下得以快速发展，并取得了举世瞩目的成就，其中东北地区的清代档案数量众多且内容丰富，为我们研究清代地方官制机构设置沿革、组织制度，以及东北的政治、经济、军事、外交等方面提供了重要材料。这些珍贵的清代东北档案，能够使我们对清代的皇宫、清朝时东北三省地方政府的历史沿革、民族、农业等产生更加系统的认识。

第一节　东北清代档案汇编统计

　　现有的东北地区清代档案汇编从时间上来看，可以粗略地划分为两个阶段：第一阶段，1978 年至 2003 年，这一段时间是东北地区清代档案编纂成果出版比较集中的一段时间，有 31 部编纂成果问世，主要以标点整理为主，满文档案的编纂出版都进行了翻译，且多为档案保管单位与科研院所合作整理，出版质量较高，影响较大。比较具有代表性的《清代内阁大库散佚档案选编》，"为清史、满族史、清代宫廷史、清代民族关系乃至'红学'的研究，提供了一批内容丰富、十分珍贵的档案资料"①。第二阶段，从 2004 年至今，这一阶段经过整理的档案数量相对于第一阶段有了很大的提升，以影印出版为主，且大都借助于各类项目来筹集出版经费，如这一时期最具代表性的《黑图档》就是纳入了"国家'十二五'少数民族语言文字出版规划"项目得以出版，《黑图档》全套共有 329 册档案汇编，其中《黑图档·乾隆朝》24册，《黑图档·咸丰朝》17 册，《黑图档·雍正朝》30 册，《黑图档·康熙朝》

---

① 唐英凯：《犹龙柱下窥藏史，呼凤舆前听诵诗——读〈清代内阁大库散佚满文档案选编〉第三、四册》，《清史研究》1994 年第 1 期。

56 册,《黑图档·道光朝》52 册,《黑图档·嘉庆朝》58 册,《黑图档·乾隆朝部来档》46 册,《黑图档·乾隆朝部行档》46 册,均源于 1149 卷档案的系统整理。再比如吉林省档案馆编纂的《吉林省档案馆藏清代档案史料选编》和大连市图书馆编纂的《大连图书馆藏清代内务府档案》都列入了"国家清史编纂委员会·档案丛刊"。这些出版的清代档案汇编在内容的编排上更加还原了历史原貌,如此前二十年间的满文档案的编纂成果以单纯汉译文的编辑出版为主,到了第二阶段的清代档案汇编不仅包括单纯汉译文,编纂成果以满文档案原件与汉译档案的合集为主,另有少部分的纯满文档案汇编。但满文档案的整理还应受到更多的关注,"满文档案数量巨多,主题也极为多样,虽有多部汇编面世,但尚有一些满文档案没有予以公开,这需要学术界不断加以系统的编译"①。

现有的编纂成果从形式来看,以档案汇编即书籍的形式为主,相较于书籍而言,期刊公布的清代档案则能够得到更为广泛的及时利用。将清代档案数字化已经成为今后清代档案编纂的趋势,如今利用者到档案馆查档虽难以见到纸质的清代档案,但数字化的清代档案更为便捷,利用效率更高,只有这些珍贵的清代档案得到更广泛的利用,才能充分发挥其史料价值。大宗的清代档案在大型图书馆均可见到,但毕竟不是所有利用者都方便到档案馆长期查档,这些珍贵的档案只有在编纂出版后才可以得到更为广泛的利用。而当前编纂出版的清代档案汇编大多是对清代档案内容的分析,按照时间或专题编纂成具有相近主题的档案汇编,编纂成果呈现多元化趋势,然而对于高质量的清代档案汇编而言,编纂者应该对档案的特点加以分析、对档案的价值进行阐释,才能引起利用者的广泛关注与积极利用,才能更进一步推进清代档案汇编的"再整理"与"深研究"。

改革开放以来各省市档案馆逐渐成为档案编纂的重要力量。东北三省的各级档案部门应紧密结合馆藏档案的主题,尽快将这些珍贵的档案整理出版公布,使其能充分发挥其历史凭证的作用。"单纯一个档案馆保管的明清档案未必全面,而且其他保管单位中也会有涉及汇编选题的史料,相互沟通合作

---

① 赵彦昌、苏亚云:《21 世纪以来满文档案整理与研究述评》,《满族研究》2017 年第 3 期。

共享才能更好更全面地汇集史料。"① 多馆的合作应该成为日后档案编纂的主要方向，东北地区的清代档案在内容上会有一定的交叉，在档案整理的过程中也应该重视这些有着相同主题的档案的整理，使历史得到更加全面的还原。改革开放以来东北三省的各级档案部门积极参与了这些珍贵档案的整理工作，整理成果以档案汇编为主，据本书编写组不完全统计，目前已经有 50 余部 400 余册档案汇编问世（详见表 1–1）。整理单位主要以保存着这些珍贵清代档案的档案馆为主。

表 1-1 改革开放以来东北地区清代档案汇编

序号	名称	作者	出版机构	时间
1	《清代中俄关系档案史料选编（第三编）》	故宫博物院明清档案部编	中华书局	1979.10
2	《清代中俄关系档案史料选编（第一编）》	中国第一历史档案馆编	中华书局	1981.03
3	《东北义和团档案史料》	辽宁省档案馆、辽宁社会科学院历史研究所选编	辽宁人民出版社	1981.12
4	《忠义军抗俄斗争档案史料》	辽宁省档案馆、辽宁社会科学院历史研究所编	辽沈书社	1984.01
5	《三姓副都统衙门满文档案译编》	辽宁省档案馆、辽宁社会科学院历史研究所、沈阳故宫博物院译编	辽沈书社	1984.12
6	《盛京刑部原档》	中国人民大学清史研究所编；中国第一历史档案馆译	群众出版社	1985.03
7	《清代黑龙江历史档案选编（光绪朝八年——十五年）》	中国第一历史档案馆满文部、黑龙江省社会科学院历史研究所编	黑龙江人民出版社	1986.08
8	《清代黑龙江历史档案选编（光绪朝元年——七年）》	中国第一历史档案馆满文部、黑龙江省社会科学院历史研究所编	黑龙江人民出版社	1986.10

---

① 姚迪、赵彦昌：《建国后明清档案编纂沿革考》，《兰台世界》2018 年第 1 期。

序号	名称	作者	出版机构	时间
9	《清代黑龙江历史档案选编（光绪朝十六年——二十年）》	中国第一历史档案馆满文部、黑龙江省社会科学院历史研究所编	黑龙江人民出版社	1987.10
10	《清代黑龙江历史档案选编（光绪朝二十一年——二十六年）》	中国第一历史档案馆满文部、黑龙江省社会科学院历史研究所编	黑龙江人民出版社	1987.10
11	《清代内阁大库散佚档案选编：皇庄》	辽宁省社会科学院历史研究所、大连市图书馆文献研究室、辽宁民族研究所历史研究室编	辽宁民族出版社	1989.09
12	《清代吉林档案史料选编（吉林旗务）》	吉林省档案馆、吉林省少数民族古籍整理办公室编	天津古籍出版社	1990.12
13	《清代吉林档案史料选编（清代吉林盐政）》	吉林师范学院古籍研究所、吉林省档案馆编	吉林文史出版	1991.08
14	《珲春副都统衙门档案选编》	中国边疆史地研究中心、中国第一历史档案馆、吉林延边朝鲜族自治州档案馆编	广西师范大学出版社	1991.08
15	《清代吉林档案史料选编（吉林旗人生计）》	吉林省档案馆、吉林省少数民族古籍整理办公室编	天津古籍出版社	1991.10
16	《清代内阁大库散佚档案选编（奖惩 宫廷用度 外藩进贡）》	大连市图书馆文献研究室、辽宁社会科学院历史研究所编	天津古籍出版社	1992.04
17	《清代内阁大库散佚满文档案选编（职司铨选 奖惩 宫廷用度 宫苑 进贡）》	辽宁省社科院历史研究所、大连市图书馆文献研究室、辽宁省民族研究所历史研究室编	天津古籍出版社	1992.04
18	《清代吉林档案史料选编（吉林贡品）》	吉林省档案馆编	天津古籍出版社	1992.10

续表

序号	名称	作者	出版机构	时间
19	《清代吉林档案史料选编（吉林军事）》	王普文、潘景龙、李贵忠主编	天津古籍出版社	1993.09
20	《盛京内务府粮庄档案汇编》	辽宁省档案馆编	辽沈书社	1993.11
21	《光绪朝黑龙江将军奏稿》	中国社会科学院中国边疆史地研究中心编	全国图书馆文献缩微复制中心	1993.12
22	《清代东北阿城汉文档案选编》	东北师大明清史研究所、中国第一历史档案馆合编	中华书局	1994.04
23	《盛京满文档案中的律令及少数民族法律》	刘海年、杨一凡总主编；张锐智、徐立志分主编	科学出版社	1994.08
24	《清代三姓副都统衙门满汉文档案选编》	辽宁省档案馆编	辽宁古籍出版社	1995.07
25	《日俄战争档案史料》	辽宁省档案馆编	辽宁古籍出版社	1995.08
26	《清代辽河松花江黑龙江流域洪涝档案史料清代浙闽台地区诸流域洪涝档案史料》	水利电力部水管司、科技司，水利水电科学研究院编	中华书局	1996.06
27	《吉林省档案馆藏清代中朝关系史料选辑》	吉林省档案馆编	吉林人民出版社	2000.10
28	《清代鄂伦春族满汉文档案汇编》	中国第一历史档案馆、鄂伦春民族研究会编	民族出版社	2001.08
29	《兴京旗人档案史料》	辽宁省档案馆编	辽宁民族出版社	2001.12
30	《一宫三陵档案史料选编》	辽宁省档案馆编	辽海出版社	2003.05
31	《盛京参务档案史料》	辽宁省档案馆编	辽宁民族出版社	2003.05
32	《盛京皇宫和关外三陵档案》	辽宁省档案馆编	辽宁民族出版社	2003.07
33	《盛京将军奏折档》	清奕庆等	全国图书馆文献缩微复制中心	2004.11
34	《东北历史档案选辑》	中国边疆史地研究中心编	广西师范大学出版社	2005.12
35	《盛京皇庄档案史料选编》	辽宁省档案馆编	辽海出版社	2006.06

序号	名称	作者	出版机构	时间
36	《珲春副都统衙门档》	中国第一历史档案馆编	广西师范大学出版社	2006.12
37	《东北边疆档案选辑（清代、民国）》	中国边疆史地研究中心、辽宁省档案馆合编	广西师范大学出版社	2007.01
38	《盛京风物——辽宁省图书馆藏清代历史图片集》	辽宁省图书馆编	中国人民大学出版社	2007.01
39	《清圣训》	辽宁省档案馆编	中国档案出版社	2010.09
40	《大连图书馆藏清代内务府档案》	大连图书馆编	国家图书馆出版社	2010.10
41	《打牲乌拉三百年》	吉林省档案馆、吉林市龙潭区档案局编	吉林大学出版社	2012.09
42	《吉林省档案馆藏清代档案史料选编》	吉林省档案馆编	国家图书馆出版社	2012.10
43	《旅顺博物馆藏晚清奏折选》	郭富纯主编	辽宁人民出版社	2013.07
44	《满洲实录》	辽宁省档案馆编	辽宁教育出版社	2013.01
45	《中日甲午战争档案汇编》	辽宁省档案馆编	辽宁人民出版社	2014.07
46	《清代吉林档案史料选编：吉林蒙务》	阿汝汉主编	民族出版社	2016.08
47	《黑图档》	辽宁省档案馆编	线装书局	2016–2018
48	《黑龙江将军衙门档案》	中国第一历史档案馆满文部、黑龙江省档案馆编	黑龙江人民出版社	2017.03
49	《奉天洮南府蒙汉史料汇编（蒙荒行局）（洮南府正堂）》	孙秀昌主编	民族出版社	2018.06
50	《盛京内务府档·顺康雍朝》	辽宁省档案馆编	辽宁民族出版社	2019.10
51	《盛京内务府档·乾隆朝（1–5）》	辽宁省档案馆编	辽宁民族出版社	2020.12

现有档案编纂成果多通过书籍或档案汇编的形式出版。期刊形式的整理成果较少。《满语研究》是由黑龙江省满语研究所 1985 年创办，其公布的

满文档案史料是《康熙二十九年盛京包衣粮庄比丁册》，分别发表在《满语研究》2006 年第 1、2 期，2007 年第 1 期，2008 年第 1、2 期。此外，还有《盛京内务府顺治年间档》收录在中国社会科学院历史研究所清史研究室主编的《清史资料》（第二辑）之中，于 1981 年由中华书局出版。

另外还有一些档案编纂成果仅仅是对内公开的，如辽宁大学历史系编的《重译满文老档（太祖朝）》（1978—1979 年）、《汉译〈满文旧档〉》（1979 年），辽宁省档案馆编《辛亥革命在辽宁档案史料》（1981 年），吉林省档案馆编《清代吉林档案史料选编（上谕奏折）》（1981 年）、《清代吉林档案史料选编（蚕业）》（1983 年）、《清代吉林档案史料选编（工业）》（1985 年）、《清代吉林档案史料选编（吉林驿站）》（1985 年），黑龙江省档案馆编《黑龙江设治》（1985 年）、《黑龙江少数民族档案史料选编》（1985 年）、《中东铁路》（1986—1987 年）。2004 年之后，整理出版的档案汇编都是公开出版的，相较于仅仅对内发行，其传播范围更广，相关的个人或者单位有更多机会了解到这些珍贵档案内容。

第二节　东北地区清代档案汇编的类型

东北地区清代档案的编纂成果主要以书籍的形式出版发行，从语言到主题都显示着东北地区独有的特色，一些编纂成果入选清史纂修工程等项目，使档案得到更广泛的利用。按照所编纂满文档案的编译形式、档案的内容与入选的清史项目可以划分成不同的类型。

一、按照满文档案的编译形式划分

记载清代皇室活动的重要档案如圣训、实录、玉牒以及《满文老档》等都要定期呈送到清代的陪都盛京尊藏。其中既包括汉文档案又有一定数量的满文档案。但目前的档案编纂成果仍以汉文的档案为主，或单纯汉译满文档案，而满文档案或满文与汉译相结合的档案汇编仅占少数。满文档案的整理成果可以划分为以下三种类型：

（一）单纯汉译编辑出版

这种类型就是仅仅将翻译成汉文后的满文档案整理出版，主要成果有：中国第一历史档案馆编《清代中俄关系档案史料选编》（中华书局，1981年），中国人民大学清史研究所编《盛京刑部原档》（群众出版社，1985年），辽宁省档案馆编《三姓副都统衙门满文档案译编》（辽沈书社，1984年）、《盛京内务府粮庄档案汇编》（辽沈书社，1993年）、《清代三姓副都统衙门满汉文档案选编》（辽宁古籍出版社，1995年）、《盛京参务档案史料》（辽宁民族出版社，2003年）、《一宫三陵档案史料选编》（辽海出版社，2003年），赵焕林、杨丰陌编《兴京旗人档案史料》（辽宁民族出版社，2001年）。辽宁省社会科学院历史研究所、大连市图书馆文献研究室编《清代内阁大库散佚满文档案选编》，"本选编所收档案均选自大连市图书馆馆藏清代内阁大库散佚满文，译成汉文，按类纂编"①。

（二）满文原件与汉译文结合

保留满文档案原来的形式的同时将其翻译成汉文，使档案的利用更加方便，扩大了档案的利用范围。中国第一历史档案馆编《清代鄂伦春族满汉文档案汇编》（民族出版社，2001年）将满汉文原件影印集中排列于前，汉译文集中排列于后，该书收录的东北地区清代档案选自黑龙江将军衙门档。辽宁省档案馆在2012年整理出版的《满洲实录》（辽宁教育出版社，2013年）是满、汉两体文。在满文的下方，译有汉文，更便于档案的使用。

（三）单纯满文原件的编辑出版

一些档案汇编在整理过程中，仅将满文原文转录，未进行翻译。如中国第一历史档案馆编《珲春副都统衙门档》（广西师范大学出版社，2006年），"该书收录的档案选自中国第一历史档案馆和吉林省延吉档案馆保存的珲春协领及副都统衙门档案，共计37488件，其中三分之一是满文，其余是汉文，起止时间为乾隆二年至宣统三年（1737—1911）"②。《大连图书馆藏清代内务府档案》"分满文、满汉合璧两种。其中，康熙朝题本皆为满文，顺治、雍正

---

① 辽宁社会科学院历史研究所：《清代内阁大库散佚满文档案选编》，天津古籍出版社1992年版，凡例。

② 吴元丰：《近百年来满文档案编译出版综述——以中国大陆为中心》，《满语研究》2011年第2期。

两朝题本满文和满汉合璧各半，乾隆朝之后的大部分为满汉合璧"①。《黑图档》（线装书局，2016—2018 年）中整理的档案原件多为满文，每件档案都编译了中文目录，是国内外仅存的规模最大的一部满汉文兼具的清代专题档案。其中康熙、雍正朝均为满文，乾隆、嘉庆朝大部分为满文，道光、咸丰朝满、汉文各半。

二、按照主题划分

已整理出版的编纂成果在主题的选择上充分结合了档案的内容，反映了地方特有的民族性，使档案编纂成果更具有可读性。这些档案编纂成果主要收录了清代地方军政机构、皇宫情况、少数民族、中外关系问题、战争运动以及综合反映地方的档案。

（一）清代地方军政机构档案编纂

探讨军政是解读一个朝代统治情况的最好方式之一。清代地方军政机构档案的编纂成果有，中国边疆史地研究中心、中国第一历史档案馆、吉林延边朝鲜族自治州档案馆编《珲春副都统衙门档案选编》（广西师范大学出版社，1991 年），辽宁省档案馆编的《三姓副都统衙门满文档案译编》（辽沈书社，1984 年）、《清代三姓副都统衙门满汉文档案选编》（辽宁古籍出版社，1995 年）、《盛京参务档案史料》（辽宁民族出版社，2003 年），中国社会科学院历史研究所清史研究室编《盛京内务府顺治年间档》（中华书局，1981 年）。"《珲春副都统衙门档案选编》《清代三姓副都统衙门满汉文档案选编》记载了吉林将军与各副都统衙门、协领衙门的文书往来，从中可以研究吉林将军施政细节，探索吉林将军职权权限。"②吉林省档案馆整理出版的《清代吉林档案史料选编（吉林旗务）》（天津古籍出版社，1990 年）、《清代吉林盐政》（吉林文史出版社，1991 年），公布了吉林省在清代时驿站、旗务处的设置与盐政等方面的相关文件。王普文、潘景龙、李贵忠主编的《清代吉林档案史料选编（吉林军事）》（天津古籍出版社，1993 年）公布了吉林八旗驻防军、练军、

---

① 大连图书馆：《大连图书馆藏清代内务府档案选编》，国家图书馆出版社 2010 年版，出版说明第 1 页。

② 刘威：《清代吉林将军职权研究》，硕士学位论文，长春师范大学，2017 年，第 2 页。

吉林靖边军、捕盗队、巡防队、吉林陆军的档案。辽宁省档案馆编的《盛京内务府粮庄档案汇编》（辽沈书社，1993 年），"译编了清入主中原以后顺治、康熙、雍正、乾隆、嘉庆、道光、咸丰、光绪诸朝关于盛京内务府粮庄档案700 多件，涉及粮庄数量、分布及管理，庄头更补及缘由、粮食的交纳、使用及存贮，土地被灾及蠲免政策、庄丁的来源、数量、差徭及其生活、婚姻状况，以及多次分拨王府庄园及丁口诸多方面"[①]。

（二）清代皇宫情况档案编纂

对清代皇宫情况档案的编纂成果有大连市图书馆文献研究室编《清代内阁大库散佚档案选编》（辽海出版社，2003 年）、《清代内阁大库散佚满文档案选编》（天津古籍出版社，1992 年），辽宁省档案馆编《一宫三陵档案史料选编》（辽海出版社，2003 年）、《盛京皇宫和关外三陵档案》（辽宁民族出版社，2003 年）。从这些档案汇编中可以了解到清皇宫、清皇陵等的一些情况。吉林省档案馆整理的《清代吉林档案史料选编（吉林贡品）》（天津古籍出版社，1992 年），记录了吉林省当时在进贡方面的情况。

（三）清代少数民族档案编纂

清朝时期，辽宁省、吉林省与黑龙江省有相当数量的满洲旗人，在当地也形成了大量关于满洲旗人的档案，东北三省的省级档案馆将这些档案进行整理，出版了六部档案汇编。辽宁省档案馆编《兴京旗人档案史料》，吉林省档案馆编《吉林旗人生计》（天津古籍出版社，1991 年），吴元丰、白英主编《清代鄂伦春族满汉文档案汇编》（民族出版社，2001 年）公布的是鄂伦春族的满汉文档案。《清代锡伯族档案史料选编》（新疆人民出版社，1987 年）选取了包括黑龙江将军衙门档在内的档案史料，反映了锡伯族由科尔沁蒙古旗改编入满洲八旗、分地驻防等各方面的情况。

（四）清代中外关系问题档案编纂

清代中外关系问题档案的编纂成果有吉林省档案馆整理出版的《吉林省档案馆藏清代中朝关系史料选辑》，对于研究清代中朝的朝贡贸易等有重要作用。中国第一历史档案馆《清代中俄关系档案史料选编》（中华书局，1981 年）"选取了黑龙江将军衙门档的相关档案。主要反映顺治、康熙、雍正年

---

① 唐英凯：《〈盛京内务府粮庄档案汇编〉评介》，《清史研究》1995 年第 4 期。

间，中俄两国雅克萨战争、谈判缔约、使节来往、边境贸易、处理案件以及俄罗斯传教士来华活动等情况"[①]。

（五）清代战争运动档案编纂

清代战争运动档案的编纂成果有《东北义和团档案史料》（辽宁人民出版社，1981 年），"反映义和团运动在东北的兴衰过程和义和团对沙俄入侵中国的打击"[②]。《忠义军抗俄斗争档案史料》（辽沈书社，1984 年）全面系统地记述了忠义军继义和团之后抗击沙俄入侵的战斗历程。《日俄战争档案史料》（辽宁古籍出版社，1995 年）揭露日俄帝国主义的暴行。

（六）综合类的档案编纂

综合类的档案编纂成果包括：《东北历史档案选辑》（广西师范大学出版社，2005 年），《东北边疆档案选辑（清代、民国）》（广西师范大学出版社，2007 年）一书选取了来自东北三个省档案馆的边疆档案，包括了旗人生计、移民、外交、农业等多方面的专题。《清代黑龙江历史档案选编》（黑龙江人民出版社，1987 年）综合选取了黑龙江的政治、经济、军事、外交、民族、地理沿革等方面的珍贵资料。吉林省档案馆编的《吉林省档案馆藏清代档案史料选编》（国家图书馆出版社，2012 年）分为吉林将军奏折选、吴大澂档案史料、曹廷杰史料、打牲乌拉总管衙门档案、禁烟禁毒史料、教育档案、金融档案、实业史料及荒务档案等专题。中国历史档案馆满文部、黑龙江省档案馆编《黑龙江将军衙门档案》（黑龙江人民出版社，2017 年）"内容包括东北边疆地区的开发、地理沿革、八旗官庄、驿站、交通贸易、采矿、中俄关系、民族、宗教等各方面，丰富翔实，是研究清代东北地方史、边疆民族史最为珍贵的材料"[③]。辽宁省档案馆编纂的《盛京风物——辽宁省图书馆藏清代历史图片集》（中国人民大学出版社，2007 年），选取的是盛京三陵、盛京建置、民俗等方面的照片档案。《黑图档》（线装书局，2016—2018 年）涉及了以盛京为主体的东北地区的政治、经济、军事、教育、风俗、建筑、司法、民族、

① 吴元丰：《近百年来满文档案编译出版综述——以中国大陆为中心》，《满语研究》2011 年第 2 期。

② 李海霞：《义和团档案史料编纂出版研究》，硕士学位论文，山东大学，2005 年，第 13 页。

③ 金鑫：《〈黑龙江将军衙门档案〉对于清代索伦、达呼尔历史研究的意义》，《中国史研究动态》2017 年第 4 期。

外交等内容。

三、按其入选清史项目划分

《重译满文老档（太祖朝）》与《汉译〈满文旧档〉》出自《清初史料丛刊》的第一、二种。《清初史料丛刊》由辽宁大学历史系编辑整理，其中包括历年收集、整理、翻译、标点、校释刊印的清初东北历史资料。《盛京内务府顺治年间档》（中华书局，1981年）从属于《清史资料》的第二辑，《清史资料》是由中国社会科学院历史研究所清史研究室整理，在中华书局出版的一套图书。《东北义和团档案史料》（辽宁人民出版社，1981年）从属于东北文史丛书。《吉林省档案馆藏清代档案史料选编》（国家图书馆出版社，2012年）是国家清史纂修工程"档案丛刊"之一。《清代内阁大库散佚档案选编》被选入辽宁民族古籍（历史类），同时也是全国少数民族古籍出版"七五"规划重点项目。《盛京风物——辽宁省图书馆藏清代历史图片集》（中国人民大学出版社，2007年）是《国家清史编纂委员会·图录丛刊》中的一册。《盛京满文档案中的律令及少数民族法律》是中国珍稀法律典籍集成。《黑图档》（线装书局，2016—2018年）是《国家"十二五"少数民族语言文字出版规划》的增补项目，同时也是国家出版基金项目。

第三节　东北地区清代档案编纂的方法

档案史料编纂工作就是按照一定的主题，挑选档案史料，将档案史料编辑成书，并出版提供利用。具体的步骤就是"确定汇编主题、查找挑选材料、正文的加工和编排、编写汇编内的参考资料、编写序言和说明、汇编的审校和出版"①。

一、题目的确定

档案史料的第一步工作就是选题，题目对汇编所录材料的内容和范围起着限定的作用。辽宁省档案馆所编的《盛京内务府粮庄档案汇编》所选题目

---

① 丁永奎、曹喜琛：《档案史料编纂学概要》，档案出版社1982年版，第2—3页。

是："清代盛京内务府粮庄最多时达 90 余个，分布在以盛京为中心的广大地区，其存在与清王朝兴衰相始终，在经营管理上独具特色，是研究清代皇室经济乃至东北地区农业生产发展的珍贵史料。"①

二、史料的选定

档案史料的挑选是决定档案汇编质量的一项重要因素，在档案史料的选取过程中，应充分结合档案汇编的主题，并对一些档案的内容进行适当的删减。

《东北义和团档案史料》选取了辽宁、吉林、黑龙江三省关于义和团运动的档案资料。另外，"原国家档案局明清档案馆编的《义和团运动史料》一书中，有二十余份奏折，系当时东北三省的将军、副都统等上报朝廷的，这些材料比较重要。为了保持东北义和团史料的完整和使用上方便，仍将原文选入"②。

三、档案史料的加工

一些档案原件是不加标点或者不分段的，在阅读过程中会造成很大的困难。档案整理者在对档案史料加工的过程中，会适当增加标点，并进行分段，使档案编纂成果更便于使用。另外档案原件中会存在错别字的情况，或者一些内容无法辨识，整理者同样会对此进行处理。如《清代内阁大库散佚档案选编·皇庄》编者在编纂过程中"力求其真，非明显错讹，不予改动。错讹，在（　）内改正；漏字，可于〔　〕内酌补；衍字则径自取消，不再做表示。标点符号力求简明。正文均照原件或翻译、或标点，大体分为三个段落（原件未分段）"③。《清代三姓副都统衙门满汉文档案选编》"汉文件内错字，在其后（　）号内加正字；漏字，在其后〔　〕号内酌补相当之字"④。

① 辽宁省档案馆编：《盛京内务府粮庄档案汇编》，辽沈书社 1993 年版，前言。
② 辽宁省档案馆编、辽宁社会科学院历史研究所选编：《东北义和团档案史料》，辽宁人民出版社 1981 年版，编辑说明第 1 页。
③ 辽宁社会科学院历史研究所、大连市图书馆文献研究室、辽宁省民族研究所历史研究室译编：《清代内阁大库散佚档案选编·皇庄》（上册），辽宁民族出版社 1989 年版，凡例。
④ 辽宁省档案馆编：《清代三姓副都统衙门满汉文档案选编》，辽宁古籍出版社 1995 年版，编辑说明第 2 页。

档案汇编通常采用原文全录的方式。但是在具体的整理过程中，整理者会根据档案具体的内容与格式进行适当的删减，对档案原文中一些与汇编主题不相关或者重复的内容进行删减，这样可以节省读者的阅读时间，使读者更快速地查阅到所需要的内容，如《清代黑龙江历史档案选编》"为免烦琐，行文中的书名、摺名或条约名等，一律未加书名引号；行文重复之处，编者作了删节；为保持原档风貌，原件中少数文笔疏漏、语句不同处，编者勉就原文句读"①。

四、档案史料标题的拟定

标题的拟定对于了解档案的内容、特征等起着很大的作用，标题可以提供查找档案的线索。采用适当的方式拟定档案的标题可以使读者更直观地理解档案的内容，直接影响着利用者对档案的利用。已出版的东北地区清代档案大多是没有标题的，在整理过程中由编者拟定标题，如：《清代黑龙江历史档案选编》，"每件档案的标题，为选译者、选编者所拟加；其年、月、日，亦系编、译者严格按照黑龙江将军衙门的发文或收文的准确时间所注明"②，再如《黑龙江将军定安等为创设省垣义学及酌拟条规文（光绪八年正月十二日）》。

五、档案史料的编排

根据档案的内容与编排的目的会有着不同的编排层次。档案排列顺序直接影响着档案的利用，常采用的方法是以档案的主题结合时间对档案进行排列，但东北地区清代档案的整理采用了仅按时间顺序排列、主题结合时间排列、历史事件发生阶段与按照区域排列。

（一）按档案形成的时间顺序编排

只按照时间的顺序进行编排也就是不设置类别，"不设类编排，就是汇编内全部档案按其形成时间的顺序依次排列，其目录的编写，就是将选入汇

---

① 黑龙江省社会科学院历史研究所编：《清代黑龙江历史档案选编》，黑龙江人民出版社 1986 年版，前言第 2 页。

② 黑龙江省社会科学院历史研究所编：《清代黑龙江历史档案选编》，黑龙江人民出版社 1986 年版，前言第 1 页。

编的档案标题依次排列"①。《盛京皇庄档案史料选编》（辽海出版社，2006年）
是按文件形成时间顺序进行编排的，时间跨度从清嘉庆元年始到中华民国四
年（1796—1915）。《盛京参务档案史料》同样按时间顺序排列。《清代黑龙江
历史档案选编》（黑龙江人民出版社，1987年）编辑的顺序，也完全依照原档
的时间先后，未按原档所阐述问题的内容进行分类。东北师范大学明清史研
究所编《清代东北阿城汉文档案选编》（中华书局，1994年）"所辑档案文件，
采用编年体例，一般按照发文时间的先后排列"②。

（二）按汇编包含的基本问题编排

《盛京皇宫和关外三陵档案》"按照内容进行分类。第一部分为盛京皇宫，
下面细分为宫廷事务，册宝、圣容、实录、圣训、玉牒，御用器具、工艺品，
书籍、墨刻，宫殿维修，物品和其他共七小类。第二部分分为关外三陵，下
面细分为祭祀，器物，供应，维修，公园和其他六小类。这两部分中的每一
小类按时间顺序排列。第三部分为清帝东巡，以朝代划分为康熙、乾隆、嘉
庆、道光四小类，按时间顺序排列"③。《清代内阁大库散佚档案选编》"共收入
186件，分作三类：奖惩类81件、宫廷用度类94件，外藩进贡类11件"④。

（三）按历史事件发展阶段编排

《日俄战争档案史料》（辽宁古籍出版社，1995年）在档案的编排上，依
照日俄战争的发展阶段，划分为战前准备、战争的爆发及其经过、清政府
"中立"、议和与善后、中国损失、救济难民六部分。而各类目下的文件仍按
照时间的顺序进行排列。这种安排使日俄战争在各阶段的线索更加清晰。

（四）按区域编排

《东北义和团档案史料》（辽宁人民出版社，1981年）全书按照地区进行
分类，分为"奉天""吉林""黑龙江"，可以反映义和团运动在不同地区的作
战情况。在以地区进行分类的基础上，采用时间的顺序排列，既可以保持问

① 潘玉民：《档案编纂学》，辽宁大学出版社1997年版，第245页。
② 东北师范大学明清史研究所编：《清代东北阿城汉文档案选编》，中华书局1994年版，编辑说明第2页。
③ 杨丰陌、赵焕林、佟悦编：《盛京皇宫和关外三陵档案》，辽宁民族出版社2003年版，凡例。
④ 大连市图书馆文献研究室、辽宁社会科学院历史研究所编：《清代内阁大库散佚档案选编》天津古籍出版社1992年版，凡例。

题的连续性，又可以保证历史人物的完整性，读者能看到整个义和团运动发生、发展的全过程，这种编排方式保持了文件的历史联系。《清代辽河松花江黑龙江流域洪涝档案史料清代浙闽台地区诸流域洪涝档案史料》（中华书局，1996 年）"将各水系洪涝（包括风潮）史料，按照编排范围的主要流域、水系等顺序逐条统一编排"[①]。

六、注释的撰写

整理者在每份档案的结尾会对所选档案文种与出处进行标注。从当前出版的档案汇编来看，档案大多出自不同的全宗，而同一汇编内的档案不只来自同一个全宗。因此，档案工作者在编纂的过程中需要对档案的来源作好注释。对档案来源进行说明，便于利用者更好地了解该份档案。如《三姓副都统衙门满文档案译编》"在文件末尾注明出处，即 × 卷 × 页，系指所在《三姓副都统衙门档》之卷、页"[②]。《清代黑龙江历史档案选编》（黑龙江人民出版社，1987 年）同样采用的是在文尾注明出处的方法，其中一些档案选自《黑龙江将军衙门档》，也有档案选自《宁古塔副都统衙门档》，便于利用者更清楚档案的来源。《清代内阁大库散佚档案选编》中收录了满文的档案，如果原件是满汉合璧文件或满文文件，会在文尾标注出来。《盛京皇宫和关外三陵档案》"如整份文件均为满文，则在正文文尾后标注'（满文）'。满汉合璧与汉文文件不另行标注。如果正文与附件文种不同，则在满文文件的末尾标注'满文'"[③]。

[①]　水利电力部水管司、科技司，水利水电科学研究院编：《清代辽河、松花江、黑龙江流域洪涝档案史料》，中华书局 1998 年版，整编说明第 3 页。

[②]　辽宁省档案馆编：《三姓副都统衙门满文档案译编》，辽沈书社 1984 年版，前言第 3 页。

[③]　杨丰陌、赵焕林、佟悦编：《盛京皇宫和关外三陵档案》，辽宁民族出版社 2003 年版，凡例。

第二章 清代沈阳城市记忆之沈阳故宫

沈阳故宫也被称为盛京宫殿，是北京故宫之外又一保存完整的中国古代宫廷建筑群，有着近四百年的历史，在 2004 年 7 月入选《世界文化遗产名录》。《黑图档》内有很多关于盛京宫殿的记载，包括各宫殿尊藏的皇家档案、书籍等情况，宫廷的礼仪事务以及宫殿的定期维修情况。

第一节 盛京宫殿

从 1625 年兴建起，到乾隆四十八年（1783）最后一次扩建的竣工，盛京宫殿的修筑持续了一百五十余年，最终形成现有的宫殿建筑格局，其后虽有小型的修缮，但未有明显的变化。

1625 年 3 月，努尔哈赤迁都沈阳后，在沈阳修建了皇宫和王府。至 1632 年基本建成。崇德元年（1636）四月，皇太极改国号为大清，对各宫殿进行了定名。中宫为清宁宫，东宫为关睢宫，西宫为麟趾宫，次东宫为衍庆宫，次西宫为永福宫。台东楼为翔凤楼，台西楼为飞龙阁。正殿为崇政殿。大门为大清门，东门为东翼门，西门为西翼门。大殿为笃恭殿，其内门，两翼门，及大清门。崇德二年（1637），又在大清门外东西两侧分别修建文德坊、武功坊两座木构牌坊及其他建筑。建大政殿于城中。制八隅，上盖琉璃黄瓦，华檐八角，南北袤八十五丈三尺，东西广三十二丈二尺。正殿为崇政殿，左右翊门二。殿之后为凤凰楼。楼北为清宁宫。宫后左右配房各三间。东为衍庆宫，关睢宫。西为永福宫，麟趾宫。殿南正门为大清门。砌旁设谏木二，左右翊门二。东西奏乐亭二，坊二。左曰文德坊，右曰武功坊，朝房东西各五间，后直房十二间，正南照壁一座。沈阳故宫的主要建筑在此时已经建成。乾隆十一年（1746），皇帝东巡期间，盛京皇宫又在大内宫阙东西两侧修建了行宫。另外为尊藏历朝典籍、先皇遗物及珍贵的器皿、书画等，又修建了几座内库。其中各行宫宫殿：迪光殿、继思斋、介祉宫、协中斋、保极宫、霞绮楼、日华楼、师善斋、颐和殿；恭藏御物的内库：敬典阁、崇谟阁、飞龙阁、翔凤阁。乾隆四十六年（1781），又在行宫西侧修建文溯阁、嘉荫堂与仰熙堂等建筑用于储存《四库全书》。

现在，沈阳故宫的总体布局分为：东、西、中三路。中路：从大清门开始，向北至崇政殿、凤凰楼、清宁宫及后苑。崇政殿左右两侧的翔凤阁与飞龙阁。东、西宫两侧。东路：大政殿、十三王亭、銮驾库、奏乐亭；西路：文溯阁、戏台、嘉荫堂等处。

第二节　宫殿礼仪

一、元旦及上元节

元旦为新年伊始，清统治者十分重视元旦佳节的礼仪。《黑图档》记录了盛京地区的官员元旦、上元等节在盛京宫殿内执行的仪注情况。嘉庆二十四年（1819），档案《盛京礼部为知会元旦及上元节礼仪事咨盛京内务府》记载："盛京礼部为知会事。档案房案呈，查定例：元旦礼仪自十二月二十七日起至正月初二、初四、初五日止，大人官员俱穿蟒袍补褂，每日二次齐集大清门坐班，元旦日穿朝服于黎明齐集大政殿听候赞唱行礼。上元节自正月十四日起，至十六日止穿蟒袍补褂，每日二次齐集大清门坐班，相应知会盛京内务府可也。"[1]咸丰四年（1854），档案《盛京礼部为遵元旦礼仪官员于大清门坐班等事咨盛京内务府》记载："查定例：元旦礼仪自十二月二十八日起至正月初二初四初五日止。大将军人官员俱穿蟒袍补褂挂朝珠，每日二次咸集大清门坐班。元旦日穿朝服于黎明咸集大政殿听候赞唱行礼。上元节自正月十三日起至十六日止，穿蟒袍补褂挂朝珠每日二次咸集大清门坐班，十四日仍穿素服。"[2]这两件档案，一件为嘉庆二十四年（1819）档案，另一件为咸丰四年（1854）档案，并未看到元旦及上元节的仪注有明显的变化。从《盛京皇宫与关外三陵档案》中也可以看到，嘉庆三年（1798）的元旦及上元节

---

① 辽宁省档案馆编：《黑图档·嘉庆朝》（30），线装书局 2016 年版，第 284—285 页。

② 辽宁省档案馆编：《黑图档·咸丰朝》（6），线装书局 2016 年版，第 170 页。

期间官员的礼仪情况均有定例，每年情况基本相同。档案《盛京礼部为贺元旦大臣官员自十二月二十八日至正月初四日穿蟒袍补服齐集大清门等事咨盛京内务府》记载："盛京礼部咨盛京内务府为知会事。档案房案呈：查得，年节自十二月二十八日起至正月初四日止，此七天大人、官员俱穿蟒袍补褂，每日两次齐集大清门，过年傍晚均着朝服齐集大政殿赞唱行礼。上元时由正月十四日起至十六日止，此三日均穿蟒袍补服，每日两次齐集大清门。等因。相应呈请咨行盛京内务府可也。"[1]

二、万寿及千秋节

清代皇帝的诞辰之日为万寿节，皇后的诞辰称为千秋节。《盛京礼部为皇帝万寿前后不理刑名等事咨盛京内务府》记载了盛京地区的官员具体礼仪为："盛京礼部为知会事。档房案呈，查则例内开：皇帝万寿圣节前后三日不理刑名，王公百官咸蟒袍行庆贺礼等语。今咸丰十一年六月初九日，皇帝万寿圣节自六月初六日起至十二日止，将军大人、官员穿蟒袍补褂，每日二次咸集大清门坐班。初九日黎明，穿朝服咸集大政殿行庆贺礼。此七日不理刑名。相应知会盛京内务府查照。须至咨者。"[2]万寿节及其前后三日为庆贺时间。在此期间是不理刑名的，官员们要穿着蟒袍每日两次坐班，万寿节当天则需要穿着朝服，于大政殿门前行礼。在皇后的诞辰也要开展礼仪活动。档案《盛京礼部为皇后千秋圣节官员齐集大政殿行礼等事咨盛京内务府》记载："盛京礼部为知会事。档案房案呈；恭查本年十月初十日皇后千秋圣节照依乾隆十九年孝贤纯皇后定例，大人以下有顶戴官员以上，是日黎明俱穿朝服齐集大政殿赞唱行礼外，此一日大人官员俱穿蟒袍补褂，为此知会盛京内务府衙门可也。须至咨者。右咨盛京内务府衙门。"[3]此次皇后千秋节的礼仪活动依照乾隆十九年（1754）孝贤纯皇后定例执行。

---

① 杨丰陌、赵焕林、佟悦编：《盛京皇宫和关外三陵档案》，辽宁民族出版社2003年版，第20页。

② 辽宁省档案馆编：《黑图档·咸丰朝》(9)，线装书局2016年版，第119页。

③ 辽宁省档案馆编：《黑图档·嘉庆朝》(10)，线装书局2016年版，第210页。

三、皇帝丧礼礼仪

皇帝驾崩后，盛京地区的丧后礼节可以分为三个阶段。第一阶段，皇帝驾崩二十七日内，在此期间，皇帝在宫中停殡，这时皇帝被称为"大行皇帝"，在皇帝停殡期间，百官军民等需服丧二十七日，盛京礼部在此阶段对百官军民的穿戴及坐班等情况有所要求。第二阶段，皇帝驾崩二十七日后至百日以内，在此期间直省官员不嫁娶，不剃发，期年内不作乐，且对其穿戴也有一定要求。第三阶段，皇帝驾崩百日以后至二十七月内，基本恢复日常穿着及坐班情况。

在第一阶段，由盛京礼部传达关于服饰、坐班这两方面的礼仪。《盛京礼部为颁发遗诏事咨盛京内务府》中有"文武百官均成服二十七日，三日内率绅士人等朝夕举哀，命妇等亦穿素服二十七日"①等字样。《盛京礼部为大行皇帝龙驭上宾顶戴官员所行礼节等事咨盛京内务府》记载："七月十七日大行皇帝龙驭上宾，当经咨札各处俱摘冠缨成服在案，今核计于接到部文行礼降哀成服日起，扣至本年八月二十三日，照例二十七日释服，相应咨行盛京内务府。将所属顶戴官员传唤于本月二十三日辰时齐集大清门行三跪九叩礼。礼毕释服冠缀缨青长袍褂，百日外穿青褂袍色不拘，夏季戴□帽。"②在七月二十七日以后的服饰及坐班情况，《盛京礼部为大行皇帝龙驭上宾大小官员俱穿孝服事》记载："自七月二十七日未刻起至八月初三日止大小官员俱穿孝服，每日辰未刻二次齐集大清门行礼举哀。"③在第二阶段，盛京礼部就剃发、服饰等问题拟写公文给盛京内务府。关于剃发，《盛京礼部为大行皇帝百日期满官员剃发事咨盛京内务府》记载："盛京礼部为知会事。档房案呈，前准礼部咨为大行皇帝龙驭上宾应行礼节粘单内开官员军民人等以公中大事之日为始，均百日不剃发，恭查大行皇帝于本年七月十七日龙驭上宾，扣至十月二十七日止。百日期满，所有官员军民人等应于二十八日剃发。今查道光三十年三月初四日，准理藩院咨开，于四月十九日辰时在大行皇帝梓宫前行百日礼，毕公至百官兵丁等剃发前来，当即奉公爷大人谕，于四月十九日准，大清门行礼毕

---

① 辽宁省档案馆编：《黑图档·咸丰朝》(9)，线装书局 2016 年版，第 195 页。
② 辽宁省档案馆编：《黑图档·咸丰朝》(9)，线装书局 2016 年版，第 191 页。
③ 辽宁省档案馆编：《黑图档·咸丰朝》(9)，线装书局 2016 年版，第 175 页。

剃发。在案。查此次百日服满，并未接准理藩院咨文，今将军大人定于本月二十八日辰时在大清门行礼毕剃发之处，相应知会盛京内务府，转饬所属官员一体遵照可也。"[1]

关于服饰方面的礼仪要求，由盛京礼部印刷礼部的原奏及夹单，抄单结束后通行各衙门转行所属一体遵照。《盛京礼部为百日内外御用服色及王公百官服色事咨盛京内务府》规定，咸丰皇帝驾崩后"一切服色著王大臣等均查照成例"[2]，例如："百日内凡遇中祀、群祀，遣官致祭、承祭、执事各官俱素服行礼，百官不陪祀，祭日乐设而不作。百日外二十七月内斋戒日常服，祭日朝服作乐。"[3]在第三阶段，皇帝驾崩百日以后至二十七月之内，对各种礼仪要求逐渐降低。《盛京礼部为朝期坐班穿补褂朝珠事咨盛京内务府》记载："盛京礼部为知会事。档房案呈。查前准礼部来咨粘单内开，百日外二十七月内，遇朝期坐班并封开印信，届时俱穿补褂朝珠等语，今本年十一月初五日已逾百日应照向例朝期坐班，届时穿补褂朝珠，于是日辰刻坐班，相应知会盛京内务府。"[4]由此可看出，盛京礼部在皇帝龙驭上宾后负责管理盛京地区的礼仪。

皇帝驾崩后，盛京地区的官员在这段时间需要按照丧时的礼仪行事。除此之外，不日之内皇帝遗诏就会到达盛京。皇帝遗诏颁发时会规定地方所需遵照的礼仪，遗诏到达之日盛京地区恭迎恭接遗诏也需遵从一定的礼节。

首先，在颁发遗诏时，盛京礼部先收到关于颁发遗诏事宜一折的原奏印刷版，之后再转行各衙门，并在遗诏到日所应遵循的礼节抄单给盛京内务府。具体的粘单内容在《盛京礼部为颁发遗诏事咨盛京内务府》中有全面记载。"礼部谨奏为奏闻事。恭照大行皇帝龙驭上宾应行恭颁遗诏，臣等谨查则例内载：由臣部恭镌誊黄颁发各部院、八旗衙门暨顺天府等处，其盛京所属各衙门及新疆等处并城守尉等衙门具交兵部转发至各直省督抚等衙门。向例派员咨送诏书至日，直省文武各官率绅、耆老摘缨素服出郊跪迎至公署安设，行三跪九叩礼，文武官均成服二十七日，三日内率绅士人等朝夕举哀，命妇等

---

① 辽宁省档案馆编：《黑图档·咸丰朝》(9)，线装书局2016年版，第252页。
② 辽宁省档案馆编：《黑图档·咸丰朝》(9)，线装书局2016年版，第185页。
③ 辽宁省档案馆编：《黑图档·咸丰朝》(9)，线装书局2016年版，第185页。
④ 辽宁省档案馆编：《黑图档·咸丰朝》(9)，线装书局2016年版，第270页。

亦穿素服二十七日，直省官员百日内不嫁娶期年内不作乐，直省军民人等以宫中大事之日为始，均百日不剃发，督抚提镇等官进香之处均行停止，又载出师领兵大臣，诏书至日率官员兵丁摘缨素服跪迎入军中安设，行三跪九叩礼，听宣毕立□哀复行三跪九叩礼，皆摘冠缨三日，第四日照常行走，又载遣使颁遗诏于朝鲜国，使臣由礼部奏，派遣遗诏至日该国王率群臣素服宫迎，止鼓乐，使臣不受宴飨。其外藩蒙古诸部，由理藩院派员齐往，仪均与朝鲜国同，各等语。再查会典内载：乾隆四十二年奏准颁发直省遗诏成案，由臣部封交兵部转交各直省提塘进送，不但可省驿马之烦，而省得以早行持服成礼。等因。又道光十五年九月奉上谕，向来颁诏俱派中书笔帖式等员齐赴各省，嗣后著由驿颁发，毋庸派员前往。钦此。钦遵。各在案。此次恭颁大行皇帝遗诏，除蒙古诸部应交理藩院办理颁发，朝鲜臣部另行具奏外，所有颁发各直省遗诏应请遵照乾隆四十二年成案，并道光十五年谕旨，由臣部封交兵部转交各提塘进送。俾外省官员得以早行持服成礼，为此谨具奏闻。"①

其次，在恭迎遗诏阶段，咸丰皇帝遗诏到省后，盛京地区的礼节也是遵照道光三十年（1850）的成案，其具体礼节内容由盛京礼部发文给盛京内务府，以便及时预备恭迎遗诏所需物资。例如，咸丰皇帝的遗诏于咸丰十一年（1861）九月二十五日午刻进省。其相关流程如下：其一，盛京将军等官员在当天穿素服摘缨，在外攘边门东，关帝庙前齐集，以备跪迎。其二，等诏书奉正中黄案在大清门前安放完毕后，将军大人官员行三跪九叩礼。其三，将诏书请至东傍黄案开启，将军大人官员跪听宣读，宣读完毕后与立举哀。其四，将诏书仍请正中黄案以架，将军大人官员复行三跪九叩礼。其具体礼节情况《盛京礼部为恭迎遗诏事咨盛京内务府》中有详细记载："诏书至日，各部衙门大臣及文武官员率宗室觉罗、绅士、耆老、军民人等摘缨、缉素服齐集外攘边门外、关帝庙前恭候道右承德县差人，铺设垫席素毡。礼部六品官、七品官同将军衙门捧诏，佐领暨前引官员，率领执旗仗兵丁并校尉先升龙亭至宝胜寺西南平坦处，所恭候遗诏。到时赍诏人下马，将军衙门捧诏官跪接捧入龙亭安奉以架。将军衙门前引官五对在前，礼部前引官五对在后，俱穿素服、摘缨。缉旗仗四对，分左右排行，将军衙门官一员在龙亭前乘马引至

---

① 辽宁省档案馆编：《黑图档·咸丰朝》（9），线装书局 2016 年版，第 195 页。

关帝庙前。将军大人、官员、宗室、觉罗、绅士、军民、耆老在道右跪候过典，俱乘马跟随进外攘门，过鼓楼向南至西下马。牌前引官俱下马，步引进武功坊中门至内务府衙门。左右侍立龙亭升至院内正中面北安放，预设诏案香案，礼部捧诏官恭捧遗诏安奉中黄案，以架龙亭升至东南隅安放。将军大人率文武官员宗室觉罗等赞行三跪九叩礼，礼毕礼部读诏官诣诏案前行一跪三叩礼，恭捧请遗诏安放东傍黄案开启。将军大人官员等跪听读诏官四员轮替宣读毕。将军大人官员等与立举哀止，读诏官仍请遗诏安奉中黄案以架行一跪三叩礼退。将军大人复行三跪九叩礼毕，礼部六品官七品官仍率校尉升亭于正中面南安放捧诏官，仍请遗诏安奉亭内，将军衙门前引官五对左右步引，仍出武功坊中门至西下马，□乘马前引副都统大人率领官员乘马跟随，由大街向南经过金银库街送至将军衙门大堂正中黄案安奉。各部衙门各差司官一员祇领至接诏所用黄案三张，香案一张，咨行盛京内务府预备。"①

第三节　文物收藏

沈阳故宫收藏了后金至清初时期，努尔哈赤、皇太极、福临三位皇帝遗留的御用物品，是沈阳故宫博物院珍藏的特殊文物，具有极高的史学研究价值。清迁都后，盛京皇宫尊藏的御用物品一部分运往京师，一部分送至盛京城内外一些寺庙内恭藏。

一、文物收藏情况

盛京宫殿是清朝统治者高度重视的陪都宫殿，自乾隆年间，盛京皇宫逐渐成为储藏清皇室内府收集的历代艺术珍品及各类皇室御用物品等的皇家藏宝之所，使得盛京皇宫有了其合理的使用之处。到清朝盛京宫殿陈设和收贮的文物、图书、档案共计20余万件（册）之多，其中包括皇帝后妃驻跸使用和赏赐的物品，也有国史旧籍、先帝遗物、御赏古董、内府珍籍等，使得沈阳故宫在当时不仅是陪都皇宫，更是闻名中外的清代皇家文物宝库之一。②

---

① 辽宁省档案馆编：《黑图档·咸丰朝》（9），线装书局2016年版，第196—197页。
② 松茂如：《清代盛京宫殿藏品及其著录》，载武斌主编《沈阳故宫博物院院刊》，中华书局2012年版，第8—9页。

盛京宫殿所藏文物，无论从数量还是价值上来看，都是无与伦比的。道光二十七年（1847），盛京内务府曾派人对盛京皇宫各殿内收藏的各类藏品进行清点，并登记在册。光绪二十九年（1903），再次进行清点，两次清点情况，均登记在册，《盛京皇宫器物清册》现收藏于辽宁省档案馆。研究者们曾对盛京皇宫各宫殿的藏品情况进行了总结。

飞龙阁上层收藏清历代皇帝御用武备，各种弓箭、刀剑、甲胄等收藏于此，共计4000多件。下层主要收藏了乾隆四十七年（1782）从北京送的一批古代青铜器。详细收藏情况可以参见辽宁省档案馆藏《飞龙阁存贮器物清册》。

翔凤阁所存主要供皇帝御用器物。包括各宫殿陈设的御用器物、皇帝至盛京时使用的衣物等物品、皇帝驻跸期间查阅的书画等。详细情况可以参见辽宁省档案馆藏《翔凤阁存贮器物清册》。

东七间楼存放清宫御窑各类圆、琢瓷器。内存康熙、雍正、乾隆年制各类瓷器十余万件。可以分为三类：其一，康熙、雍正、乾隆朝零散烧制的各类器物；其二，明代永乐至万历朝官窑烧制的各类器物；其三，数百件清代仿明宣窑、成窑、嘉窑制品等。

西七间楼也被称为"档子库""书籍墨刻楼""西档库"，所藏主要是书籍、墨刻、档案三大类。其中收藏的档案可以分为三类：其一，满、汉文稿档五万余件，是顺治朝至清末二百多年间盛京内务府与北京内务府，及盛京五部与京师各部管束之间的往来公文的底稿；其二，往来公文底档，即《黑图档》，为康熙至咸丰年间盛京内务府与京师，以及盛京五部、盛京将军衙门、奉天府等官署之间往来公文的抄存档；其三，乾隆至宣统年间盛京地区八旗人丁户口册，共计八千余册。另外西七间楼还存放殿版书籍、墨刻碑帖等，具体参见《西七间楼恭贮书籍墨刻器物清册》。

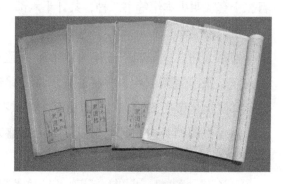

图 2-1　《黑图档》

銮驾库存有百余件清帝御

用銮驾、卤簿、仪仗及乐器，是清帝东巡期间及举行典礼时的重要陈设、演奏之器。

敬典阁于乾隆初年修筑，专门用于收藏玉牒。自乾隆八年起，玉牒历次修撰按制送往盛京敬典阁入藏一份。乾隆年间，为了收贮宝物，盛京皇宫进行了大规模的扩建，其中盛京内务府下属的清代盛京皇家档案馆（库）——敬典阁、崇谟阁，就是在此时修建的。"敬典、崇谟二阁原为留都金匮石室之储" ①，凤凰楼、崇谟阁与敬典阁为存放清代圣训、玉牒、实录之处，其中崇谟阁与敬典阁修建时就是为了存贮国家重要文书。

凤凰楼在清太宗时期修建，共三层，中、上两层从乾隆年间起用于收藏宫中重要文物。主要有实录、圣容、行乐图、清初御玺等，属于清宫中最具历史价值的文物。关于凤凰楼的具体情况可以参阅本书第四章。

崇谟阁为乾隆初年专门修建，用于存放清代历朝实录、圣训等。乾隆皇帝初次东巡后，下令将实录、圣训以满、汉文本各一份重新抄录，送往盛京尊藏，完成后先于凤凰楼存放，乾隆四十三年（1778）移入崇谟阁。关于敬典阁、凤凰楼、崇谟阁的各项情况可以参阅本书第四、五章。

文溯阁是专门用于存放《四库全书》而建造的藏书楼，分为三层，藏有《四库全书》《古今图书集成》，还有《四库全书》的总目、考证、简明目录等辅助类书籍。为了收藏《四库全书》《古今图书集成》等文化典籍修建了文溯阁、仰熙斋、九间殿等建筑。《黑图档》内也有档案记载了相关情况。如档案《都虞司为将四库全书总目等书送盛京贮存事咨盛京内务府》记载："都虞司为移会事。据武英殿修书处移称，本处现有应带往盛京存贮钦定四库全书总目二十套、明史本纪等书八种，共计十六部等因前来。" ②文溯阁的具体藏书情况等可以参见本书第五章。

盛京太庙。乾隆四十五年（1780），乾隆帝下旨将北京太庙供奉的五朝帝后玉宝、玉册重新制作，并将原先供奉的移送盛京太庙尊藏。此后各朝按此定例移送前代帝后玉册、玉宝至盛京太庙供奉。

从《黑图档》内京师与盛京内务府、盛京将军衙门等的往来文书中可以

---

① 辽宁省档案馆编：《黑图档·嘉庆朝》(4)，线装书局 2016 年版，第 254 页。
② 辽宁省档案馆编：《黑图档·嘉庆朝》(1)，线装书局 2016 年版，第 90 页。

看到由北京紫禁城向盛京皇宫拨运御用物品和各类珍宝等的情况。如档案《盛京内务府为收到御制诗文事咨总管内务府》记载："盛京内务府为咨覆事。广储司案呈，司库六格等呈称嘉庆六年二月初二日准都虞司来咨内开，奉各位大人谕，十二月二十四日由懋勤殿交出陈设热河、盛京等处御制诗文各四套，着交茶库暂行收贮。俟该处领取时，再行报堂，并交都虞司即传知热河委派妥员来京赴库领取其陈设盛京书籍。现该佐领延福在京，即令伊就近付库领取带回。毋得迟误。等谕抄出，相应交来京盛京佐领延福前赴该库领取带往外，仍知照盛京内务府可也。等因前来。随将佐领延福带到御制诗文共四套，查明谨敬包裹，贮库以备陈设之处，相应知会内务府可也。"①

二、文物的管理

由北京送到盛京的物件需要记录下来，从乾隆四十三年（1778）起，在每年的年终造具清册，送往总管内务府，以备查核。《盛京内务府为造送嘉庆六年由京运来书籍等项清册事咨总管内务府》记载："盛京内务府为咨报事。广储司案呈，据司库六格等呈称，查得乾隆四十三年内，经将军弘奏准：嗣后凡系由京运至各项什物，俱于年终造册咨报总管内务府，以备查核等因在案。今届年终造报之期，理合将本年正月初一起至十二月底止，所有由京运至书籍等项造具堂印清册三本，一本咨报总管内务府可也。"②

对珍贵的皇家档案、御品和书籍实行防虫、防潮及定期晾晒。据《盛京工部为请派员关领晾晒实录等需用之潮脑事咨盛京内务府》记载："盛京工部为咨行事。右清吏司案呈。查每年盛京内务府、礼部，咨取晾晒实录、圣训、玉牒并包裹、弓箭、撒袋等项以及熏貂皮、坐褥，共需用潮脑二百三十二斤六两，业经由京领到，札库查收在案。相应知照盛京内务府、礼部，希将即派员出具文领赴部作速关领可也。"③潮脑即樟脑，主要用于生活中的防潮与防虫，在清代使用潮脑进行防潮、防虫较为常见。盛京地区每年使用大量的潮脑，据《盛京工部为拨发实录圣训及玉牒柜内所用潮脑事咨盛京内务府》记

---

① 辽宁省档案馆编：《黑图档·嘉庆朝》（3），线装书局 2016 年版，第 324 页。
② 辽宁省档案馆编：《黑图档·嘉庆朝》（3），线装书局 2016 年版，第 364 页。
③ 辽宁省档案馆编：《黑图档·嘉庆朝》（19），线装书局 2016 年版，第 352 页。

载："营造司案呈，据催长王孔彩等呈称查得圣训、实录柜内熏用潮脑十二斤，玉牒柜内熏用潮脑三十六斤，共用潮脑四十八斤，例应一年一次咨取，于嘉庆元年四月内由盛京工部领取，应用在案，此项潮脑业经风化无存，今特值恭晾之期，理合呈请咨行盛京工部照数发给潮脑四十八斤，以备应用。"① 从盛京内务府定期关领潮脑等物品的举措，可以看出当时已经形成了制度，印证了盛京内务府对于皇家档案保护的重视。咸丰三年（1853）档案《掌图记佐领岫云等为包裹由京内运至列祖御用鞍笼朝冠等领取潮脑事呈请咨盛京工部》记载："掌图记佐领岫云等呈为领取潮脑事。据广储司司库得昇等呈称，查得由京运至列祖御用鞍笼并恭存祭用弓箭、撒袋、高宗纯皇帝御用朝冠朝衣，仁宗睿皇帝御用朝冠朝衣，以及库存弓箭、撒袋衣鞍、鞢鞦辔、白貂皮、八骏图、黄呢羽□羽缎、书籍、墨刻、字画、孔雀毛织蟒袍等物包裹需用潮脑九十七斤十四两，于去岁四月内呈行工部领取应用在案。但此项潮脑抖晾一年，已经风化无存。今届管理之期，理合呈请转呈等情。据此相应咨覆盛京工部验照印领，如数发给，以便应用可也。"② 可以看到，为了收藏御用物品，盛京内务府需要定期领取潮脑。

文溯阁的书籍也需要定期晾晒。档案《奉天学政为晾晒文溯阁书籍事咨盛京内务府》记载了嘉庆二十年（1815）晾晒文溯阁书籍的有关事宜。"钦命奉天府等处学政加十级记录十次徐为咨覆事。案贵衙门咨，会每年恭晾文溯阁书籍。等因准此。今本院定于八月初十日，率同委员赴阁恭晾，相应咨覆，为此合咨贵衙门查照施行。"③ 另外根据《黑图档·咸丰朝》内的档案《奉天学政为晾晒文溯阁内书籍事咨盛京内务府》记载："钦命提督奉天等处学政加五级记录十二次张为咨覆事。案准贵衙门咨会文溯阁存收书籍例应派员恭晾、查点等因前来。今本学政拟于八月十二日巳时早，同护理奉天府治中经历庚华代理教授李瑞并候委教职张景云、孙启彦、田霖等前往帮同办理外，相应咨会，为此合咨贵衙门查照施行。须至咨者。"④ 从嘉庆及咸丰这两件档案来看，文溯阁大致是在每年的八月中旬左右，由奉天学政派员协同盛京内务

---

① 辽宁省档案馆编：《黑图档·嘉庆朝》（7），线装书局 2016 年版，第 360 页。
② 辽宁省档案馆编：《黑图档·咸丰朝》（10），线装书局 2016 年版，第 367 页。
③ 辽宁省档案馆编：《黑图档·嘉庆朝》（24），线装书局 2016 年版，第 156 页。
④ 辽宁省档案馆编：《黑图档·咸丰朝》（6），线装书局 2016 年版，第 35—36 页。

府晾晒书籍。

第四节　宫殿维修

盛京工部掌盛京地区之营缮工程。"康熙十一年奉旨：嗣后盛京宫殿有应修之处。内务府会同工部择吉修理。又议准。凡采画油饰需用颜料桐油。及罘罳所用铜丝等项。于盛京工部移取。部委官监视。"[1]康熙二十一年（1682）定，盛京宫殿的维修由盛京内务府与盛京工部择吉日修缮。

档案《盛京工部为查明何座宫殿楼阁应赶紧糊饰窗扇事咨盛京内务府》记载了嘉庆二十二年（1817），盛京工部准盛京内务府为糊饰太庙、宫殿、楼阁的窗扇等一事。"盛京工部为咨行事。左清吏司案呈，准盛京总管内务府为糊饰窗扇事。营造司案呈，据署理催长事务掌稿笔贴式朱希仁等呈称，查得太庙、宫殿、楼阁等处窗户槅扇、帘架、暖阁开窗。于嘉庆二十年咨行盛京工部糊饰在案。今值嘉庆二十二年，已过二年，查窗户、槅扇俱经雨湿虫蛀糊饰，理合将各宫殿楼阁应行糊饰处所开写粘单照例咨行盛京工部，委员敬谨糊饰。等因前来。据此查咨行糊饰太庙并宫殿楼阁等处窗户、阁扇、帘架、暖阁开窗与隔年粘补之例相符，自应派员粘糊。但前项楼阁殿座现在钦工间有拆卸揭□修理，本部难以派员糊饰，相应咨覆盛京总管内务府希为查明现在何座系刻不可缓。应行糊饰之处，开单咨覆本部，以便派员糊饰，如尚可缓待，各座俟钦工修理完竣之时，即行开单知照，本部再行派员一律糊饰可也。"[2]从档案的记载中可以看到太庙与盛京宫殿等处的窗户、阁扇、帘架、暖阁开窗要隔年粘补。《盛京内务府为请派员糊饰文溯阁等处窗扇事咨盛京工部》记载："盛京总管内务府为咨催事。文溯阁案呈，据催长恒太营造司催长丰伸等呈称。查得本府文溯阁宫殿等所有窗阁应糊饰定拟系二年一次，咨行盛京工部在案。今文溯阁宫殿等宫窗槅、门扇系应糊饰之年，是以，于本年七月内，业将文溯阁宫殿等宫窗隔门扇开写粘单咨行盛京工部派员敬谨糊饰在案。迄二月由余，派员踏勘糊饰，但查文溯阁收藏四库全书，宫殿遵藏玉

---

① （清）昆冈等纂：《清会典事例》（9）卷958，中华书局1991年版，第943页。
② 辽宁省档案馆编：《黑图档·嘉庆朝》（26），线装书局2016年版，第229页。

牒、圣训、实录之所。今窗槅俱经风雨虫蛀，且时值风寒，若不即使糊饰严密，恐书匣风裂，事关紧要，未便迟延，理合咨行盛京工部，作速派员敬谨糊饰可也。”①从中可以看到当时盛京宫殿的窗阁糊饰是按照每两年一次的定例进行的。在这件档案里，也强调了文溯阁等宫殿的重要性。档案《盛京工部为查收太庙东西殿会修工程事咨盛京内务府》记载了咸丰二年（1852），盛京工部完成太庙东西殿的维修工程，发文盛京内务府派员会同盛京工部员外郎查验。“盛京工部为咨行事。左清吏司案呈，据内务府骁骑校际德，工部六品官袁国信等为呈报事。窃身等奉派会同奏修太庙东西配殿等工。今职等俱照原估做法修理完竣前来。除本部札派员外郎福聚前往会同详细查收，据实加具会衔印结呈递外，相应移咨盛京内务府即行出派会员咨覆本部，以便会同查收可也。须至咨者。”②

盛京工部还要负责维修各宫殿破损的房瓦等，以保持宫殿的完好，防止宫殿内所藏物品受损。但有时即使各宫殿破损严重，也不是即刻可以维修的。档案《盛京工部为崇政殿等处工程因届冬令无服承修事咨盛京内务府》记载，冬令期间，盛京工部无法实行维修，从而发文盛京内务府。“盛京工部为咨行事。右清吏司案呈，案查前准盛京内务府咨修崇政殿后日华楼、霞绮楼东西六间、师善斋东西十间、翔凤阁后书库七间、文溯阁西南外围东西夹墙臌闪倒坏约长八丈余，以上三处工程俱各头停渗漏，瓦片脱落。前后飞檐椽望糟朽条石走错，均有情形。等因各前来。查此项工程，现属冬令，泥水不合，本部碍难派员勘估与修，相应咨覆盛京总管内务府转饬遵照可也。须至咨者。”③

为避免铺张浪费，盛京工部有时也会暂停维修宫殿。道光七年（1827），时值办理军需，盛京工部按照上谕，一切应修工程暂停，以防浪费。档案《盛京工部为停止维修宫殿竹帘雨搭以归节省事咨盛京内务府》记载：“盛京工部为咨行事。右清吏司案呈，准盛京总管内务府希为更换粘补事。营造司案呈，据催长金润等呈称。查得宫殿内等处悬挂雨搭共小一百三十四架，尚

① 辽宁省档案馆编：《黑图档·嘉庆朝》（50），线装书局2016年版，第198—199页。
② 辽宁省档案馆编：《黑图档·咸丰朝》（3），线装书局2016年版，第237页。
③ 辽宁省档案馆编：《黑图档·咸丰朝》（6），线装书局2016年版，第106—107页。

堪应用六十一架，不堪应用七十三架，道光六年粘补悬挂在案。今查此项雨搭不堪应用六十一架，帘布绒绳制车俱被风雨淋漓尽，皆糟朽不堪卷放，相应开录粘单，咨行盛京工部速为派员踏勘粘补可也。等因前来。查前准户部咨开，奉上谕，现在办理军需，所有应修一切工程俱着概行停止，以归节省等因，当经咨行盛京内务府遵照在案。今准咨修竹帘雨搭前来，自应遵奉谕旨，一律停止，以归节省，相应咨覆盛京内务府查照可也。"①虽然盛京宫殿各处的雨搭大部分不堪应用，但盛京工部以时值筹备军需及冬令之际为由，回复盛京内务府不予维修。另外一件档案《盛京工部为清宁宫等处修理工程因天冷碍难动工事咨盛京内务府》也记载了，维修宫殿耗费巨大，为了避免浪费，且时值冬令，盛京工部回复盛京内务府不予维修。"盛京工部为咨行事。右清吏司案呈，准盛京总管内务府为咨行事营造司案呈，据催长庆凯等呈称，查得清宁宫东配宫三间地脚沉陷大木损坏，椽望糟朽，头亭坍塌，两山墙鼓闪前后檐墙裂，西配宫三间，地脚沉陷，大木损坏，椽望糟朽，头亭坍塌，两山墙鼓闪，前后檐墙劈裂，并麟趾宫五间北稍间大梁糟朽，椽望损坏，头亭渗漏，中间后玻坍塌损坏。查此项工程系道光九年，经钦工修理在案，但此三处之工系紧要处所，碍难延缓，理合呈请覆转施行等情。据此，相应咨行盛京工部速为派员查看修理可也。须至咨者。等因前来。查来咨内称：清宁宫、东配宫等三处供出俱系紧要处所，碍难延缓等语。查此项工程动用银两浩繁，且查现届天气渐冷，泥水不合，本部碍难派员勘估，相应咨覆盛京总管内务府酌夺办理可也。"②

总之，《黑图档》中的有关记载进一步印证了陪都盛京在清朝的重要地位。作为世界文化遗产，沈阳故宫所承载的历史记忆是厚重而深沉的。

---

① 辽宁省档案馆编：《黑图档·道光朝》(10)，线装书局 2017 年版，第 331—332 页。
② 辽宁省档案馆编：《黑图档·咸丰朝》(5)，线装书局 2016 年版，第 3 页。

第三章　清代沈阳城市记忆之两陵

在沈阳有两座重要的皇陵与盛京故宫并称为"一宫两陵",分别是清福陵和清昭陵,它们在2004年被列入世界文化遗产名录,是清代沈阳城市记忆的重要组成部分。

清福陵是清太祖努尔哈赤与皇后叶赫那拉氏的陵墓,坐落在沈阳市东北11公里处,占地近54万平方米,现存古建筑32座(组)。福陵始建于后金天聪三年(1629),竣工于清顺治八年(1651),经康熙、乾隆等朝增建,方具今日规模。[①]福陵的建筑结构严谨,雕刻精细,古树参天,殿阁林立,金瓦红墙,波光粼粼,显示了我国劳动人民的智慧和古建筑传统艺术的独特风格。[②]清昭陵是清太宗皇太极及其皇后孝端文博尔济吉特氏的陵墓,兴建于崇德八年(1643),皇太极的梓宫于同年九月移至陵寝殡宫暂安。顺治六年(1649)四月十七日,孝端文皇后崩,第二年梓宫移至昭陵,与皇太极合葬。顺治八年(1651)昭陵竣工,再以后康熙、乾隆、嘉庆等朝屡有改建和重修。昭陵在清代帝王陵寝"盛京三陵"中属规模为首,整个陵园占地面积为450万平方米,陵墓整体建造在南北向的平地上。[③]

沈阳的福陵和昭陵拥有深厚的清代文化底蕴,在《黑图档》中对于两陵祭祀、维修及日常事务的记载非常详细,对于今天我们研究清代盛京地区的历史、保护皇陵建筑、维护城市记忆具有重要的参考和借鉴价值。

第一节　福陵与昭陵的祭祀

清朝的历代统治者极其重视皇陵的祭祀,因此随着朝代更替,祭礼不断

---

① 梁莹:《以"一宫两陵"打造沈阳清文化品牌》,《沧桑》2012年第6期。
② 佟福贵:《盛京三陵之二——福陵》,《辽宁档案》1992年第3期。
③ 佟福贵:《盛京三陵之三——昭陵》,《辽宁档案》1992年第4期。

完善且种类繁多。"清朝皇陵的祭祀从规模上分，有大祭、小祭两种；从时令、节气上分，有清明、中元、冬至、岁暮四时大祭；从内容上分，有忌辰祭、圣诞祭；另外还有展谒礼、告祭礼等。"① 除此之外，皇帝东巡来盛京祭祀祖陵也是福陵和昭陵祭礼中非常重要的组成部分，整个清朝共举行了十次东巡的活动，其中康熙帝三次、乾隆帝四次、嘉庆帝两次、道光帝一次，不仅历时久、规模宏大、仪制隆重，而且在军事、对外关系、经济等方面的影响深远，也体现出清代皇帝对于祭祀祖陵的重视程度之高。

在《黑图档》中对于福陵和昭陵每年举行祭祀情况的记载主要以大祭和皇帝东巡祭祀为主，本节在梳理《黑图档》中有关两陵记载内容的基础上，从两陵大祭和皇帝东巡谒陵两部分对福陵和昭陵的祭祀情况进行阐述。

一、两陵大祭

福陵和昭陵的大祭为每年的清明、中元、十月朔、冬至、岁暮和帝后忌辰，祭礼由盛京礼部主管，盛京五部的其他部门、盛京内务府、三陵总理事务衙门等协办，《黑图档》中对两陵大祭的记载以大祭准备工作为主，包括两个部分，一是确定祭礼抬桌官员的名单，二是准备祭祀所需要的物品。

（一）确定抬桌官员名单

关于确定祭礼抬桌官员的名单，以嘉庆二年（1797）的两陵忌辰大祭为例，首先由盛京礼部行文盛京内务府，后由盛京内务府拟定参与本次祭祀抬桌的官员名单，见《盛京内务府为造送两陵忌辰大祭抬桌官员衔名事咨盛京礼部》中记载有："盛京总管内务府为咨送抬桌官员职名事。档案房呈准，盛京礼部咨开为咨取事。档案房案呈，照得本年八月初九、十一等日两陵大祭在迩，相应开单行文盛京内务府衙门，抬桌官员务于八月初五日以前咨送本部……本衙门出派抬桌官员：笔帖式张容、程文官，副司库玉寅，库使代廷玺、王国仕、善昌、八各、玉柱、张国良、袁福恒、石官，仓达郭有忠等，职名咨送盛京礼部可也。须至咨者。右咨盛京礼部。"② 礼部在收到内务府的名单后对参与本次祭礼抬桌的官员进行具体分派，在《盛京礼部为分派两陵忌

---

①　徐广源：《清朝陵寝制度》，沈阳出版社 2018 年版，第 517 页。

②　辽宁省档案馆编：《黑图档·嘉庆朝》（33），线装书局 2016 年版，第 176 页。

辰大祭抬桌官员事咨盛京内务府》中有:"盛京礼部为知会事。档案房案呈:本年八月初九、十一日两陵忌辰大祭应用抬桌官员,今准盛京内务府委定,副司库王寅,库使王国仕、八格、袁福恒等俱经签掣得昭陵抬桌,笔帖式张容、程文官,库使戴廷玺、善仓、玉柱、张国良、石官、郭有忠等俱经签掣得福陵抬桌之处,相应知会盛京内务府转饬遵照可也。须至咨者。右咨盛京内务府。"① 由上述《黑图档》中的档案可以明确看出,选派祭礼所需的抬桌官员一事由盛京礼部主持,盛京内务府确定人选并在礼部分配好人员去处后告知相关的官员按时去指定地点参与祭祀仪式。此外通过"俱经签掣得昭陵抬桌"一句可知盛京礼部在分派抬桌官员时采取的是"签掣",即抽签的方法来选出名单中的官员去福陵还是去昭陵参与抬桌。又如在嘉庆朝的档案《盛京礼部为分派清明两陵大祭抬桌官员事咨盛京内务府》②、道光朝的档案《盛京礼部为请造送清明两陵大祭抬桌官员衔名事咨盛京内务府》③、咸丰朝的档案《盛京礼部为分派两陵大祭抬桌官员事咨盛京内务府》④ 等中亦是记录了两陵清明大祭、七月十五日中元大祭、忌辰大祭、冬至大祭的抬桌官员的选择派遣情况。

在两陵抬桌官员的选择上有两种特殊情况,一是由于官员自身因事或因病无法参与祭祀抬桌时,盛京礼部要求盛京内务府,"抬桌自送之后,该员遇有差出患病,必须按名补送可也",在查明事实后及时补充官员人选,以免耽误祭礼的时间。⑤ 二是盛京内务府因故不再派出官员参与祭祀抬桌,如在嘉庆二十三年(1818)的档案《盛京内务府为声明免派两陵大祭抬桌官员缘由事咨盛京礼部》中有,"盛京总管内务府为预行知会事。档案房案呈,查本年皇上驾幸,本府大小官员现多派有在外,催办差徭兼派送往广宁、夏园二处行宫陈设,且有钦工处行走需有占用。时值两陵大祭,所有应用抬桌官员免拨派,缘由相应预行知会盛京礼部可也"⑥,即因为皇帝东巡相关的事务繁忙,因

---

① 辽宁省档案馆编:《黑图档·嘉庆朝》(7),线装书局 2016 年版,第 430 页。
② 辽宁省档案馆编:《黑图档·嘉庆朝》(7),线装书局 2016 年版,第 289 页。
③ 辽宁省档案馆编:《黑图档·道光朝》(7),线装书局 2016 年版,第 351 页。
④ 辽宁省档案馆编:《黑图档·咸丰朝》(8),线装书局 2016 年版,第 78 页。
⑤ 辽宁省档案馆编:《黑图档·咸丰朝》(7),线装书局 2016 年版,第 29 页。
⑥ 辽宁省档案馆编:《黑图档·嘉庆朝》(49),线装书局 2016 年版,第 148 页。

此盛京内务府行文盛京礼部，不再拨派官员参与两陵大祭抬桌。又如在咸丰朝的档案《盛京礼部为各陵大小祭所有监礼等各官不能前往事咨内务府》中记载："盛京礼部为知照事。档房案呈，适奉龙驭上宾，将军、各部大人并文武官员正值成服，每日二次竭尽哀仪。各陵八月初一、十五日小祭并初九、十一日忌辰大祭，所有监礼、陪祀、升桌均不能前往。相应知照盛京内务府。须至咨者。"[①] 这次则是由于咸丰皇帝去世，官员都在服丧，因而无法参加祭祀的抬桌。

（二）准备两陵大祭物品

福陵和昭陵大祭所用的祭品在"顺治八年（1651）六月二十日，定诸陵祀典"[②]，曾规定"福陵、昭陵除清明、中元、岁暮照常致祭外，每岁十月朔、冬至亦各致祭一次，其祭品十月朔用酒果、供香烛，冬至用牛、羊、豕、献酒果、上饭、上羹、供香烛、焚帛、读祝文"[③]。随着朝代的发展，祭品也在不断丰富，尽管在《黑图档》中，我们还没有找到直接关于福陵和昭陵大祭所需全部物品的记载，但是通过永陵大祭物品的预备，也可探知一二。如在《盛京礼部为恭送清明大祭祭品事咨永陵关防衙门》中有，"……嘉庆十五年二月二十五日恭送永陵大祭祭品数目清单：计开：祝版一块，备用祝版一块，奉先帛八端，降正香二两，炭几四个，二样瓜子三十条，寸白糖十斤，蜜饯山里红七斤，鲢鱼二十斤"[④]。又如在《盛京礼部为恭送七月十五日大祭祭品事咨永陵关防衙门》中，记载有"今将七月十五日永陵祭品数目清单，计开：麦子八斤石，苏子五斤石，蜂蜜三百二十斤，白糖六十四斤，山葡萄一斗六升，枸杞一斗六升，饽饽房用奶油二十四斤，饭房用奶油十四斤，芝麻二斗一升一抄，拌粉汤用枸杞二升，抹锅奶油三斤，碱土三斤，高丽纸十二张，茶叶三斤。以上祭品系本部派员恭送。玉棠米一斗六升，粘稻米一斗六升，黄米二斗四升，小米三斗二升，白盐二十四斤，黑盐四十二斤，蘑菇十六斤，鸡蛋三千二百个，木耳四斤，鸭蛋一百二十个，鹅蛋八十个，拌瓜子鸡蛋

---

① 辽宁省档案馆编：《黑图档·咸丰朝》（9），线装书局 2016 年版，第 177 页。
② 徐广源：《清朝陵寝制度》，沈阳出版社 2018 年版，第 478 页。
③ 《世祖章皇帝实录》卷 57，中华书局 1985 年版，第 456 页。
④ 辽宁省档案馆编：《黑图档·嘉庆朝》（53），线装书局 2016 年版，第 203 页。

图 3-1 福陵

三十二个，长青菜二十斤，以上祭品系盛京户部派员恭送"①。由此可见，三陵大祭的祭品中既有用来书写祝文的祝版、香烛等祭祀专用物品，也有鸡鸭鱼肉、点心零食、粮食果品等，种类丰富，数量繁多，并且不同的祭品由不同的部门负责派送，并非只有礼部负责派送祭品，诸如小米、黄米等农作物以及鸡蛋、鸭蛋等则由掌管粮储、农田的盛京户部负责派送。

在咸丰朝的档案《盛京礼部为派员送祭祀两陵等处所用牛羊事咨盛京内务府》②中，见"盛京礼部为知照事。左户司案呈，恭查本年十一月初七日冬至福陵大祭应用黑牛二条、备用黑牛一条、羊四只，太妃园寝祭祀应用羊三只，昭陵大祭应用黑牛二头、备用黑牛一条、羊四只，贵妃园寝祭祀应用羊二只，定于十一月初五日恭送。相应知照盛京内务府预先拣选，务于是日清晨派员送至本部，以便验看可也"，对于福陵和昭陵大祭需要使用的牛羊数量进行了详细记载。

同时，福陵和昭陵作为帝后陵寝，在大祭时会使用大量的金银器皿，"如金质的执壶、奠池，镀金的银茶桶、各种盘子、碟子、罐、匙、爵。并且，还有许多镀金、镀银的铜器，仅金银器就有一百几十件之多"③。因此三陵总理事务衙门会提前行文盛京内务府，"为大祭请派银匠打磨金银器皿事"④，即要求内务府请银匠提前打磨好要使用的金、银器皿，以备祭祀时使用，如《三陵总理事务衙门为请派送七月十五两陵大祭打磨金银器皿之银匠事咨盛京内务府》⑤《三陵总理事务衙门为差派两陵大祭擦拭金银器皿需用银匠事咨盛京内

① 辽宁省档案馆编：《黑图档·嘉庆朝》(53)，线装书局 2016 年版，第 268 页。
② 辽宁省档案馆编：《黑图档·咸丰朝》(8)，线装书局 2016 年版，第 64 页。
③ 徐广源：《清朝陵寝制度》，沈阳出版社 2018 年版，第 530 页。
④ 辽宁省档案馆编：《黑图档·嘉庆朝》(8)，线装书局 2016 年版，第 157 页。
⑤ 辽宁省档案馆编：《黑图档·道光朝》(7)，线装书局 2016 年版，第 191 页。

务府》①《三陵总理事务衙门为昭陵大祭打磨金银器皿请派银匠事咨盛京内务府》② 等档案均为相关记载。

二、皇帝东巡谒陵

清帝东巡是指，"清朝的四位皇帝，出于巡阅祖迹、缅怀宗功、告慰祖陵、乞求护佑帝业永固和国家长治久安的目的，先后出巡清朝发祥地兴京、陪都盛京、边疆重镇吉林等地的大型祭祀、巡察活动"。③ 在皇帝东巡盛京期间最重要的一项活动就是祭谒祖陵，"在追思祖先肇基创业功绩的同时，都在提醒自己以及后代继位者，要敬天法祖，勤政爱民，发扬光大先皇开创的基业对后者有一定的教育意义"④。《黑图档》中有大量关于四位皇帝先后东巡盛京的档案，其中与皇帝拜谒祭祀两陵相关的档案主要有以下几个方面：

一是说明东巡盛京的最重要的目的就是祭祀包括福、昭二陵在内的关外祖陵，告慰列祖列宗。如在嘉庆皇帝第一次东巡祭祖前，在《盛京将军衙门为奉上谕皇上恭谒祖陵照例预备所有典礼事宜事咨盛京内务府》中可见，"八月十六日奉上谕：盛京为我朝发祥之地，桥山弓剑，谟烈存焉。自祖宗以来，祗修谒陵之典，朕忆从前随侍皇考高宗纯皇帝恭谒陪都，敬仰鸿仪山川风景依依在目，迩时即蒙皇考恩慈欲升以付托之重，曾默以朕名告于太祖、太宗仰维昭鉴之诚，勖以丕基之绍寅承统绪九年以来，宵旰敬勤，诚求治理，期以上副眷顾，拟于亲政后即恭谒祖陵，适缘剿办川陕楚邪匪，筹笔连年。今幸事机顺利殄厥，巨魁党恶十数万悉被殄除，零星余匪亦已迅就肃清，从此海宇、粒宁，群黎蒙，此皆列祖在天之灵默为垂佑，俾藏钜功，允宜处诣山陵，升乡对越。特涓吉于明年七月二十一日自京启銮，由山海关一带前往盛京谒陵，礼成后于九月二十四日回京。所有一切典礼事宜着各该衙门照例敬谨预备。钦此"⑤。这份档案中抄录的谕旨详细记录了嘉庆皇帝东巡盛京拜谒祖陵的背景。

① 辽宁省档案馆编：《黑图档·道光朝》（12），线装书局 2016 年版，第 302 页。
② 辽宁省档案馆编：《黑图档·嘉庆朝》（12），线装书局 2016 年版，第 239 页。
③ 丛淑洋、曹萌：《清帝东巡文学文献体系的建构》，《满族研究》2019 年第 3 期。
④ 丁海斌、滕春娥：《谈清帝东巡与陪都盛京》，《东北史地》2009 年第 1 期。
⑤ 辽宁省档案馆编：《黑图档·嘉庆朝》（12），线装书局 2016 年版，第 335 页。

二是对皇帝祭祀福陵和昭陵的行程、仪式等进行安排。"康熙年间和乾隆初年，因东巡谒陵各项典制尚不十分完备，加之沈阳故宫内尚无行宫建筑，所以每次在沈阳停留期间活动规律并不一致。从乾隆皇帝第二次来盛京开始，各项制度才渐趋完备。"[1]在康熙皇帝的三次东巡中，均为亲自去福陵和昭陵行祭礼，并在康熙六十年（1721）时，派遣皇四子雍亲王胤禛率领皇子皇孙东巡盛京祭祖，由皇子祭昭陵，皇孙祭永陵。乾隆皇帝的四次祭祖中，"第一、三、四次东巡均先谒福陵，次日在福陵行大飨礼同时在昭陵行谒见礼，第三日在昭陵行大飨礼；第二次东巡则同日在福、昭陵行谒见礼，次日在福、昭陵行大飨礼"[2]。而嘉庆和道光帝的东巡多循祖制，基本按照乾隆东巡时期的成案进行备办，也是遵循先福陵后昭陵的顺序展谒祖陵。

在《黑图档》中关于皇帝祭祀两陵的服色、行程等都有详细记载，如在乾隆四十三年（1778）五月初二日《盛京将军衙门为抄送礼部奏准皇上恭谒祖陵之日服色一折事咨盛京内务府》中有，"镇守盛京等处将军衙门为知照事。左礼司案呈，准礼部咨开，祠祭司案呈，本部咨前事一案，相应抄录粘单行文各衙门可也。等因前来。相应抄录粘单知照盛京内务府衙门可也。须至咨者。计粘单一纸。右咨盛京内务府衙门。乾隆四十三年三月十七日，内阁抄出，领侍卫内大臣尚书忠勇公福等谨奏：恭查，乾隆十九年皇上诣盛京恭诣祖陵，经大学士公臣传等敬谨酌议，皇上谒陵之日用素服行礼，大祭之日皇上朝服行礼，盛京陪祀及执事大臣、官员有朝服者亦俱朝服，扈跸王大臣等俱穿蟒袍、补褂，以昭诚敬。等因。奏蒙俞允，并载入仪注遵行。此次恭谒祖陵，维在二十七日之内，前经臣等恭拟皇上御用服色单内亦系谒祖陵之日素服行礼，大祭之日朝服行礼，与仪注符合。至盛京陪祀及执事大臣、官员及扈跸王大臣等应请仍照十九年原议分别朝服、鳞袍、补褂，以襄盛典。为此谨奏。乾隆四十三年三月十四日奉旨：知道了。钦此"[3]。又如嘉庆帝第二次东巡时，档案《盛京将军衙门为知会皇上东巡恭谒祖陵文武官员应行穿着事咨盛京内务府》中写道："恭谒祖陵之日，派出进陵寝门之王公大臣及执事

---

① 罗艳：《大清皇室的祭典礼·礼仪卷》，中国青年出版社2011年版，第68页。
② 罗艳：《大清皇室的祭典礼·礼仪卷》，中国青年出版社2011年版，第68页。
③ 杨丰陌、赵焕林、佟悦编：《盛京皇宫和关外三陵档案》，辽宁民族出版社2003年版，第433页。

人员俱于二分尖营上换穿青长袍褂，其余仍穿行衣。大飨三陵之日，陪祀王公大臣及执事人员俱穿蟒袍补褂，其余仍穿行衣"[1]，与乾隆东巡时的官员穿着规定又略有不同。

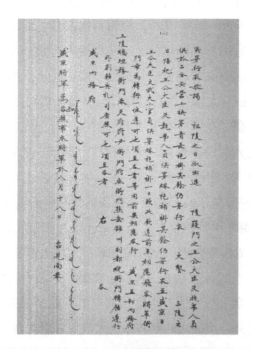

图3-2 《盛京将军衙门为知会皇上东巡恭谒祖陵文武官员应行穿着事咨盛京内务府》关于两陵记载部分图

关于祭祀两陵的行程时间安排，如嘉庆第二次东巡时，在档案《盛京将军衙门为知会皇上恭祭三陵日期事咨盛京内务府》中有，"盛京将军衙门为咨行事。左礼司案呈，准衙门札开，为札饬事。皇差总局案呈，准盛京礼部咨开，会办处案呈，恭照今岁皇上诣盛京，恭谒三陵，定于八月十九日恭祭永陵、八月二十三日恭祭福陵、八月二十四日恭祭昭陵。等因。遵照在案，所有分行恭送祭品日期应预为酌定，开写清单，知会盛京将军衙门可也"[2]，对嘉庆帝第二次亲自前往两陵祭祀的日期进行了准确的记载。

三是关于皇帝东巡祭祀福陵和昭陵期间举行的仪式，皇帝祭祀福陵和昭

---

① 辽宁省档案馆编：《黑图档·嘉庆朝》(27)，线装书局2016年版，第487页。

② 辽宁省档案馆编：《黑图档·嘉庆朝》(27)，线装书局2016年版，第265页。

陵主要行展谒礼和大飨礼两大程序。"展谒礼又称谒见礼，即见面礼。展谒礼在宝城墓地举行，包括行礼、祭酒、举哀三个步骤。仪式举行时，皇帝面向正北处宝城站立，于石祭台正中行三跪九叩礼。礼毕，皇帝起身至石祭台东侧，行三祭酒礼。行三祭酒礼时，皇帝需再次跪下，双手接金爵向宝顶高举敬献，敬献一次便叩头一次。礼毕，皇帝再次起身，面向西方举哀。仪式完成后，再由礼部堂官引导出隆恩门，乘步舆返回行宫。大飨礼即供献礼，包括供祭品、奠酒、读祝文等。大飨礼通常于展谒礼之后的第二天在隆恩殿举行，依旧由皇帝主祭。大飨礼的行进路线与展谒礼相同，分成上香、三献礼、送燎、望燎四个步骤。皇帝需在上香和三献礼后行三跪九叩礼。礼毕，礼官将彩纸、金锭等送入焚帛亭焚化，皇帝在月台望燎。之后，皇帝在石祭台前再向宝城祭酒、举哀。全部仪式完成后再返回行宫。"[1] 例如在嘉庆朝的档案《盛京礼部为礼部奏准皇帝恭谒盛京祖陵各项典礼事咨盛京内务府》记载有，"启銮前一日及回銮之次日均请皇上亲诣奉先殿行告祭礼，祝文翰林院撰拟，告祭事宜内务府、太常寺办理。至各陵驻跸日，皇上御素服，诣陵行谒见礼；次日御朝服，诣隆恩殿行大祭礼，读祝，奠献；王公百官咸朝服陪祀，如四时大飨仪；礼毕，皇上更素服，诣宝顶前奠酒行礼；祝文由翰林院撰拟，应用香帛、祭品由太常寺及盛京礼部备办，大祭仪注由太常寺恭进。谒陵礼成，驾诣盛京……"[2]。明确记录了嘉庆帝祭祀祖陵的顺序以及所行仪式。

四是盛京将军衙门、盛京内务府、盛京五部等部门为皇上祭祀两陵所开展的各项筹备工作。如档案《盛京工部为皇帝东巡备办搭垛及筵宴桌张事咨盛京内务府》中记载有，"盛京工部为咨行事。皇差会办处案呈：恭查，乾隆四十八年皇上巡幸福陵，搭造浮桥，福、昭陵并大清门城门、太庙、堂子、景佑宫等处，预备搭垛在案。其明年皇上巡幸，所有各处应用搭垛以及筵宴桌张等物，自应预先备办，以免临期贻误。相应先行移咨盛京总管内务府衙门，希即查明此次何处应用搭垛若干及长宽丈尺若干，速为见覆，以便办理可也。须至咨者。右咨盛京内务府"[3]。即由盛京工部提前准备好皇帝祭祀祖陵

---

① 闫若思：《清帝东巡祭祖那些事儿》，《百科知识》2020年第4期。
② 辽宁省档案馆编：《黑图档·嘉庆朝》(13)，线装书局2016年版，第178页。
③ 辽宁省档案馆编：《黑图档·嘉庆朝》(13)，线装书局2016年版，第56页。

中需用浮桥及搭垛、桌子等，以免临期延误皇帝祭祀的行程。又如《盛京内务府为备办皇上恭谒祖陵所需条案陈设等事咨盛京礼部》[①]《盛京将军衙门为预备皇帝拜谒祖陵祭祀择用萨满及蒸糕之男妇等事咨盛京内务府》[②]《盛京工部为福陵昭陵更衣亭预备靠背坐褥等物事咨盛京内务府》[③] 等档案也是记录盛京本地行政部门之间以及与总管内务府、礼部等部门为筹备皇帝东巡祭祀两陵而进行的公文往来。

　　总之，清帝不畏路途遥远艰辛，亲身祭谒祖陵，这是对祖先创业艰难的一种尊敬，体现着清帝对祖先的庄严敬意，也是为了不忘太祖和皇子们共同创业的功绩。清朝四位皇帝十次东巡祭祀两陵，不仅反映出清朝对于祭祀、祭祖的重视，更体现了两陵及盛京在清代统治者心中的重要地位。

第二节　两陵的修缮

　　福陵和昭陵建筑年代早、时间较为久远，并且作为帝后陵寝，地位尊崇，因而清代各朝对于福陵和昭陵的修缮维护都极为重视。《黑图档》中对于两陵的修缮维护的记载也非常丰富，本节主要从修缮情况和严格管理修缮人员两部分展开论述。

一、修缮情况

　　福陵和昭陵的修缮工程，按照花费的银两可分为岁修与专案大修两种类型，岁修主要是指每年花费较少银两的零星小工程，如渗漏、部分瓦片脱落、破碎、石活归安、油漆爆裂、修补坍倒的墙垣等；而专案大修则是指如修缮宫殿、建筑屋顶等花费银两多、耗费时间长的大型修缮工程，并且"凡专案大修工程，都要由皇帝钦派承修大臣，组建工程处、勘估处"[④]。关于岁修工程，在《黑图档·道光朝》的《盛京将军衙门为抄送三陵及宫殿等处除奏修外其余应入岁修工程清单事咨盛京内务府》中记载有，"镇守盛京等处将军衙

---

① 辽宁省档案馆编：《黑图档·嘉庆朝》（49），线装书局 2016 年版，第 144 页。
② 辽宁省档案馆编：《黑图档·嘉庆朝》（13），线装书局 2016 年版，第 126 页。
③ 辽宁省档案馆编：《黑图档·嘉庆朝》（13），线装书局 2016 年版，第 398 页。
④ 徐广源：《清朝陵寝制度》，沈阳出版社 2018 年版，第 311 页。

门为咨行事。左工司案呈，准钦差王大臣等咨开，为知照事。奉旨查阅三陵及宫殿工程，除恭折将福陵大红门一座、碑亭一座，昭陵明楼座业经具奏外，其余应入岁修工程，相应开列清单，移咨贵衙门查照办理可也……"①。由此可见，修理福陵大红门和碑亭、昭陵的明楼等建筑花费银两较多、工程量也较为庞大，因此需要单独列出来，其余零散的修理工程则并入岁修工程一同进行。

福陵和昭陵在开展维修工程之前必须由钦天监择定吉期，在吉日才能正式开工修缮，例如在《盛京将军衙门为奏准择吉期恭修福陵石牌楼等工事咨盛京内务府》中即有相应的记载，"……恭查福陵正红门外东西下马石牌楼二座，望柱二根、正面石狮子一对，应需各石料俱于十五年备齐。现届春融，正宜及时兴修，应请敕下钦天监选择吉日，吉时先期知照，恭请钦派大臣来工敬谨拆卸兴修"②。又如在道光八年（1828）十二月初二日的档案《盛京将军衙门为抄送钦天监奏准择吉期重修三陵宫殿庙宇各工一折事咨盛京内务府》中也记载有，工部为"恭照应修盛京三陵暨宫殿庙宇各工，应札行钦天监速选择吉期"行文钦天监，钦天监在选择不同的吉日和最佳动工时间后报请皇上选择，最终确定于"明年二月十九日卯时动工兴修"③。

在修缮两陵时，由于存在"三陵暨盛京宫殿应修各座不露明处所"的情况，即对于从外表无法确定是否要进行修缮，因此需要"一面拆卸，一面趁时兴修"，并在拆卸后将"应行增减活计分别开单呈明"④。例如在嘉庆二十二年（1817）维修福陵时，由于"福陵菜楼一座三间，原估拆盖，今查地脚尚属坚实，惟头停渗漏，大木微形歪闪，南山墙膨裂"，因此列入"应减活计部分，并拟请揭瓦拨正拆砌山墙"⑤。

---

① 辽宁省档案馆编：《黑图档·道光朝》（8），线装书局 2016 年版，第 362 页。

② 辽宁省档案馆编：《黑图档·嘉庆朝》（19），线装书局 2016 年版，第 211 页。

③ 辽宁省档案馆编：《黑图档·道光朝》（13），线装书局 2016 年版，第 264 页。

④ 杨丰陌、赵焕林、佟悦编：《盛京皇宫和关外三陵档案》，辽宁民族出版社 2003 年版，第 320 页。

⑤ 杨丰陌、赵焕林、佟悦编：《盛京皇宫和关外三陵档案》，辽宁民族出版社 2003 年版，第 321 页。

二、严格管理修缮人员

由于福陵和昭陵是帝后陵寝，地位尊崇，因此在两陵修缮期间对于参与修缮的官员、工匠、杂役等的管理均十分严格，主要包括两个方面。

一是在修缮福、昭两陵时需要从其他地方聘请官员、工人、匠役等，这些人前往盛京进出关都需要由兵部发给口票，并且口票上还需钤印盛京佐领图记以此确认进出关的目的以及证明自己的身份。如在《档案房为缴回修葺福陵隆恩殿等匠役入关需用盛京佐领图记口票事呈请咨钦工处》中有，"档案房为咨送事。于咸丰元年七月二十六日准钦派工恭修福陵隆恩殿等工工程处为咨行事。前经本工具奏，匠役人等出关应用兵部给发口票，往返请用盛京内务府佐领图记口票，以便照验放行。等因一折。奉旨，依议。钦此。当经移咨工部，知照在案……本工堂司各官及书吏、各作匠役人等陆续进关，相应片行贵府，转饬钤用佐领图记空白口票十六张，于三日内咨送本工，以便临时填写进关可也。等因前来。本衙门随即钤用佐领图记空白口票十六张，咨送钦工处查照，以备进关后随即将图记口票咨交本府查销可也"①。从这份档案中可以看出，不仅对于进出关的官员、工匠身份要严加核对，对于口票的使用、钤印和查销的规定也非常清晰、明确。

又如档案《钦派恭修盛京福陵昭陵殿座等项工程处为钦派宋晋会同承修事咨盛京内务府》中，也记载有："……伏查道光二十二年并咸丰元年恭修盛京陵寝并隆恩殿等项工程，各该承修大臣奏请遵照成案，随带书吏并匠役人等，出关口票由兵部给发，往返进关请用盛京内务府佐领图记，并由京雇觅匠夫给与走工银两二成。等因。奏准各在案。"②从这件档案中，不仅说明官员进出关需要由兵部发放口票，还可见修缮福陵、昭陵时若需要从北京聘请工匠，还会给工匠专门发放走工银两。

---

① 辽宁省档案馆编：《黑图档·咸丰朝》(2)，线装书局 2016 年版，第 20—21 页。
② 辽宁省档案馆编：《黑图档·咸丰朝》(7)，线装书局 2016 年版，第 268 页。

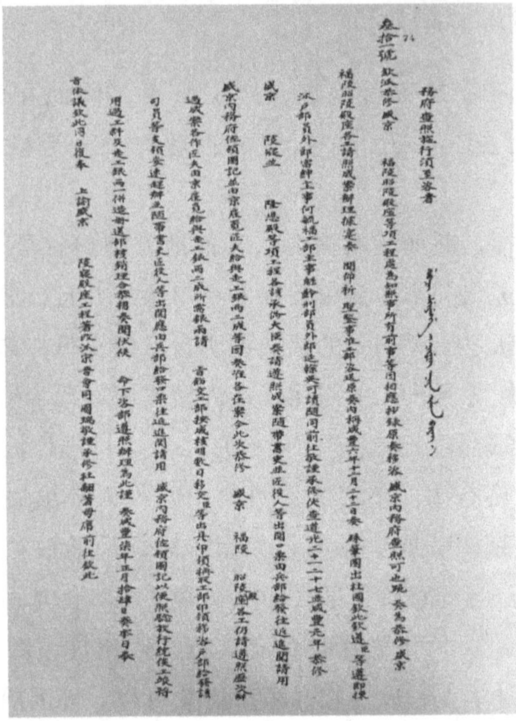

图 3-3 《钦派恭修盛京福陵昭陵殿座等项工程处为钦派宋晋会同承修事咨盛京内务府》
档案原文

二是在福陵和昭陵修缮期间对于官员、工匠等人员的严格限制和管束，如在嘉庆十七年（1812）修缮福陵、昭陵时，钦工处特别指出"陵寝宫殿风水禁地，非寻常处所"，因此需要"三旗佐领等官逐日按名点放"参与修缮的工匠，"毋许闲杂人等借此混入，滋生事端"[①]。又见《钦工处为修理三陵宫殿庙宇期间毋许闲杂人等出入事咨盛京内务府》中，同样指出在维修昭陵、福陵、永陵及宫殿庙宇等处工程期间，不能随意进出陵寝，并"严饬值班官兵不时轮流稽查、弹压，以昭惩敬"[②]。此外，若官员在维修陵寝工程中表现优异，也有相应的奖励措施，如在嘉庆二十年至嘉庆二十三年（1815—1818）修缮福陵、昭陵、永陵及宫殿的工程完成后，由于派出的监修及书办事件帖写等人"昼夜辛勤，三年以来始终实心实力，毫无懈怠，甚属可嘉"，因此

① 辽宁省档案馆编：《黑图档·嘉庆朝》（20），线装书局 2016 年版，第 341 页。
② 辽宁省档案馆编：《黑图档·嘉庆朝》（26），线装书局 2016 年版，第 126 页。

对其"量加鼓励,以昭奖励",并且在其后也将"遇缺先补","首先列名任用"①。盛京内务府对两陵维修官员、工人的严格管理及赏罚分明,也从侧面反映出两陵修缮的重大意义和两陵的重要地位。

第三节 两陵的机构及官职设置

一、两陵的机构设置

由于盛京福陵和昭陵以及兴京永陵的重要地位,因此清朝为管理三陵的日常事务,"在盛京置三陵总理事务衙门,设总理陵寝事务大臣,由盛京将军兼任,在抚近门附近,设三陵总理事务衙署……三陵衙门下,永陵、福陵、昭陵分别各设总管衙门和掌关防衙门两个机构"②。其中,总管衙门是负责守护该陵山河、树木、陵寝安全的武职机构,掌关防衙门则为"文职机构,职掌该陵的岁修、承办祭祀、制作祭品及相关官员、差役人的管理等一切事宜"③。《黑图档》中对福陵和昭陵祭祀、维修及日常事务的记载,主要源于三陵总理事务衙门与盛京五部、盛京内务府之间的往来公文。

二、两陵的官职兵役设置

根据记载,福陵的额设官职兵役有"福陵总管一员,翼长二员,八旗满洲防御十六员,笔帖式二员,世袭云骑尉六员,世袭六品官一员,世袭七品官五员,世袭八品官四员,领催四名,马兵七十六名,章京品级六十五员(由国戚、舅姨子孙兵内挑放),舅姨子孙兵一百名,掌关防官一员,副关防官二员(内管领、茶膳正兼理),内管领一员,副内管领一员,尚膳正一员,尚膳副一员,尚茶正一员,尚茶副一员,笔帖式二员,尚膳人八名,尚茶人六名,尚香人六名,拜唐阿十五名,摆桌人八名,院户领催壮丁二十名,各项匠役二十三名"④,共计约 379 人。

---

① 辽宁省档案馆编:《黑图档·嘉庆朝》(28),线装书局 2016 年版,第 168 页。
② 白洪希:《清关外三陵管理机构探实》,《满族研究》1997 年第 4 期。
③ 白洪希:《清关外三陵管理机构探实》,《满族研究》1997 年第 4 期。
④ 刘立强、刘海洋、韩钢主编:《盛京典制备考》,科学出版社 2016 年版,第 13 页。

昭陵的额设官职兵役有"昭陵总管一员，翼长二员，八旗满洲防御十六员，笔帖式二员，世袭头等侍卫兼轻车都尉一员，世袭头等侍卫兼骑都尉一员，世袭云骑尉四员，世袭六品官七员，领催四名，马兵七十六名，章京品级二十员（由国戚、舅姨子孙兵内挑放），舅姨子孙兵一百名，掌关防官一员，副关防官二员（内管领、尚膳正世袭，侍卫内兼理），内管领一员，副内管领一员，尚膳正一员，尚膳副一员，尚茶正一员，尚茶副一员，笔帖式二员，尚膳人十名，尚茶人八名，尚香人六名，拜唐阿三十四名，院户领催壮丁二十一名，各项匠役六十五名"①，共计约389人。

在福陵和昭陵的官职兵役中有一类特殊的人群为"舅姨子孙兵"，这些人是"清太宗皇太极舅父、姨母的世代子孙，属于皇亲国戚"②，因此朝廷在福陵和昭陵设置了专门的职位由其子孙世代袭替，既为这些皇亲国戚提供了生活保障，让其世受皇恩，同时他们的身份尊贵，让其看守皇家的帝后陵寝也可更加安全可靠。"舅姨子孙"们世代居住在两陵附近，"福陵的舅姨子孙兵章京品级，每人每月给银2两，随缺地150亩。昭陵舅姨子孙兵每月给银2两，给随缺地90亩，章京品级兵每月给银2两，给随缺地120亩"③，可见这些人在守陵的同时也享受着特别的待遇，其地位高于一般的八旗官兵，是福陵和昭陵的官兵中一个特殊的阶层。

此外，每年大凌河总管衙门往盛京内务府送骏马时，会将其中年老残疾的马匹赏赐给两陵的贫穷匠役，例如在《三陵总理事务衙门为关领赏给福陵匠役之马皮事咨盛京内务府》中记载有："……大凌河总管衙门出派梅伦、三音保送到骏马二十九匹，咨交内务府衙门。等因前来。随查验马二十九匹，按匹如数收讫，相应知会盛京将军衙门外，将齿老残废马十二匹照例赏给两陵贫穷匠役使用。向例，如有马匹，赏马；如马倒毙，赏给马皮。今将齿老残废马十二匹俱已倒毙，均赏马皮，相应咨行三陵总理事务衙门查照发给印领，札饬各项匠役等领取马皮。须至咨者。"④ 又如《盛京内务府为赏给两陵贫

————————

① 刘立强、刘海洋、韩钢主编：《盛京典制备考》，科学出版社2016年版，第14页。

② 李文益：《清代辛者库身份考——以康熙时期内务府辛者库人为中心》，《中国史研究》2019年第1期。

③ 徐广源：《清朝陵寝制度》，沈阳出版社2018年版，第473页。

④ 辽宁省档案馆编：《黑图档·咸丰朝》(8)，线装书局2016年版，第224页。

困工匠马皮事咨三陵总理事务衙门》①《盛京内务府为赏给两陵贫穷匠役不能当差马匹事咨三陵总理事务衙门》②《三陵总理事务衙门为已收到赏给昭福两陵贫苦匠人倒毙之马匹及马皮张事咨盛京内务府》③等档案中是关于赏给两陵贫穷匠役马皮或马匹的记载。可见，赏给贫穷匠役马匹或者马皮既是保证盛京内务府库存马匹的质量，也是对福陵、昭陵内人员的一种生活保障。

第四节　两陵食辛者库人员管理

在福陵和昭陵中，除前述的官兵、匠役外，还有大量的食辛者库人，他们是盛京福陵、昭陵内最底层的工作人员，负责陵寝的各项杂务工作，依赖盛京内务府发给口粮和生活用品。《黑图档》中对于两陵食辛者库人的数量统计、发放粮食生活用品等有大量的记载，是研究盛京两陵人员管理的重要补充资料。

一是为发放口粮而统计两陵食辛者库人员的数量。昭陵内食辛者库人员数量的清查由昭陵关防衙门负责，福陵内的食辛者库人数量由福陵关防衙门负责。例如咸丰二年（1852）春季，昭陵关防衙门，"查得本属三旗辛者库食口粮人丁等于上年十月季原有男妇大口二千七百一十二口，小口三百八十一口，内除春季裁大口四口外，剩大口二千七百零八口、小口三百八十一口。此两小口作为一大口，共合大口二千八百九十八口半"④，而福陵关防衙门"查得三旗辛者库食粮男妇人等，自去岁十月起至十二月底止，此三个月应领大口一千四百七十三口、小口二百二十三口。自本年正月初一日起至三月三十日止，此季内并无裁减。现值三旗辛者库食粮男妇人等共应领三个月口粮大口一千四百七十三口、小口二百二十三口，逐一查明"⑤。同时，由福陵关防衙门的奏报也可看出，两陵食辛者库人数的统计一般按季度进行，此举也是为了便于制作口粮清册、精确所需发放口粮的数量。

---

① 辽宁省档案馆编：《黑图档·嘉庆朝》（36），线装书局 2016 年版，第 83 页。
② 辽宁省档案馆编：《黑图档·嘉庆朝》（33），线装书局 2016 年版，第 198 页。
③ 辽宁省档案馆编：《黑图档·道光朝》（14），线装书局 2016 年版，第 64 页。
④ 辽宁省档案馆编：《黑图档·咸丰朝》（3），线装书局 2016 年版，第 145 页。
⑤ 辽宁省档案馆编：《黑图档·咸丰朝》（3），线装书局 2016 年版，第 182 页。

二是三陵总理事务衙门造送食辛者库人员口粮册。各陵关防衙门派遣官员清算完各陵的食辛者库人员数量后，要依据清查的数量制作口粮册，并且口粮册内要详细记录人员的数量、清查时间段、数量变换原因等内容，力求准确无误，在福陵和昭陵分别统计并制作清册完成后，上报三陵总理事务衙门，由三陵总理事务衙门咨送盛京内务府，以备后续具体发放粮食物品等工作。如《三陵总理事务衙门为造送昭陵食辛者库人等春季口粮清册事咨盛京内务府》①《三陵总理事务衙门为造送福陵食辛者库人等春季口粮清册事咨盛京内务府》② 等均是关于按季制作两陵食辛者库人口粮清册的档案。

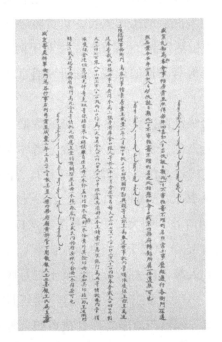

图 3-4 《三陵总理事务衙门为造送昭陵食辛者库人应领春季口粮册事咨盛京内务府》档案原文

制作形成的口粮册通常要求一次造具三本，如上图所示，在《三陵总理事务衙门为造送昭陵食辛者库人应领春季口粮册事咨盛京内务府》中有记载，"今将该员原呈册三本钤盖印信，除本处存贮一本备案外，其余印册二本加具

---

① 辽宁省档案馆编：《黑图档·道光朝》（7），线装书局 2016 年版，第 129 页。
② 辽宁省档案馆编：《黑图档·道光朝》（7），线装书局 2016 年版，第 151 页。

印结一纸呈送衙门，转送盛京总管内务府衙门。为此合呈。等情。据此相应呈堂，将该关防原呈册一本结一纸咨行盛京内务府查核外，余册一本存查可也"①。

三是盛京内务府为食辛者库人发放口粮及生活用品。两陵食辛者库人口粮的发放要求其具体数目应与现存食辛者库人员数量一致，按照口粮清册上统计的人员数量进行发放。并且在《盛京内务府为发放两陵食辛者库人等口粮票事咨三陵总理事务衙门》中有，"盛京总管内务府为咨送粮票事。管理三旗内管领事务处案呈，内管领六格等呈称，照得年例，昭福两陵食辛者库人等照依该处送人名口数逐一核算，注明票内包封，咨送三陵总理事务衙门，转饬两陵关防衙门。散给食粮人等，届期验票发给在案。今照依三陵总理事务衙门送到嘉庆十三年十月初一日起十四年九月止福陵三旗家口九百六十二名、口半票共二百二十一张，昭陵三旗家口二千一百一十一名、口半票共六百五十三张，包封备呈请咨送三陵总理事务衙门，转饬两陵关防衙门。先行散给食粮人等，仍希晓谕花户人等，统俟本衙门核销粮石银两数目算讫之日，再行知会，以便传唤食粮人等持票赴仓关领可也。须至咨者。右咨三陵总理事务衙门"②。即，发放口粮是由盛京内务府发放粮票给食辛者库人，让其自己去仓库领取粮食，而非直接发放粮食。

另外，如果"食辛者库人等口粮遇有不敷散放之际"，即库存的粮食数量不足以发放两陵的全部食辛者库人的口粮，这时盛京内务府则以发放银两的形式代替粮食，如在嘉庆朝的《盛京内务府为发放食辛者库人口粮及不敷折价银事咨三陵总理事务衙门》中有记载，"据内关领金特赫等呈称，本衙门于嘉庆元年九月十三日奏准，嗣后食辛者库人等口粮遇有不敷散放之际，即照依每仓石折银三钱之例由内库关领散放在案"③。

盛京内务府发放给两陵食辛者库人的生活用品主要包括布匹、棉花、家机布等，以保证其日常穿衣、生活所需。如在《盛京户部为关领三陵等处所需家机布等事咨盛京内务府》中记载："查得历年由盛京内务府衙门关领预备

---

① 辽宁省档案馆编：《黑图档·咸丰朝》（3），线装书局 2016 年版，第 145 页。
② 辽宁省档案馆编：《黑图档·嘉庆朝》（40），线装书局 2016 年版，第 155 页。
③ 辽宁省档案馆编：《黑图档·嘉庆朝》（34），线装书局 2016 年版，第 187 页。

三陵及各处一年需用家机布一千匹，绸机布六千五百匹，棉花一千五百斤"①，即由盛京内务府提前预备发给包括福陵、昭陵在内的三陵所需的家机布、棉花等物，"以备领回应用"。又如在《盛京户部为关领备放三陵等处需用之布匹棉花事咨盛京内务府》中也有，"盛京户部为咨行事。经会司案呈，嘉庆八年九月二十四日，据银库关防等呈称，本库每年由盛京内务府管理预备三陵及各处一年需用家机布一千匹、绸机布五千五百匹、棉花两千斤"，由"盛京内务府照例预备，以便札库领取可也"②。

总体来说，通过《黑图档》中盛京内务府、三陵总理事务衙门以及盛京户部等衙门关于福陵、昭陵内食辛者库人员的公文往来，可以帮助我们了解福陵和昭陵内食辛者库人的数量、发放生活物品等具体情况，为研究盛京地区的食辛者库人的管理和清代辛者库管理制度提供了参考。

福陵和昭陵作为规模宏大、设施完备的古代帝后及嫔妃陵墓建筑群，是清初关外陵寝中最具代表性的两座帝陵，园内古松参天、草木葱茏，建筑威严壮丽，其中不仅凝结着清朝自后金起三百余年的历史，更是清代沈阳城市记忆的重要记录和见证。通过《黑图档》中有关福陵和昭陵的档案并结合相关史料及研究成果，本章详细论述了两陵的大祭、皇帝东巡祭祀两陵、两陵的修缮维护以及机构设置和人员，梳理了盛京将军衙门、盛京内务府、盛京五部、三陵总理事务衙门等部门围绕福、昭两陵各项事务所进行的公文往来，一方面对于研究两陵的历史发展、管理制度等提供参考，为修缮和保护两陵建筑提供借鉴；另一方面，清福陵于1988年被列为国家重点文物保护单位，清昭陵于1982年被列为国家重点文物保护单位，并一同于2004年入选世界文化遗产名录，通过两陵的研究以期进一步提高社会对于福陵、昭陵的关注度，还原清代盛京地区的城市记忆，丰富沈阳的历史文化资源，推动沈阳在新时代历史文化名城的建设。

---

① 辽宁省档案馆编：《黑图档·咸丰朝》(8)，线装书局2016年版，第78页。
② 辽宁省档案馆编：《黑图档·嘉庆朝》(12)，线装书局2016年版，第4页。

第四章　清代沈阳城市记忆之图书馆——凤凰楼

在盛京皇宫中，穿过翊门，有一座矗立在高台之上的三层单檐歇山式建筑，悬挂着乾隆帝题写的"紫气东来"匾额，这就是凤凰楼。凤凰楼建筑华丽，飞檐斗拱，雕梁画栋，独具风格，并且由于凤凰楼是清代盛京城内最高的建筑，每当日出时站在凤凰楼极目远眺可将盛京城的美景尽收眼底，因此"陪都十景""盛京八景"中均把"凤楼晓日""凤楼观塔"列入其中。凤凰楼作为盛京故宫中具重要地位的建筑之一，并不仅因为凤凰楼是整个盛京皇宫宫殿群的最高点以及其"关外内廷第一门楼"的美称，更是由于凤凰楼曾用于存放历代圣容、行乐图、御宝等皇室重要文物。

在《黑图档》中围绕凤凰楼内供奉的物品、晾晒圣容、破损修缮等事务进行的公文往来不仅数量丰富，而且记载翔实，对于探究凤凰楼的职能变化、日常维护与修缮等事务的情况具有重要的价值和作用。

第一节　凤凰楼的职能

凤凰楼始建于清皇太极时期，最初的职能是作为皇太极商议军政大事和筵宴之所，在《满文老档》中记载有，崇德元年（1636）十一月十三日，"圣汗集诸亲王、郡王、贝勒、固山额真及部察院各官，汗坐于凤凰楼下，命弘文院笔帖式读全国第五代汗世宗兀鲁汗本纪"[1]。可见在清初时凤凰楼属于皇室议政及日常生活的殿阁之一，既是进出皇帝内廷的通道，也常作为皇帝后妃们夏日观景纳凉之处。到了乾隆十一年（1746），第一次东巡盛京后的乾隆帝下旨对盛京皇宫进行维修、扩建，正是自此时起，凤凰楼开始用于存放一些

---

[1]　中国第一历史档案馆、中国社会科学院历史研究所编：《满文老档》，中华书局1990年版，第1696页。

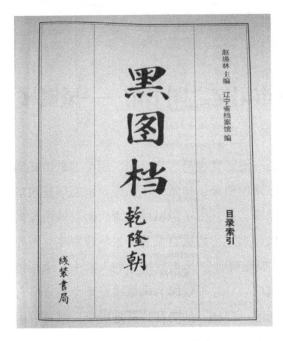

图 4-1 《黑图档·乾隆朝》内页

重要的宫廷文物，其职能也转变为供奉皇室文物的殿阁。

在《黑图档·乾隆朝》中，《礼部为请查明凤凰楼能否尊藏顺治十八年起之九分玉牒事咨盛京内务府》一文内记载有："先经大学士伯鄂等遵旨议覆历朝实录送往奉天崇政殿后凤凰楼尊藏一疏，于乾隆八年七月初四日题，本月初六日奉旨：是，依议。钦此。钦遵。行文奉天将军，会同盛京礼工二部及奉天府尹敬谨办理在案。今准玉牒馆照会内开，自顺治十八年起至今次共纂修九分玉牒，理应一并恭送奉天尊藏，以垂永远。嗣后每次纂修玉牒，俟告成后将礼部尊藏一分均照此例恭送奉天尊藏。俟命下之日，永为定例。"[①]可见，乾隆八年（1743）正式确定将皇室玉牒保存于凤凰楼中。

然而等到乾隆十五年（1750），正式从北京启程往盛京运送玉牒、实录时，由于盛京皇宫的敬典阁已经建造完毕，因此玉牒实际存放在敬典阁之中，并没有保存于凤凰楼内，这一点通过乾隆十五年（1750）四月二十二日的《礼部为抄送大学士傅恒奏准之实录玉牒送往奉天尊藏事宜一折事咨盛京内务府》一文中"……届尊藏吉期，恭请实录、圣训亭至凤凰楼前，玉牒亭至敬典阁前"[②]的记载也可以印证。

凤凰楼还有一个重要的职能就是保存历代皇帝的圣容和清初御宝，圣容即皇帝的画像，而御宝则指的是皇帝的御用印玺。"据史载，乾隆十五年

---

① 杨丰陌、赵焕林、佟悦编：《盛京皇宫和关外三陵档案》，辽宁民族出版社 2003 年版，第 23 页。

② 杨丰陌、赵焕林、佟悦编：《盛京皇宫和关外三陵档案》，辽宁民族出版社 2003 年版，第 25 页。

（1750）十一月癸卯'上御太和殿，恭送列圣御容供奉盛京'"[1]，另外在乾隆二十八年（1763）的《盛京工部为送拆修凤凰楼移请圣容实录于崇谟阁供奉之官员职名事咨盛京内务府》中也有，"……凤凰楼现在拆修，其供奉圣容、实录移请于崇谟阁供奉，吉期照例咨行总管内务府，转札钦天监速行选择，咨覆到日遵照恭请。等因前来"[2]，由此可见，在乾隆朝时太祖、太宗、世宗、圣祖、世宗五位皇帝的画像已于凤凰楼内供奉。而关于凤凰楼中存放的御宝，在《钦定盛京通志》中记载有"又（乾隆）十一年，尊藏御宝十于凤凰楼"[3]，即清朝初期的十座御宝也置于凤凰楼中存放。

凤凰楼的职能到了乾隆朝中后期又发生了一次重大的变化。在乾隆四十三年（1778）四月十六日，时任盛京将军的弘晌奉旨将"五朝圣训、实录俱恭移于崇谟阁尊藏"，如今"凤凰楼上层金柜顶上供奉六代圣容，是高宗纯皇帝圣容此处现亦有供奉者，自应将崇谟阁金柜正面顶上供奉高宗纯皇帝圣容十三分敬谨移请供奉于凤凰楼，以昭虔敬"[4]。自此

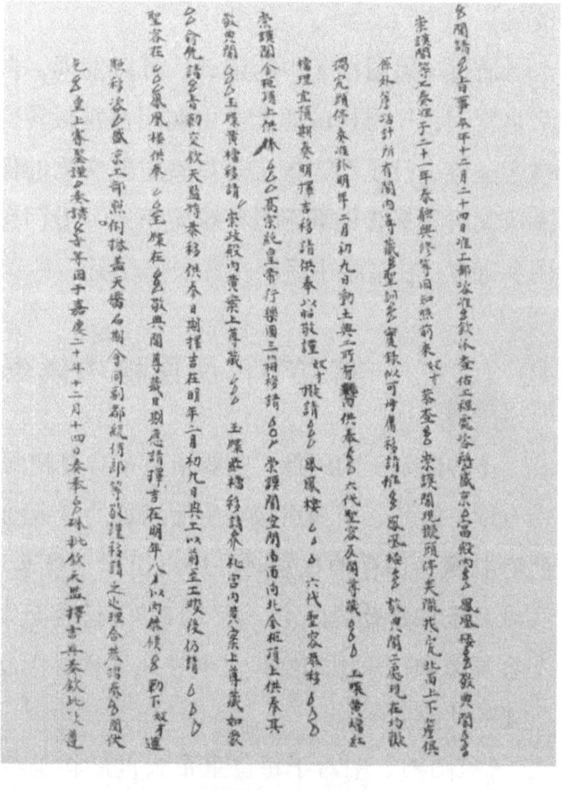

图4-2　《盛京工部为修理凤凰楼等处派员恭移玉牒事
咨盛京内务府》

---

① 姜相顺：《乾隆帝东巡谒祖陵期间盛京皇宫的增建及悬挂珍藏》，《中央民族学院学报》1992年第4期。

② 杨丰陌、赵焕林、佟悦编：《盛京皇宫和关外三陵档案》，辽宁民族出版社2003年版，第28页。

③ （清）阿桂等纂修：《盛京通志》卷20，辽海出版社1997年版，第339页。

④ 辽宁省档案馆编：《黑图档·嘉庆朝》（4），线装书局2016年版，第254—258页。

起，凤凰楼的职能中已完全没有保存圣训、实录、玉牒这一项，而是成为盛京皇宫中专门用于保存皇帝画像、行乐图及御宝的场所。

又如图 4-2 所示，在《盛京工部为修理凤凰楼等处派员恭移玉牒事咨盛京内务府》中有，"……奴才拟请凤凰楼六代圣容恭移崇谟阁金柜顶上供奉，高宗纯皇帝行乐图三箱移请崇谟阁空闲南面向北金柜顶上供奉……至工竣后仍请圣容在凤凰楼供奉、玉牒在敬典阁尊藏"[①]。由此也可以看出，嘉庆朝时期凤凰楼的职能仍与乾隆四十三年（1778）变化后的职能一致，并未再次发生改变。

通过《黑图档》中的记载，可以发现，自乾隆皇帝第一次东巡后扩建盛京皇宫起，凤凰楼的职能便由实用性宫殿转变为存放历朝实录、皇室玉牒及皇帝圣容、行乐图、御宝等皇室重要文物的保管场所，并自乾隆朝中后期到嘉庆朝时凤凰楼的职能最终确定下来，专门用于存放历代皇帝的圣容、行乐图和御宝，在清朝中后期一直未曾改变。

第二节　凤凰楼中供奉圣容的流程

圣容即帝王的画像，主要指皇帝身着朝服于宝座上端坐的"标准像"，而带有读书听琴、骑马射猎等生活场景的皇帝画像则称为"行乐图"。在凤凰楼所有收藏、保存的皇室物品中，玉牒于乾隆十五年（1750）存贮于敬典阁，实录及圣训于乾隆四十三年（1778）迁移至崇谟阁存放，然而，历代皇帝的圣容画像和行乐图却始终供奉在凤凰楼，因此供奉圣容可以说是凤凰楼最为重要的功能之一。

《黑图档》中对于每位皇帝去世后将圣容画像自北京送至盛京凤凰楼进行尊藏、供奉的各项物品准备及仪式流程的记载非常细致，本节以嘉庆四年（1799）时凤凰楼预备供奉乾隆四十一年（1776）高宗纯皇帝的圣容卷轴为例，深入探寻清朝在凤凰楼开展的迎接、存放、供奉帝王画像的流程。

在嘉庆四年的《军机处为奉上谕择定供奉高宗纯皇帝圣容日期事字寄盛

---

① 辽宁省档案馆编：《黑图档·嘉庆朝》（25），线装书局 2016 年版，第 6—7 页。

京将军》①中有："本衙门接到廷寄，奉上谕，据琳奏，供奉高宗纯皇帝圣容一轴。恭阅单内所开：各轴应敬用御熏貂朝冠皮镍边朝服一轴，系乾隆四十一年已装潢者。现经钦天监恭择得十月十九日辰时，着传谕琳届期于凤凰楼供奉……"，通过该份档案可见，在凤凰楼举行供奉仪式、存放圣容画像前，首先需由钦天监挑选合适的日期。在钦天监选定日期为十月十九日并通知盛京将军后，由盛京将军衙门、盛京内务府及五部着手开始准备供奉圣容的各项事情。

一、准备存放圣容画像的装具

在圣容画像到达盛京皇宫中的凤凰楼之前，首先需要准备存放圣容卷轴所需的金龙箱。在《盛京内务府为造报凤凰楼供奉高宗纯皇帝圣容所需金龙箱之尺寸事咨造办处》②中，详细记载了供奉高宗纯皇帝圣容所用的红漆金龙箱的规格、样式和尺寸，将"五代圣容金龙箱量明尺寸，敬造木样粘签，再金龙箱外面黄云缎套、黄巾绵套一并开写粘单"。

存放高宗纯皇帝圣容的金龙箱的具体尺寸为"计开：朱红漆画金龙涮金漆裹箱一座，外长九尺、宽一尺三寸，盖高一尺一寸，座厚二寸六分，里口长八尺六寸、宽九寸、深一尺零三分"。在确定好尺寸后由造办处"如式制备"，并于嘉庆四年（1799）十月十九日送到凤凰楼。

二、搭盖天桥

在嘉庆四年九月十七日的《盛京内务府为高宗皇帝圣容供奉凤凰楼请派官员搭设天桥事咨盛京工部》中有："……查本衙门谨遵钦天监恭择得十月十九日辰时，由崇谟阁恭请高宗纯皇帝圣容至凤凰楼内供奉，应照例于崇谟阁、凤凰楼各搭天桥一座。大典攸关，倍宜敬谨，应请先期咨行盛京工部遴派妥员预为踏勘，备办木植搭设天桥，务期平稳坚固妥协，勿致临期有误可也。"③同时在《盛京工部为派员查估崇谟阁凤凰楼搭盖天桥事咨盛京内务府》

① 辽宁省档案馆编：《黑图档·嘉庆朝》(1)，线装书局2016年版，第98页。
② 辽宁省档案馆编：《黑图档·嘉庆朝》(3)，线装书局2016年版，第222—223页。
③ 辽宁省档案馆：《黑图档·嘉庆朝》(34)，线装书局2016年版，第239页。

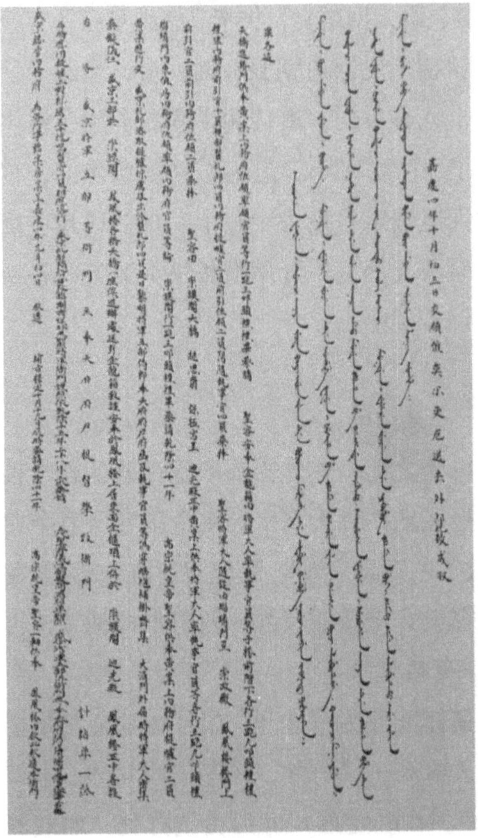

图 4-3 《盛京内务府为酌拟恭请高宗皇帝圣容供奉凤凰楼仪注事咨盛京将军等衙门》

中，记载有"……查来咨内称，由崇谟阁共请高宗纯皇帝圣容至凤凰楼内供奉，应照例于崇谟阁、凤凰楼各搭天桥一座。等语。相应札派六品官奇明额、笔帖式恒魁先行估计呈报，再行派员敬谨搭盖，毋得临期有误，并知会盛京总管内务府可也。"①由此可见，供奉圣容仪式进行前需要在凤凰楼和崇谟阁各搭建一座木制的天桥，同时为了保证木桥坚固平稳以及按期完工，盛京工部在收到盛京将军衙门的通知后派遣两位负责官员先去凤凰楼和崇谟阁两处查看情况后再实际进行天桥的搭盖。

三、拟定仪注

拟定仪注，即详细安排迎接圣容在凤凰楼供奉所需要的各项物品和各处殿阁的布置、参加供奉仪式的官员名单、供奉仪式具体流程等事项。

如图4-3所示，在嘉庆四年（1799）十月初三日的档案《盛京内务府为酌拟恭请高宗皇帝圣容供奉凤凰楼仪注事咨盛京将军等衙门》记载："右咨盛京将军、五部等衙门，并奉天府府尹提督学政衙门。计粘单一纸。恭拟仪注：盛京工部于崇谟阁、凤凰楼各搭天桥一座，俟造办处送到金龙箱，敬谨安奉于凤凰楼上层东面金柜顶上，并于崇谟阁、迎光殿、凤凰楼正中各设黄案，应行文盛京礼部咨取提炉、棕荐及出派赞礼郎四员。是日黎明，将军、五部侍郎、奉天府府尹、府丞及执事官员等俱穿蟒袍补褂齐集大清门外，届时将

---

① 辽宁省档案馆：《黑图档·嘉庆朝》（34），线装书局2016年版，第78页。

军大人齐集琉璃门内东值房，内务府佐领率领内务府官员等诣崇谟阁，行一跪三叩头礼，礼毕恭请乾隆四十一年高宗纯皇帝圣容供奉黄案上，内务府提炉官二员，前引官员二员，前引内务府佐领二员，恭捧圣容由崇谟阁天桥、继思斋、保极宫至迪光殿正中黄案上供奉，将军大人率执事官员等各行三跪九叩礼，礼毕内务府前引官十员，礼部赞礼郎四员，内务府提炉官二员，前引佐领二员，帮随执事官四员，恭捧圣容将

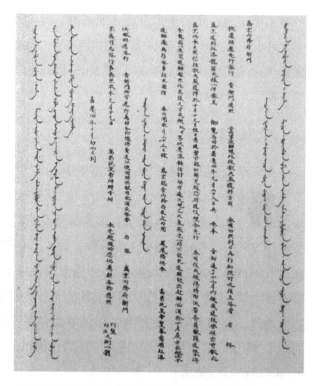

图 4-4　《造办处为制做凤凰楼供奉高宗纯皇帝圣容需用之红漆金龙箱事咨盛京内务府》

军大人随经由琉璃门至崇政殿、凤凰楼楼门上天桥进楼门，供奉黄案上。内务府佐领率领官员等行一跪三叩头礼，礼毕恭请圣容安奉金龙箱内，将军大人率执事官员等于楼前阶下各行三跪九叩礼，礼毕各退。"① 这是盛京内务府根据"乾隆十五年、二十八年二次恭请圣容仪注"的各项安排，所拟定的本次供奉圣容的前期准备及迎接圣容仪式的具体流程，可以看出，仪注的安排非常细致，不仅包括前期搭建天桥、制备金龙箱、领取棕荐的事务，还说明了供奉圣容仪式当天各处官员的集合地点、穿着要求、仪式流程、行礼规定等，每一个环节和流程都非常翔实、具体。

　　然而，嘉庆四年（1799）这次供奉圣容画像，在各项事情安排妥善后，造办处行文却称，"凤凰楼供奉高宗纯皇帝圣容，需用红漆金龙箱一座，交造办处照依来样尺寸成做。奴才等伏查因漆饰活计俱有遍次，现已天气寒凉，

---

① 辽宁省档案馆：《黑图档·嘉庆朝》（34），线装书局 2016 年版，第 251 页。

一时不能干透，必须于十月底方能做得。但盛京供奉日期，系经钦天监选择于十月十九日，惟日甚迫，实不能如期完竣，恐有贻误"①。由于造办处无法在之前规定的工期内完成金龙箱的制作，因此在奏报嘉庆皇帝后，由钦天监另选吉期，并最终确定，"于十二月二十二日（嘉庆四年）敬谨供奉"②。

四、后续事务

在供奉圣容的各项仪式进行完毕后，本次供奉的乾隆四十一年（1776）高宗纯皇帝画像已按计划安放于凤凰楼上层的红漆金龙箱之内，但是供奉圣容的流程并未结束。在《盛京礼部为恭请高宗纯皇帝圣容需用提炉棕荐如数发给完竣后送回查收事咨盛京内务府》③中，盛京礼部为迎接圣容的仪式"出派赞礼郎四员至期前往执事外"，并提前预备好了仪式上所需的"提炉一对，棕荐五十块"，并且"除札管理銮驾库官员等将提炉一对、棕荐伍拾块照数查收贮库外，仍知照盛京内务府，俟供奉圣容完竣后咨送本部，以便札库查收可也"。即仪式结束后，盛京内务府还需将仪式中使用的提炉和棕荐，归还至礼部，以备后续使用。

从凤凰楼整体供奉圣容的流程，特别是内务府拟定的仪注中，可以看出，供奉圣容不仅是凤凰楼的最重要职能之一，也是盛京将军衙门、盛京五部及盛京内务府等部门非常重大的一项事务。盛京各衙门之间频繁的公文往来及与北京总管内务府的公文往来乃至直接奏报皇上，都说明清廷对于供奉圣容一事的重视程度非常之高。同时，将清朝如此之重要的物品移送盛京后始终保存于凤凰楼内，也反映出凤凰楼在整个盛京皇宫中的重要地位。

第三节　对凤凰楼的维护与修缮

《黑图档》中对凤凰楼的维护与修缮由盛京内务府协同盛京五部共同进行，包括两个部分，一是盛京五部各派出官员晾晒凤凰楼中保存的画像等物

---

① 辽宁省档案馆编：《黑图档·嘉庆朝》（1），线装书局 2016 年版，第 99 页。
② 杨丰陌、赵焕林、佟悦主编：《盛京皇宫和关外三陵档案》，辽宁民族出版社 2003 年版，第 45 页。
③ 辽宁省档案馆编：《黑图档·嘉庆朝》（9），线装书局 2016 年版，第 180—181 页。

品，以防受潮；二是由于凤凰楼建成时间较早，墙体、檐柱等难免有破损之处，因此由盛京内务府、盛京工部等开展对凤凰楼的修复保护工程。

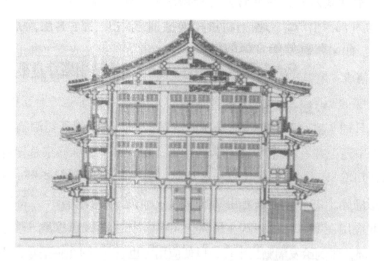

图 4-5　凤凰楼剖面图（来源：《沈阳故宫凤凰楼结构分析》）[1]

一、对凤凰楼中供奉物品的晾晒

由于凤凰楼内较为潮湿，且下雨还可能造成墙体渗水等现象，因此需要每年对保存的圣容画像等物进行晾晒，以便更好地保护、延长其寿命。《黑图档》中记载，"实录、圣容、圣训、玉牒每年秋季晾晒一次"[2]，在晾晒时首先需择选吉日，并由盛京五部各派出有晾晒经验的官员在选定好的日期前去大清门集合进行圣容、圣训、实录及玉牒的晾晒工作。如在乾隆二十五年（1760）的《盛京礼部为造送晾晒圣容圣训实录玉牒官员衔名事咨盛京内务府》中有记载，"据营造司案呈，宫殿掌富禄等呈称：前据将军衙门奏称，实录、圣容、圣训、玉牒每年秋季晾晒一次。等因具奏。由本衙门通行盛京五部出派官员晾晒在案。本年晾晒在近，择得八月初六日敬谨晾晒。所需官员

　　① 黄荷：《沈阳故宫凤凰楼结构分析》，载武斌主编：《沈阳故宫博物院院刊》（2005 年第一辑），中华书局 2005 年版，第 38—45 页。

　　② 杨丰陌、赵焕林、佟悦编：《盛京皇宫和关外三陵档案》，辽宁民族出版社 2003 年版，第 31 页。

除本衙门出派预备外，行文盛京礼部，仍照上年务将有经验之官员出派，于初六日清晨至大清门可也。等因前来。理合将本衙门赞礼郎百林、尚德、札勒哈达，笔帖式八格，库使常盛等择派之处，相应咨覆盛京总管内务府衙门"[1]。在礼部派出负责晾晒的官员时，盛京刑部派出"郎中奇明、庆福，笔帖式喇幅泰、明图、鄂罗等"[2]作为本次晾晒的官员，以及盛京工部也派出"郎中明善、德成、笔帖式南泰、李志、世林等"[3]一起完成本年度的圣容、实录、圣训、玉牒的晾晒工作。除了选择晾晒的人员外，在乾隆二十五年（1760）七月初七日的《盛京工部为请派员领取晒晾圣训实录玉牒所需潮脑事咨盛京内务府》中还记载有，"盛京工部为咨行事。右司案呈，准盛京总管内务府咨开，营造司案呈，据宫殿催长福禄等呈称：查得晒晾圣训、实录包裹并柜内熏放需用潮脑十二斤，玉牒需用潮脑十八斤，共需潮脑三十斤。每年由盛京工部咨取应用在案。此项潮脑业经风化无存。今时值晒晾之期，理合呈请咨行盛京工部，照例给发潮脑三十斤，以便应用可也"[4]。即在将圣容、圣训、实录及玉牒搬出宫殿进行晾晒的同时还需要在存放圣容、圣训、实录及玉牒的柜子和包裹内重新放置潮脑，以满足圣容、圣训、实录及玉牒防潮、防虫的要求，更好地保护皇室重要文物。

二、对凤凰楼的修缮与维护

凤凰楼由于建筑年代早、时间较为久远，又存放着重要的皇家文物，因而及时修缮宫殿各处破损，对于延长凤凰楼寿命和维护楼里存放的圣容、行乐图及御宝的意义重大。对凤凰楼的修缮与维护由盛京内务府协调、盛京工部具体实施，主要开展的是针对凤凰楼的破损之处进行的修复性工作，如"凤凰楼廊柱门窗，两牌楼，两鼓楼之廊柱窗，油漆利落，若不油饰，不堪雨

---

① 杨丰陌、赵焕林、佟悦编：《盛京皇宫和关外三陵档案》，辽宁民族出版社2003年版，第32页。

② 杨丰陌、赵焕林、佟悦编：《盛京皇宫和关外三陵档案》，辽宁民族出版社2003年版，第31页。

③ 杨丰陌、赵焕林、佟悦编：《盛京皇宫和关外三陵档案》，辽宁民族出版社2003年版，第32页。

④ 杨丰陌、赵焕林、佟悦编：《盛京皇宫和关外三陵档案》，辽宁民族出版社2003年版，第27页。

水侵蚀"①，因此需要工部派遣工匠及时进行修缮，以防损坏更加严重。嘉庆十七年（1812）三月初八日，由于凤凰楼"座台东西台帮墙膨裂"②，并且"膨裂长十四尺余"，故及时上报盛京内务府并由钦工处在查勘具体情形后立即维修，避免凤凰楼因墙体开裂而导致更严重的后果。

每次对凤凰楼进行修缮时，出于对历代皇帝的尊重，需将凤凰楼存放的圣容等物暂时移至崇谟阁存放。如在乾隆二十八年（1763）六月二十二日的《盛京工部为送拆修凤凰楼移请圣容实录于崇谟阁供奉之官员职名事咨盛京内务府》③中记载有，"凤凰楼现在拆修，其供奉圣容、实录移请于崇谟阁供奉，吉期照例咨行总管内务府，转札钦天监速行选择，咨覆到日遵照恭请"，在修缮凤凰楼需要移送圣容实录的通知后，由钦天监择选吉期、盛京内务府拟定仪注，并确定"恭请圣像、实录谨定于本月二十五日辰时移请，其各部应派官五员，于是日黎明齐集大清门，以便执事恭请"，由盛京五部各派负责官员前去协助处理移送圣容实录的相应事务。又见嘉庆二十年（1815）的《盛京将军衙门为奏准择吉将凤凰楼六代圣容恭移崇谟阁供奉等事咨盛京内务府》中有，"本年十二月十五日，内阁抄出，盛京将军晋昌具奏，为凤凰楼、敬典阁二处揭瓦头停工程奏准于明年二月初九日动工兴工，恭移六代圣容于崇谟阁金柜顶上供奉，高宗纯皇帝行乐图移请崇谟阁空间金柜顶上供奉……请旨饬交钦天监供移供奉日期择吉在明年二月初九日兴工以前，至工竣后仍请圣容在凤凰楼供奉……"④。这份档案同样说明在凤凰楼进行整修时，需将原供奉的圣容暂时迁移至崇谟阁存放供奉，不仅是对历代皇帝画像的尊敬，同时也有效地保护了圣容、行乐图等卷轴，避免因施工造成污染或破损。

由于凤凰楼上层、中层供奉着历代圣容及行乐图等重要的皇室文物，因此盛京内务府严禁维修凤凰楼的工匠借修缮之机擅自上楼。在《钦差总管内务府大臣等为令维修凤凰楼之工匠不得擅自上楼窥探等事咨盛京内务府》中，

---

① 杨丰陌、赵焕林、佟悦编：《盛京皇宫和关外三陵档案》，辽宁民族出版社2003年版，第151页。

② 辽宁省档案馆编：《黑图档·嘉庆朝》(20)，线装书局2016年版，第358—359页。

③ 杨丰陌、赵焕林、佟悦编：《盛京皇宫和关外三陵档案》，辽宁民族出版社2003年版，第28页。

④ 辽宁省档案馆编：《黑图档·嘉庆朝》(24)，线装书局2016年版，第376页。

记载有："……内廷禁地，甚为紧要，关系匪轻，传谕内务府官员并在工监督等知悉。逐日各作匠夫、上工、散工，严饬该门官员严加点查，勿许滥行混入工做。该监督率领监修等留心稽查，毋得疏懈。"强调必须派遣相关负责官员清查修缮凤凰楼的工人并监督其工作，同时明确说明"凤凰楼系供奉圣容楼，不可令匠夫人等擅行上楼窥探"①。

因此钦差总管内务府大臣行文盛京内务府，要求内务府委派官员，并由负责官员"带领匠夫上楼，监看楼上各作，有应做活计先行呈报匠役姓名、数目后，方准上楼工做，下楼时该管官仍照旧点名，如有无事擅自上楼者，该管官立时拿获、从重治罪"②。监督修缮一事，不仅对工匠有明确要求，对于负责官员也有要求，"宫内各处工做监督、监修并该处官员等不时稽查，小心火烛，毋许闲杂人等出入。如有查出，将监看官等参办，毋得阳奉阴违"，从中可见，凤凰楼的修缮不仅在修理工序上要求及时、仔细，对于官员、工人的监督亦十分严格，这也从另一方面体现出凤凰楼及其相关事务的重要地位。

除了对凤凰楼的维修之外，还有对凤凰楼的日常维护，如在《营造司为凤凰楼等处窗棂板木遇风雨俱翘造雨搭事呈请转呈盛京工部》③中，"（乾隆三十四年六月）……查得，凤凰楼上中两层周围四面俱系窗棂粉饰板背，每遇旋风雨湿，板木俱翘，雨洒凤凰楼内其间供奉圣容十宝，地面积水均于宝匣有碍"。由于六月份正处于雨季，盛京地区时常大雨连绵，为了保护凤凰楼中存放的圣容及整体建筑不存积雨水，盛京内务府通知工部对凤凰楼的实际情况进行查验，并"将此项窗棂各造席片雨搭遮掩"，在窗户、屋顶上俱使用雨搭、在门上安挂竹帘用于遮掩雨水，维护凤凰楼的风貌。在嘉庆七年（1802）的《盛京工部为粘修凤凰楼等处雨搭事咨盛京内务府》④中，也记载有因"凤凰楼大小雨搭四十架，竹帘、布俱已糟烂，绒绳糟旧"，因此"俱应粘补"，以防凤凰楼出现漏水、渗水等情况。

"巍巍凤凰楼，是中国传统建筑艺术的丰碑，也是人类聪明智慧的结晶。

---

① 辽宁省档案馆编：《黑图档·嘉庆朝》(13)，线装书局 2016 年版，第 193—194 页。
② 辽宁省档案馆编：《黑图档·嘉庆朝》(13)，线装书局 2016 年版，第 193—194 页。
③ 杨丰陌、赵焕林、佟悦编：《盛京皇宫和关外三陵档案》，辽宁民族出版社 2003 年版，第 23 页。
④ 辽宁省档案馆编：《黑图档·嘉庆朝》(11)，线装书局 2016 年版，第 100 页。

历时三百余年，至今仍以其磅礴气势雄踞沈阳故宫之中，成为关外第一内廷门楼。"①本章利用《黑图档》中有关凤凰楼的档案，结合相关史料和文献中的记载，详细论述了凤凰楼的职能变迁，梳理了盛京将军衙门、盛京内务府及盛京五部等部门在凤凰楼迎接、供奉圣容等事项中的具体流程，介绍了对凤凰楼日常维护和修缮的情况，一方面对考证凤凰楼原有陈设、维护和修缮凤凰楼具有重要的参考和借鉴价值，丰富了沈阳城市的历史文化资源；另一方面，通过整理和研究《黑图档》中的档案，也可以更加深刻地理解盛京将军衙门、盛京内务府及盛京五部之间的各项事务往来以及盛京地区的政治制度。

---

① 邓庆：《关外第一内廷门楼——凤凰楼》，《中国地名》2004 年第 4 期。

第五章　清代沈阳城市记忆之图书馆——文溯阁

第一节　备受专注的文溯阁

1644 年，多尔衮率领八旗军攻进北京城，同年九月，顺治帝迁都北京城，开启了满族统治中原两百多年的序幕。在历经康熙朝"轻徭薄赋"和"与民生息"、雍正朝"改土归流"和"耗羡归公"等一系列政策之后，乾隆朝时期的清王朝已经步入了真正意义上的辉煌盛世。乾隆皇帝执政期间，统一的多民族国家进一步形成，政治局面稳定，军事力量强大，社会经济迅猛发展，这一切都使得中华民族绵延数千年的"盛世修书"文化传统再次展现出它特有的巨大魅力。在乾隆帝的主持下，《四库全书》的编修工作于乾隆三十八年（1773）正式开始，乾隆四十七年（1782）初稿完成，乾隆五十七年（1792）全部完成。书成之后共抄录六部，为了便于存放抄本，乾隆帝又效仿著名的浙江范氏藏书楼"天一阁"建造了南北七阁，盛京文溯阁便是其中一阁。作为《四库全书》的贮藏地，清帝东巡时重要的读书场所，文溯阁"皇家藏书楼"的身份享誉中外。清廷对文溯阁及《四库全书》呵护有加，派专人打扫修缮、定期检查，因此在入藏的百余年内，文溯阁《四库全书》一直保存完好。但随着十九世纪末清王朝日益衰落，文溯阁《四库全书》也开始了辗转流离的命运。1914 年，文溯阁《四库全书》被运往北京故宫，十年后才再次回到盛京；1937 年，日军将文溯阁《四库全书》及《古今图书集成》全部移入文溯阁西南处新建不久的钢筋水泥书库；1948 年，国民党政府将文溯阁《四库全书》运往北京，1949 年北平解放后方才运回沈阳；1950 年朝鲜战争爆发，有关部门将文溯阁《四库全书》运往黑龙江讷河县，1954 年朝鲜战争结束后，《四库全书》第三次回到沈阳；20 世纪 60 年代中苏关系紧张，出于战备需要，有关部门将文溯阁《四库全书》由沈阳运往甘肃兰州，从此以后，文溯阁与《四库全书》再也没有"书阁合一"过。在此背景下，本节对关于盛京文溯阁的已有研究成果进行梳理和分析，期冀能够大体上了解和掌握盛京文溯阁的研究现状，总结出当前存在的不足以及未来需要不断完善的地方，以期引起更多学者关注盛京文溯阁并且积极投身到盛京文溯阁的研究中去。

一、盛京文溯阁研究群体分析

对中国知网、万方、维普、国家图书馆网、孔夫子旧书网等平台进行关键词检索后可以发现，盛京文溯阁的研究群体大体上可以划分为侵略战争时期的日俄学者、民国时期的学者、中华人民共和国成立后的高校学者和沈阳故宫博物院等相关研究人员这三大类。

（一）侵略战争时期的日俄学者

1901年，俄国汉学家鲁达科夫奉命率领考察队对盛京皇宫进行了为期两个多月的考察，其所撰写的考察报告《盛京皇宫与皇家藏书阁——1901年夏盛京考察成果录》随即发表在1901年的《海参崴东方学院学报》上。报告中详细描述了鲁达科夫当时所见到的文溯阁建筑以及阁内所藏《四库全书》的具体保存情况。2008年，阎国栋教授翻译了该文并且公开发表。[①]

1902年到1912年，日本汉学家内藤湖南先后五次来到奉天开展访书活动，其间多次猎取、盗拍奉天故宫内的秘藏图书档案，其私人日记以及《1905年的奉天宫殿调查》《奉天访书谈》《满洲写真贴》《增补满洲写真贴》等著作均对盛京文溯阁有所提及。1905年，日本建筑史学家伊东忠太第三次来华，对沈阳宫殿、福陵、昭陵等建筑进行了为期一个月的详细考察，其1941年出版的著作《中国建筑装饰》中收录了文溯阁内部照片。日本建筑学家大熊喜邦也与之同行，二人还在盛京文溯阁内抄录了四库全书本《营造法式》，后将抄本带回东京。关野贞、伊东忠太、冢本靖三人合著的《支那建筑》一书中收录了大量大熊喜邦拍摄的奉天地区的照片，其中包括他于1905年拍摄的盛京文溯阁室内外照片。[②]1924年，日本建筑学家伊藤清造对沈阳故宫进行

① ［俄］鲁达科夫、阎国栋：《盛京皇宫与皇家藏书阁——1901年夏盛京考察成果录》，载武斌主编：《沈阳故宫博物院院刊》（第二辑），中华书局2008年版，第53—72页。
② 贺美芳：《解读近代日本学者对中国建筑的考察与图像记录》，博士学位论文，天津大学，2014年，第230页。

了为期三周的考察。其于 1929 年出版的《奉天宫殿建筑图集》一书中，收录了包括文溯阁、仰熙斋在内的大量建筑平面测绘图和建筑细节图。1934 年，日本建筑学家村田治郎在《满洲建筑杂志》上发表《奉天宫殿建筑概说》，对文溯阁藏书和建筑形制进行了简单介绍。1944 年，他对发表在《满洲建筑杂志》上的文章进行了整理与补充，出版《满洲的史迹》一书，其中《文溯阁与文津阁》一文比较了文溯阁与文津阁二者的异同。

（二）民国时期的学者

1914 年，袁世凯窃取辛亥革命的胜利果实，以"防备兵变"之由，下令将奉天书籍进行转移，奉天督军段芝贵为讨好袁世凯，将文溯阁《四库全书》和《钦定古今图书集成》运往北京。1924 年，奉系军阀在第二次直奉战争中获胜，张作霖实际控制了由段祺瑞任"中华民国临时执政"的北京政权。1925 年，在冯广民、张学良、莫德惠、梁玉书、王永江等人的要求下，内阁下令批准文溯阁《四库全书》归还奉天保存。1927 年，《四库全书》再次藏入盛京文溯阁。1931 年，董众撰文《文溯阁四库全书复运记》，并且雕刻成石碑，嵌入文溯阁碑亭东墙内。该文详细论述了文溯阁《四库全书》的复运经过和补修过程中所遇到的艰辛。近代著名满族学者金梁，清朝末年曾任奉天旗务处总办、盛京宫殿典守官等职，民国初年又任东三省博物馆筹备委员会委员长，因职务之便得以多次与沈阳故宫藏品接触，曾多次极力倡导影印出版沈阳故宫文溯阁珍藏的《四库全书》，1924 年，金梁撰写《四库全书纂修考跋》，对文溯阁本《四库全书》的重要价值进行了详细论述，并且再次提出了影印文溯阁《四库全书》的建议。1932 年，著名

图 5-1 《钦定四库全书》

东北史学家金毓黻出任奉天图书馆副馆长一职，直接掌管盛京文溯阁。任职期间，他对文溯阁所藏《四库全书》展开了细致的检查与研究工作，并且将《四库全书》的书前提要进行集成，编成《文溯阁四库全书提要》（辽海书局，1975 年）一书。1938 年，又主持编辑出版了《文溯阁四库全书要略及索引》（国立奉天图书馆，1938 年），书中对当时"书阁分离"的情况作了详细的记录。

（三）中华人民共和国成立后的高校学者和沈阳故宫博物院研究人员

1964 年，建筑史学家卢绳带领天津大学建筑系建筑学专业学生前往沈阳故宫进行古建筑测绘实习，完成了对沈阳故宫大政殿、大清门、崇德殿、文溯阁等主要殿堂的测绘工作。[①] 卢绳逝世后，其家人对其遗稿进行整理并出版《卢绳与中国古建筑研究》，其中《辽沈实习录》一文就涉及卢绳对文溯阁的研究。沈阳建筑大学陈伯超教授的《特色鲜明的沈阳故宫建筑》《盛京宫殿建筑》等书对文溯阁的空间布局、木结构体系、细部装饰及历史背景等均展开了阐述。

沈阳故宫博物院的研究人员也是中华人民共和国成立后文溯阁研究群体的重要组成部分。在中国知网数据库中，以文溯阁为主题词、沈阳故宫博物院为作者单位进行检索，剔除其中重复的，共计检索出 15 篇相关论文。最早的为 1990 年王惠洁于《图书馆学刊》发表的《沈阳故宫藏书浅记》[②]，文中对沈阳故宫内藏有图书档案的文溯阁、西七间楼、翔凤阁、崇谟阁、敬典阁等处均进行了简单介绍。[③] 最近的是 2016 年王爱华、张倩于《中国文化遗产》发表的《文溯阁建造缘起及特色述略》[④]。此外，沈阳故宫博物院主办的《沈阳故宫学刊》（曾用名《沈阳故宫博物院院刊》）也收录了多篇文溯阁相关主题论文。

---

① 杨道明：《沈阳故宫测绘记实》，载中国建筑学会建筑史学分会、中国建筑学会建筑史学分会主编：《建筑历史与理论》（第五辑），中国建筑学会建筑史学分会成立暨 1993 年会，1993 年，第 3 页。

② 王惠洁：《沈阳故宫藏书浅记》，《图书馆学刊》1990 年第 5 期。

③ 王惠洁：《沈阳故宫藏书浅记》，《图书馆学刊》1990 年第 5 期。

④ 王爱华、张倩：《文溯阁建造缘起及特色述略》，《中国文化遗产》2016 年第 5 期。

二、盛京文溯阁研究主题分析

以"文溯阁"为关键词分别对中国国家图书馆网、读秀数据库和中国知网数据库进行检索，剔除其中重复、无效的数据，共检得 13 部图书出版物、123 篇期刊论文和 7 篇学位论文（其中硕士学位论文 6 篇、博士学位论文 1 篇）。在对已有的盛京文溯阁研究成果进行梳理分析后，按照研究主题大致可以分为以下三类：文溯阁的历史沿革、文溯阁的建筑艺术与特色和文溯阁所藏的《四库全书》。

（一）文溯阁的历史沿革

关于盛京文溯阁的建立时间，学界大体上存在着几种不同的说法。王树楷[1] 在《四库全书简论》一书中提出乾隆四十三年建成一说；章采烈[2]、郭向东[3] 等人认为是乾隆四十六年（1781）动工，乾隆四十七年（1782）竣工；郭伯恭[4] 在《四库全书纂修考》中辅以《御制诗五集》和《东华续录》的记载，指出文溯阁正式竣工于乾隆四十七年正月十八日；于多珠、张文军[5]认为文溯阁兴建于乾隆四十七年，乾隆四十七年五月完成主体工程；王清原认为："文溯阁于乾隆四十七年动工，当年建成"[6]；而杨菁、李声能、白成军等人则认为："（文溯阁）于乾隆四十七年五月开工，但施工速度很快，至翌年七、八月竣工，历时一年多，在建阁同时，即开始存储《四库全书》和《钦定古今图书集成》，均与乾隆四十八年（1783）完成。"[7] 出现这种众说纷纭的情况，主要还是因为缺乏明确记载文溯阁建造时间的档案史料。

清朝时期，清政府为了更好地保护文溯阁及《四库全书》，"特设立文溯阁衙门，专人经管，设九品食俸催长 1 员，食饷催长 1 员，隶属于盛京内务

① 王树楷：《四库全书简论》，商务印书馆 1974 年版，第 21 页。
② 章采烈：《文溯阁与乾隆御制诗》，《图书馆学刊》1989 年第 6 期。
③ 郭向东：《文溯阁〈四库全书〉的成书与流传研究》，博士学位论文，西北师范大学，2004 年。
④ 郭伯恭：《四库全书纂修考》，岳麓书社 2010 年版。
⑤ 于多珠、张文军：《内廷四阁与〈四库全书〉》，《北京档案》2006 年第 9 期。
⑥ 王清原：《文溯阁与〈四库全书〉》，《文献》2002 年第 3 期。
⑦ 杨菁、李声能、白成军：《文溯阁研究》，天津大学出版社 2017 年版，第 95 页。

府管辖"①。民国元年至民国十三年（1912—1924），盛京内务府先后改组为盛京内务府办事处、筹办皇产事宜处，文溯阁作为盛京宫殿的一部分，始终归其管辖。民国十四年（1925），"奉天省政府正式接收盛京内务府皇产事宜处，管理奉天宫殿"②，文溯阁被划拨给省教育会管理。东北沦陷时期，文溯阁先后受伪奉天故宫博物院、伪满宫内府管辖。1947年，文溯阁交由国立沈阳博物院统一管理。中华人民共和国成立后，文溯阁受沈阳故宫博物院管辖。

（二）文溯阁的建筑艺术与特色

王成民对沈阳故宫文溯阁的彩画装饰进行论述，他指出文溯阁檐下檩枋上彩画图案巧妙运用"白马献书"的典故，除此之外，檐下绘制着各种透视角度不同的一函函古书，将彩画装饰与建筑功能有机结合，这无一不"充分显示了古代匠师们在彩画创作和装饰艺术方面高超的技艺和巧妙的构思"③。杨菁、李声能、白成军对文溯阁内檐装修与家具陈设进行研究后，进一步指出"其（文溯阁）建筑形制、室内空间布局等方面虽以范式天一阁为蓝本，但由于皇家建筑与私人藏书楼有别，文溯阁室内陈设多为盛京内务府提供，其屏风、宝座等重要家具均取自内廷内务府，规制等级更高，符合皇家要求"④。王爱华、张倩认为"作为皇家藏书楼，文溯阁在建筑规制、建筑功能和理念上，既参照了天一阁的规制，又根据传统的做法和陪都宫殿建筑的特殊身份而多有发展和创新，形成了自己独特的建筑风格和艺术特色"⑤。随后，二人分别对文溯阁台基高度、建筑规制、外观装饰、楼廊结构、檐下彩画、券门、室内结构等处独特的设计进行了详细阐述。罗也平认为文溯阁"不论是在建筑布局、建筑风格、结构及装饰上，都基本与北京故宫同期宫殿建筑相一致，跳出了满族建筑风格与特点，为明显的官式做法，完全吸纳了中原建筑文化的

① 武斌：《沈阳故宫文溯阁〈四库全书〉辗转流传记略》，载武斌主编：《沈阳故宫博物院院刊》，中华书局2013年版，第85页。

② 邓庆：《民国时期沈阳故宫古建筑的使用与修缮》，载武斌主编：《沈阳故宫博物院院刊》，中华书局2011年版，第365页。

③ 王成民：《略谈沈阳故宫古建筑彩画的特点》，载沈阳故宫博物馆研究室编：《沈阳故宫博物馆文集》，1985年版，第153—154页。

④ 杨菁、李声能、白成军：《文溯阁研究》，天津大学出版社2017年版，第175页。

⑤ 王爱华、张倩：《文溯阁建造缘起及特色述略》，《中国文化遗产》2016年第5期。

内涵，体现了中原建筑文化的传统特征"①，并且进一步指出以文溯阁为主体的沈阳故宫西路建筑简洁实用，虽不华美铺张，却不失宫苑建筑的高雅风范。

（三）文溯阁所藏《四库全书》

文溯阁，是为庋藏《四库全书》而建的。书成之后，先后共分五批运达盛京皇宫："乾隆四十七年运到第一批……一个月后运抵第二批《四库全书》；翌年正月二十五日运抵第三批《四库全书》，二月二十七日运到第四批，三月二十日运到第五批……同年九月初，又由京送到《四库全书总目》二十函、《四库全书简明目录》三函、《四库全书考证》十二函。"②从《四库全书》入藏文溯阁那日起，二者的命运便被紧密地联系在了一起。当前学界对于文溯阁的研究也主要集中在文溯阁《四库全书》的校勘、流转以及保存现状等方面。

1. 文溯阁《四库全书》的校勘

王清原指出"《四库全书》缮写完毕，分别入藏七阁后，曾进行过两次大规模的覆校工作。在'内廷四阁'中，文溯阁本《四库全书》的覆校均在最后"③。张瑞强对乾隆五十二年（1787）和乾隆五十六年（1791）文溯阁《四库全书》的两次复校工作展开了详细论述，并解释了文溯阁《四库全书》多次出现错讹的原因，但同时他也对这两次复校工作表示了肯定："这两次复校，毕竟每次都查出了许多讹误错谬，小至一字半字的空白舛误，大至整篇整卷甚至整部的漏写错写，均查照底本一一加以改正，这对于提高文溯阁《四库全书》的质量，还是起到了积极而有效的作用。"④琚小飞以档案为中心对文溯阁《四库全书》的撤改与补函展开了细致的研究。⑤

2. 文溯阁《四库全书》的流转

关于文溯阁《四库全书》的流转经历，郭向东《文溯阁〈四库全书〉的

① 罗也平：《从沈阳故宫建筑看满族文化走向》，载武斌主编：《沈阳故宫博物院院刊》，中华书局2012年版，第40—49页。
② 武斌：《沈阳故宫文溯阁〈四库全书〉辗转流传记略》，载武斌主编：《沈阳故宫博物院院刊》，中华书局2013年版，第84页。
③ 王清原：《文溯阁与〈四库全书〉》，《文献》2002第3期。
④ 张瑞强：《文溯阁〈四库全书〉的两次复校》，《社会科学辑刊》1996年第3期。
⑤ 琚小飞：《文溯阁〈四库全书〉的撤改与补函——以相关档案为中心的考察》，《文献》2020年第2期。

成书与流传研究》^①、王清原《文溯阁与〈四库全书〉》^②与《文溯阁〈四库全书〉琐谈》^③、武斌《沈阳故宫文溯阁〈四库全书〉辗转流传记略》^④、黄爱平《〈四库全书〉与四库七阁的坎坷命运》^⑤、车冰冰《沧桑史书　书阁别离——文溯阁与〈四库全书〉辗转分离探究》^⑥、王智汪《文溯阁〈四库全书〉流传述略》^⑦、彦生《文溯阁〈四库全书〉的几度流传》^⑧、王爱华和李智慧《文溯阁本〈四库全书〉庋藏史事述议》^⑨、姜洪源《文溯阁〈四库全书〉迁往甘肃始末》^⑩、舒云《文溯阁〈四库全书〉迁徙兰州记》^⑪等文均有着详细的论述。

3. 文溯阁《四库全书》的保存现状

自 20 世纪 60 年代，文溯阁《四库全书》运往甘肃，至今已经在甘肃存藏超过半个世纪，刘梅兰^⑫从布局、气候条件、历史渊源等方面阐述甘肃保存文溯阁《四库全书》的理由。周永利^⑬概述了文溯阁《四库全书》移藏甘肃的经历，并且表达了对护送和保管文溯阁《四库全书》的方学俊、何勤贵等人的崇敬之情。李芬林从"甘肃省图书馆开发《四库全书》系列产品、四库藏书馆文化旅游、华夏文明传承项目《四库全书》影印工程、《四库全书》文化品牌建设以及在'一带一路'建设中的国际文化影响力等方面阐述了文溯阁《四库全书》对甘肃的文化影响力"^⑭。

---

① 郭向东：《文溯阁〈四库全书〉的成书与流传研究》，博士学位论文，西北师范大学，2004 年。

② 王清原：《文溯阁与〈四库全书〉》，《文献》2002 年第 3 期。

③ 王清原：《文溯阁〈四库全书〉琐谈》，《图书馆学刊》2001 年第 6 期。

④ 武斌：《沈阳故宫文溯阁〈四库全书〉辗转流传记略》，载武斌主编：《沈阳故宫博物院院刊》，中华书局 2013 年版，第 82—96 页。

⑤ 黄爱平：《〈四库全书〉与四库七阁的坎坷命运》，《传承》2010 第 16 期。

⑥ 车冰冰：《沧桑史书　书阁别离——文溯阁与〈四库全书〉辗转分离探究》，《知识文库》2016 年第 12 期。

⑦ 王智汪：《文溯阁〈四库全书〉流传述略》，《历史档案》2008 年第 2 期。

⑧ 彦生：《文溯阁〈四库全书〉的几度流传》，《发展》2008 年第 8 期。

⑨ 王爱华、李智慧：《文溯阁本〈四库全书〉庋藏史事述议》，载邓洪波主编：《中国四库学》（第二辑），中华书局 2018 年版，第 63—76 页。

⑩ 姜洪源：《文溯阁〈四库全书〉迁往甘肃始末》，《中国档案》2007 年第 6 期。

⑪ 舒云：《文溯阁〈四库全书〉迁徙兰州记》，《同舟共进》2017 年第 7 期。

⑫ 刘梅兰：《文溯阁〈四库全书〉保存甘肃的理由初探》，《新西部》2007 年第 1 期。

⑬ 周永利：《文溯阁〈四库全书〉在甘肃四十年》，《图书与情报》2005 年第 4 期。

⑭ 李芬林：《试述文溯阁〈四库全书〉对甘肃的文化影响力》，载陈晓华主编：《四库学》（第六辑），社会科学文献出版社 2019 年版，第 25—33 页。

三、《黑图档》中文溯阁的相关记载

当前学者在研究文溯阁时所利用的资料大多局限于《清实录》《盛京通志》《纂修四库全书档案史料》《盛京皇宫和关外三陵档案》等文献，鲜少有学者是通过查阅《黑图档》的相关记载展开研究的。《黑图档》记载了从康熙到咸丰六位皇帝近 200 年间盛京总管内务府承办皇室、宫廷事务的详细活动，是研究清代盛京宫殿陵寝和盛京地方十分珍贵的第一手资料，其中就有不少数量的公文涉及文溯阁。按照内容大致可以分为三个部分：文溯阁的建造和《四库全书》的运输工作、文溯阁的修缮与维护工作、文溯阁内的藏书管理工作。下文将对这三部分内容进行简单的介绍，以期为未来的文溯阁研究提供一些全新的线索。

（一）文溯阁的建造和《四库全书》的运输工作

根据《黑图档》的记载，文溯阁的建造时间与《四库全书》的运输时间高度重合。乾隆四十八年（1783）五月二十四日《盛京内务府为文溯阁匾额已悬挂完毕事咨总管内务府》一文内写明文溯阁的匾额已经正式悬挂完毕。在中国古代，匾额被悬挂于门屏上用作装饰，既能直观体现建筑物的名称和性质，同时也能反映出该建筑物被寄予的理想追求，匾额相当于建筑物的"眼睛"，是建筑物不可或缺的重要组成部分。匾额的悬挂也说明了文溯阁施工建造已经接近尾声，但仍然尚未完全竣工。根据乾隆四十八年《盛京内务府为补放文溯阁催长事咨总管内务府》可知，直到乾隆四十八年十二月二十一日盛京文溯阁才开始补放文溯阁催长一职，这表示直到乾隆四十八年下半年，文溯阁才正式建成。

（二）文溯阁的修缮与维护工作

盛京位于中国东北部地区，属于温带季风气候，受季风影响较大，夏季温暖多雨，冬季寒冷干燥。盛京文溯阁自建成之后就常年遭受风吹日晒、雨淋雪冻，不免会出现各种类型的损坏。《黑图档》内不少公文就对文溯阁大大小小不同类型的损坏与处理维修工程进行了记载。

表5-1　嘉庆、道光、咸丰三朝《黑图档》所见文溯阁保护与修缮工程

时间	具体内容	来源
嘉庆三年（1798）十月初二日	盛京工部为查验修理文溯阁宫门看守房事咨盛京内务府	第八册 24 页
嘉庆五年（1800）一月二十一日	盛京内务府为请派员勘修文溯阁上层前后瓦片等事咨盛京工部	第三十四册 329 页
嘉庆十六年（1811）八月二十七日	盛京内务府为请派员勘修文溯阁等处门扇事咨盛京工部	第四十一册 356 页
嘉庆十七年（1812）七月十七日	盛京内务府为请派员勘修文溯阁顶楼后坡椽望等处事咨盛京工部	第四十三册 13 页
嘉庆十七年（1812）七月二十九日	盛京工部为派员查勘文溯阁等处应修工程事咨盛京内务府	第二十一册 295 页
嘉庆十八年（1813）四月初二日	盛京工部为派员查勘文溯阁南宫门值房等处破损情形等事咨盛京内务府	第二十一册 372 页
嘉庆十八年（1813）四月初六日	盛京工部为文溯阁北面倒塌大墙应请钦工处承办事咨盛京内务府	第二十一册 374 页
嘉庆十九年（1814）七月二十一日	盛京内务府为催修文溯阁宫门内值房事咨盛京内务府	第四十五册 53 页
嘉庆二十二年（1817）六月初十日	盛京工部为查明文溯阁西北角等处朱车房系何年修过事咨盛京内务府	第二十六册 219 页
道光三年（1823）四月初六日	盛京内务府为抄录文溯阁各处墙门应行修勘之处事咨盛京工部	第二十八册 298 页
道光五年（1825）三月二十日	盛京内务府为请派员勘查修理文溯阁等处瓦片脱落雨水渗漏事咨盛京工部	第三十册 33 页
道光六年（1826）四月二十八日	盛京内务府为派员勘修文溯阁等处残缺脱落木植糟朽油饰爆裂事咨盛京工部	第三十一册 255 页
道光二十年（1840）三月二十六日	盛京工部为派人勘丈文溯阁顶楼渗漏情形事咨盛京内务府	第二十册 64 页
道光二十年（1840）五月二十二日	盛京工部为查估文溯阁顶楼渗漏所需物料事咨盛京内务府	第二十册 132 页
道光三十年（1850）四月二十三日	盛京工部为查估文溯阁西北角堆房南西夹墙工程事咨盛京内务府	第二十七册 59 页
道光三十年（1850）十一月十八日	盛京工部为明岁春融再行修理文溯阁西北角堆拨房工程事咨盛京内务府	第二十八册 41 页
咸丰元年（1851）二月 ×× 日	掌图记佐领岫云等为修理文溯阁西北角堆拨房事呈请咨盛京工部	第九册 372 页

时间	具体内容	来源
咸丰元年（1851）四月十六日	掌图记佐领岫云等为修理文溯阁西北角堆拨房外围墙事呈请咨盛京工部	第九册406页
咸丰二年（1852）七月××日	掌图记佐领岫云等为催修文溯阁等处大墙事呈请咨盛京工部	第十册132页
咸丰二年（1852）九月初二日	盛京工部为勘修文溯阁西面大墙等处事咨盛京内务府	第三册309页
咸丰三年（1853）三月初四日	盛京工部为估办修理文溯阁西面大墙工程事咨盛京内务府	第四册165页
咸丰四年（1854）三月十六日	盛京工部为派员查估文溯阁西围墙倒坏丈尺事咨盛京内务府	第五册179页
咸丰六年（1856）八月初六日	盛京工部为估修文溯阁内嘉荫堂前戏楼事咨盛京内务府	第七册63页

梳理发现，文溯阁在嘉庆、道光、咸丰三朝内多次出现不同类型的损坏，出现频率较高的有顶楼瓦片脱落、木植糟朽、墙体裂缝坍塌等，而每次在文溯阁出现损坏之后，盛京内务府及其他相关部门会及时开展一系列的维护修缮工作。每次的维护和修缮工作都会遵循固定的流程与规定，对负责修缮的官员和工匠也有着严格的要求，正是清廷对文溯阁采取的这些措施，使得文溯阁至今仍然屹立于沈阳故宫中。合理借鉴学习这些规章制度及维修手段，对于进一步完善今天的文溯阁及其他古建筑的修缮与维护工作能够起到极大的促进作用。

（三）文溯阁内的藏书管理工作

作为盛京宫殿内的一座皇家藏书楼，文溯阁自建成之日起就承担着保管阁内藏书的重任，清廷对于文溯阁内的藏书格外重视，而有关文溯阁藏书管理的公文在文溯阁相关公文中占据了很大一部分。

表 5-2　咸丰朝《黑图档》所见部分文溯阁藏书管理工作

时间	具体内容	来源
咸丰元年（1851）八月十二日	为晾晒文溯阁书籍事咨奉天学政衙门	第二册27页
咸丰二年（1852）八月十七日	奉天学政为带员恭晾文溯阁书籍事咨盛京内务府	第三册290页

续表

时间	具体内容	来源
咸丰二年（1852） 九月十九日	奉天学政衙门为文溯阁书函间有损坏事	第三册 313 页
咸丰二年（1852） 八月初九日	掌图记佐领岫云等为请确定日期晾晒文溯阁书籍 事呈请咨奉天学政衙门	第十册 142 页
咸丰三年（1853） 四月二十九日	掌图记佐领岫云等为领取文溯阁恭存书匣等所用 潮脑事呈请咨盛京户部	第十册 370 页
咸丰三年（1853） 五月××日	盛京工部为关领宫殿内文溯阁等处所需潮脑事咨 盛京内务府	第四册 270 页
咸丰三年（1853） 八月初八日	奉天学政衙门为知照前往帮同恭晾文溯阁藏书事 咨盛京内务府	第四册 369 页
咸丰三年（1853） 八月二十六日	奉天学政衙门为抄送需粘文溯阁藏书之匣边盖开 鳔及缺带粘单事	第四册 378 页
咸丰四年（1854） 八月二十四日	奉天学政为恭晾文溯阁存收书籍事咨盛京内务府	第六册 67 页
咸丰六年（1856） 四月××日	掌图记佐领岫云等为请发给文溯阁存放毡片等所 需苎麻事呈请咨盛京工部	第十二册 34 页
咸丰六年（1856） 四月××日	掌图记佐领岫云等为关领文溯阁需用之野鸡尾掸 事呈请咨盛京工部	第十二册 35 页
咸丰六年（1856） 九月初七日	奉天学政衙门为抄粘文溯阁收存书籍中应修补之 函册事咨盛京内务府	第七册 82 页
咸丰六年（1856） 十一月××日	掌图记佐领岫云等为交回文溯阁用过之旧苎麻事 呈请咨盛京工部	第十二册 206 页
咸丰十年（1860） 闰三月初八日	盛京工部为文溯阁等处所需潮脑已派员赴京请领 事咨盛京内务府	第八册 179 页
咸丰十年（1860） 七月××日	盛京工部为关领糊饰文溯阁等处窗户用纸张事咨 盛京内务府	第八册 271 页
咸丰十年（1860） 九月初八日	盛京内务府为催速糊文溯阁等处窗槅门扇事咨盛 京工部	第十五册 151 页

仅以咸丰朝《黑图档》为例，记载文溯阁藏书管理工作的公文就不在少数，而且公文内容丰富详细，足以一窥清廷为完好保存文溯阁内藏书所实施的各项管理活动。小到为文溯阁定期更换锁钥、发放鸡毛掸子、用上等高丽纸糊饰门窗、存放潮脑苎麻等，大到定期将文溯阁内藏书搬出晾晒、及时修理损坏书匣等，这些成体系成系统的管理措施在文溯阁内《四库全书》及其

他古籍历经一百多年仍然保存完好上发挥了不可忽视的作用。

第二节 《黑图档》中对文溯阁古籍管理活动的记载

《黑图档》中涉及文溯阁的内容仅占一小部分，但这一小部分对于研究文溯阁的古籍管理与保护制度有着极大的作用。本节将以《黑图档》所书内容为基础，对清代盛京内务府对于盛京文溯阁古籍管理与保护的具体措施进行研究。根据所见《黑图档》的记载，文溯阁所藏古籍的管理活动大致可以包括运输上架、陆续增补和撤换删改这三方面。

一、运输上架，初步奠定藏书规模

《清史稿》记载：乾隆"四十七年春正月庚子，陈辉祖、闵鹗元降三品顶戴留任。乙卯，建盛京文溯阁。丙寅，《四库全书》成"[①]。可见，盛京文溯阁完全是为了陈设《四库全书》而建。因需要运送的古籍体量巨大，乾隆四十七年九月十一日，多罗仪郡王永璇等人向乾隆皇帝建议将其分拨运往盛京文溯阁："恭照盛京文溯阁应行陈设《古今图书集成》一部、《四库全书》一部，现在陆续上紧装钉，并前后敬谨用宝入匣，自应随时分拨起运，统于明年四月以前全行送往，以期稳妥。"[②]乾隆四十七年（1782）十一月十三日，员外郎常福将第一拨文溯阁陈设古籍由北京运达盛京文溯阁；同年十二月，第二拨古籍送达；乾隆四十八年（1783）正月二十日，员外郎福庆由京运达第三拨文溯阁陈设古籍；乾隆四十八年二月二十九日《盛京内务府为报第四拨运至盛京之金银陈设及书籍等清单事咨总管内务府》[③]一文中明确记载第四拨《四库全书》送达文溯阁；最后一拨《四库全书》的送达时间在咸丰二年（1852）。《掌图记佐领岫云等为请确定日期晾晒文溯阁古籍事呈请咨奉天学政衙门》一文内也有着明确记载，"乾隆四十八年五月初二日准盛京将军衙门咨开办理工程处案呈，本衙门谨奏为遵旨派员经管事古籍仰祈睿鉴事。

---

① （清）赵尔巽等：《清史稿》，中华书局1976年版，第521页。
② 张书才编：《纂修四库全书档案》，上海古籍出版社1997年版，第1638页。
③ 辽宁省档案馆编：《黑图档·乾隆朝》(21)，线装书局2016年版，第209页。

查第五拨《四库全书》于本年三月二十七日全数运到……"①。从乾隆四十七年（1782）十一月十三日始到乾隆四十八年三月二十七日止，中间共耗时近五个月，《四库全书》终于全数运达盛京文溯阁。内阁学士兼《四库全书》总校官陆费墀负责查点交接，交接完毕后陆费墀迅速率员将古籍分部归匣，进行上架。

二、陆续增补，进一步完善藏书总量

《四库全书》运输工作的结束，并不意味着文溯阁所藏古籍数目从此固定不变，乾隆四十八年（1783）三月以后，北京又陆续将不少古籍运往盛京，如乾隆四十八年《武英殿修书处为派员押送文溯阁陈设之四库全书内总目等书及五军道里表事咨盛京内务府》内记载："武英殿修书处为移会事。本处应送往盛京文溯阁陈设四库全书内总目二十五匣、简明目录三匣、考证十二匣，烦请贵府查收。"②而文溯阁古籍增补的工作一直持续到嘉庆年间，嘉庆三年（1798）《奉天学政为文溯阁四库全书内抽撤归函入匣古籍等事咨盛京内务府》记载："前经奉旨热河着陈设《宗室王公功绩表传》一部、《热河志》二部，盘山、汤山、盛京三处每样各一部；又发往盛京陈设《四库全书总目》一部；又盛京文溯阁四库全书留空匣内应入《八旬万寿盛典》一部、《南巡盛典》一部……又发往盛京存贮《大清律例》二部、《洗冤录》二部、《尚书详解》二部、《十全集》二部、《军器则例》二部……以上应发往各处陈设各书并抽换缴回各书相应咨行贵司，转传各该处作速派员查照办理。等因前来。"③嘉庆十二年（1807）《奉天学政为派员将应补入文溯阁空函古籍归架事咨盛京内务府》一文也记载："再本年六月二十六日，由懋勤殿交出户部尚书戴奏准文溯阁应补入空函《圣制文三集》等书，俟装潢得时该处领去交盛京将军、奉天府丞按册补用文溯阁宝再行归架。"④可以说，乾隆朝后期和嘉庆朝时期陆陆续续的增补工作使得一大批珍贵古籍成为了文溯阁藏书的一部分，极大地丰富

---

① 辽宁省档案馆编：《黑图档·咸丰朝》（10），线装书局 2016 年版，第 142 页。
② 杨丰陌、赵焕林、佟悦编：《盛京皇宫和关外三陵档案》，辽宁民族出版社 2003 年版，第123 页。
③ 辽宁省档案馆编：《黑图档·嘉庆朝》（8），线装书局 2016 年版，第 111 页。
④ 辽宁省档案馆编：《黑图档·嘉庆朝》（15），线装书局 2016 年版，第 229 页。

了文溯阁的总藏书量。

三、撤换删改，提高藏书的整体质量

《四库全书》共收入各类著作3500余种，总计7.9万卷，600余函，共计约8亿字。其编纂工作开始于乾隆三十七年（1772），初稿于乾隆四十七年（1782）完成，历时不到十年。而同样是集中国古代典籍于大成的《永乐大典》，全书22，877卷（目录占60卷），11095册，字数总计约3.7亿字，编修工作历时五年（1403—1407）方才完成。与之相比，《四库全书》的编纂速度要快得多。除此之外，七部《四库全书》全部由人抄写。巨大的编纂工程、紧张的编纂进度以及人为抄写的失误，使得《四库全书》内出现了很多错误。一旦有人于其他藏本中发现讹字、错字或者因为别的原因而需要进行修改或删除，文溯阁就需要将其所藏《四库全书》从架上撤换下来，送京核查修改。嘉庆三年（1798）《奉天学政为查明文溯阁藏性理大全一书已交武英殿更换事咨盛京内务府》记载："准贵府咨查文溯阁所贮《性理大全》书籍曾否交付武英殿之处查明见覆。等因到本部院。准此。查此书因流水标题错误，匣盖写刻亦讹，带京俱交武英殿提调吴处更换，相应咨覆。"① 该文就因发现《性理大全》一书的流水标题和匣盖写刻均发生讹误，需要将其带回武英殿进行更换一事进行了明确记载。又如嘉庆五年（1800）《奉天学政衙门为派员抽出文溯阁内佩文诗韵炎韵等书事咨盛京内务府》内记载："奉天府学政衙门为知会事案准贵衙门咨开管理文溯阁事务处案呈据升任催长高铭等呈称，准都虞司为知会事。据武英殿移称，本处奉旨韵府拾遗内第六册二十八炎韵改为二十八俭韵，并将佩文诗内二十八炎韵亦著改为二十八俭韵。钦此。钦遵本殿业经改刻，其各处陈设书籍均须一体抽换，相应移会贵司转传知。盛京库存韵府拾遗既将第六册二十八韵一本并佩文诗韵一本查出，持送本殿，以便抽换领回陈设。等因前来。相应知会盛京内务府可也。"② 武英殿奉旨将《佩文诗韵》《韵府拾遗》等书中的韵名进行更改之后，又发文召回存贮在别处的这些书，以便一同修改。奉天学政衙门在接到来文之后迅速派员奔赴文溯阁将

① 辽宁省档案馆编：《黑图档·嘉庆朝》（3），线装书局2016年版，第173页。

② 辽宁省档案馆编：《黑图档·嘉庆朝》（9），线装书局2016年版，第295页。

古籍抽撤出来送往北京。

有一个值得注意的细节是，文溯阁古籍撤换均非单独将古籍从书匣中抽出进行撤换，而是需要连着书匣一起进行撤换。嘉庆三年（1798），《盛京内务府为抽换文溯阁藏书事咨盛京内务府》文末附上的内库撤出书目清单内记载："全书总目二十函，共一百二十八本，随匣样一个。史记正义之第二函、三函、五函，共三十本。异域录一函。礼器图目录一本、卷九一本。史记正义三函，共十八本，随匣子三个。坤舆图说一本，异域录一本，海国闻见录二本，三种共一函，随匣子一个。五体清文鉴四本。以上共计一百八十七本，匣木五个。"① 这种连匣撤换的方式能够有效地保护古籍在运送过程中的安全，避免运送过程中因路途颠簸而导致藏书乱序甚至丢失等现象的出现。几次不同规模的撤换活动结束之后，文溯阁古籍中的舛讹率被大大降低了，整体的藏书质量有了明显的提高，也为后世留下了一大批珍贵的文化遗产。

第三节　《黑图档》中对文溯阁古籍保护措施的记载

为了使文溯阁内藏书得到更好的管理，盛京内务府还采取了很多其他的保护措施，主要包括定期除潮除尘除虫、营造良好的保存环境、及时登记上报破损古籍并及时修补、选取中高级官员负责保护工作等。

一、定期除潮、除尘、除虫

古代古籍多由天然木浆和草浆制成，长期放置于阴冷潮湿的地方易滋生霉菌和蛀虫，从而对珍贵古籍造成不可挽回的损失。文溯阁作为清代皇家藏书阁，皇帝东巡期间的主要读书场所，更是格外重视古籍的除潮、除尘与除虫工作。

（一）定期搬出晾晒

将古籍放置于室外适当晾晒，能够利用阳光中的紫外线有效地将藏匿于纸张中的蠹虫杀死，此外定期晾晒古籍还可有效预防霉菌的滋生。梳理发现，文溯阁每年晾晒古籍一次，晾晒日期没有具体规定，但基本集中在八月中旬

---

① 辽宁省档案馆编：《黑图档·嘉庆朝》（3），线装书局 2016 年版，第 139 页。

左右。每年临近往年晒书之日时，奉天学政会根据历法推算出晒书的黄道吉日和吉时，提前告知盛京内务府，内务府复文许可之后，学政方可于预定日期预定时间率领官员将文溯阁内古籍搬出晾晒。但偶尔也会发生意外，咸丰五年（1855）八月十四日《奉天学政为率员帮同晾晒文溯阁古籍事咨盛京内务府》一文记载，"案准贵衙门咨会文溯阁存收古籍例应派员恭晾查点等因前来，今本学政拟于本月二十六日辰时率同奉天府治中曹敦锜、教授祥伶并候委教职张景云、李瑞、孙云鹤等前往帮同办理外相应咨会……"①。但八月二十六日的《奉天学政为择日率员帮同晾晒文溯阁古籍事咨盛京内务》一文内又记载，"兹因今日阴雨不能晒晾，本学政拟改于八月二十八日巳时，率同奉天府治中曹敦锜、教授祥伶并候委教职李瑞等前往帮同办理……"②。奉天学政根据皇历推算，原选定于八月二十六日辰时进行晾晒，结果因为二十六日阴雨连绵，难以晾晒，于是将晾晒日期又改为八月二十八日巳时。由此可见，文溯阁古籍晾晒时间的确定相对较为灵活，除了根据立法推算出黄道吉日以外，还会根据实际的天气情况进行适当调整。

另外，文溯阁古籍的书函与书匣均是被分开晾晒。嘉庆二十四年（1819）《奉天学政为抄送查点文溯阁藏书内有书少带各函清单事咨盛京内务府》中记载：嘉庆二十三年皇帝下达谕旨，要求文溯阁古籍"于来年晒晾之期，务须撤去外函，以免虫蛀，而昭慎重所有"。因此从当年开始，"学政于晾晒书籍之期钦遵谕旨，按架敬谨督率护理治中及各教官逐函出匣晒晾所有"③。这种连函出匣的晾晒方式不仅能够使书函和书匣均得到充分的晾晒，还更便于官员清点古籍书目、发现书函和书匣的损坏情况。

（二）定期发放潮脑与鸡毛掸

搬出文溯阁藏书晾晒每年仅有一次，持续时间为两天到十天不等，除此之外藏书均在阁内架上陈放，难免会布满灰尘和滋生菌虫。嘉庆二年（1797）《盛京工部为拨给文溯阁需用之潮脑掸子事咨盛京内务府》中记载："查得年例：文溯阁内盛装书匣七千余个，每个例用潮脑一钱五分，计共用潮脑

---

① 辽宁省档案馆：《黑图档·咸丰朝》（6），线装书局 2016 年版，第 289 页。

② 辽宁省档案馆：《黑图档·咸丰朝》（6），线装书局 2016 年版，第 301 页。

③ 辽宁省档案馆编：《黑图档·嘉庆朝》（30），线装书局 2016 年版，第 49 页。

六十五斤，大小红泥十八块共用潮脑一斤。野鸡尾掸八把，鸡尾毛掸八把。以上共用潮脑六十六斤，掸子十六把。相应呈请咨行盛京工部照数发给，以备应用可也。等因。"[①]而该例早在乾隆四十八年（1783）十二月十九日就已咨行盛京工部在案了。潮脑，即为樟脑，是由樟科植物樟树的根、干、枝、叶，经提炼制成的颗粒状结晶，在书匣内放置潮脑能够起到除湿杀虫的作用。而安排文溯阁管理人员使用鸡毛掸子定期除尘，则可以有效防止灰尘中的霉菌孢子在适宜条件下生长繁殖，避免纸张污染磨损，使文溯阁书籍在被搬出晾晒以外的时间内得到良好的保存。

二、营造良好的保存环境

为了避免文溯阁内书匣遭受风吹而皲裂，藏书遭受雨打而字迹模糊，盛京工部会定期糊饰文溯阁的窗槅门扇、安装竹帘雨搭和修缮顶楼瓦片。嘉庆五年（1800）《盛京内务府为请派员勘修文溯阁上层前后瓦片等事咨盛京工部》[②]、嘉庆十六年（1811）《盛京内务府为请派员勘修文溯阁等处门扇事咨盛京工部》[③]、嘉庆十八年（1813）《盛京工部为俟领到高丽纸再行糊饰文溯阁等处窗槅门窗事咨盛京内务府》[④]、道光五年（1825）《盛京内务府为请派员勘查修理文溯阁等处瓦片脱落雨水渗漏事咨盛京工部》[⑤]、咸丰元年（1851）《掌图记佐领岫云等为催请更换文溯阁雨搭竹帘事呈请咨盛京工部》[⑥]等不同时期的公文均对此有所记录。其中，嘉庆十八年《盛京工部为俟领到高丽纸再行糊饰文溯阁等处窗槅门窗事咨盛京内务府》内记载："今文溯阁等宫窗槅门扇系应糊饰之年，是以于本年七月内业将文溯阁等宫窗槅阁门扇，开写粘单咨行盛京工部派员敬谨糊饰在案。迄今三月有余，并未派员查勘糊饰，但查文溯阁收藏四库全书之所，今窗槅俱经风雨虫蚀，且时值风寒，若不及时糊饰严密，恐书匣风裂。事关全书紧要，未便迟延，理合呈请咨行盛京工部作速派

---

①　辽宁省档案馆编：《黑图档·嘉庆朝》(7)，线装书局 2016 年版，第 361 页。
②　辽宁省档案馆编：《黑图档·嘉庆朝》(34)，线装书局 2016 年版，第 329 页。
③　辽宁省档案馆编：《黑图档·嘉庆朝》(41)，线装书局 2016 年版，第 356 页。
④　辽宁省档案馆编：《黑图档·嘉庆朝》(22)，线装书局 2016 年版，第 148 页。
⑤　辽宁省档案馆编：《黑图档·嘉庆朝》(30)，线装书局 2016 年版，第 33 页。
⑥　辽宁省档案馆编：《黑图档·咸丰朝》(2)，线装书局 2016 年版，第 98 页。

员敬谨糊饰可也，等因。"① 盛京内务府因盛京工部迟迟未派人糊饰文溯阁窗槅而发文催促，在文中重点提出了糊饰文溯阁窗槅的重要性，侧面体现出清人对文溯阁内所藏古籍的重视程度。

三、及时登记、上报破损古籍

文溯阁内所藏古籍众多，入藏之后又多次经历增补与抽撤，部分古籍难免会存在不同类型、不同程度的破损。鉴于所藏古籍价值珍贵，一旦发现破损，就必须及时上报。如咸丰六年（1856）《奉天学政衙门为抄粘文溯阁收存书籍中应修补之函册事咨盛京内务府》一文中就记载："钦命提督奉天等处学政衙门咨，为咨复事。案准贵衙门咨会恭晾文溯阁存放书籍，本学政率同奉天府治中曹敦锜及各教职于八月二十九日赴阁敬谨逐函出匣晒晾，于九月初二日完竣。查此次晒晾书籍内，经部第七架第三百二十六函三百二十七函《日讲诗经解义》、史部第十六架第一千七百九函、一千七百十函《胜朝殉节诸臣录》有匣无书，经历任学政咨查贵衙门复称原系留空在案，本学政复查无异。"② 咸丰六年文溯阁例行晒书时，相关官员发现部分藏书出现了有匣无书的情况，而在查阅以往档案之后发现，该情况早就已经被登记在案了。

除此之外，咸丰六年的这次晒书过程中，还发现了很多书匣损坏、书函开鳔缺带的情况，相关官员随即在公文后附上粘单，及时向上级汇报："经部第十架一层四百三十五函匣边坏，经部第七架二层三百二函匣边开鳔，经部第六架四层二百七十八函匣边坏，经部第七架四层三百二十六、三百二十七函日讲诗经解义有函无书，经部第十九架三层八百九十三函匣边开鳔，经部第十八架二层八百四十函坏环，史部第八架二层一千三百二十四函坏带，史部第十二架四层一千五百三十三函坏环，史部第十一架四层一千四百七十八函坏带，史部第二十八架一层二千二百五十八函匣边坏，史部第十六架三层一千七百九、一千七百十函胜朝殉节诸臣录有函无书，史部第三十一架二层二千四百十六函坏带，子部第十四架六层三千五百四十二函匣边开鳔，子部第十二架四层三千三百七十八函匣边开鳔，子部第八架五层三千七百一函

---

① 辽宁省档案馆编：《黑图档·嘉庆朝》（22），线装书局 2016 年版，第 148—149 页。
② 辽宁省档案馆编：《黑图档·咸丰朝》（7），线装书局 2016 年版，第 82 页。

匣边开鳔，子部第一架四层二千六百五十四函匣边开鳔，子部第一架三层二千五百八十一函匣边开鳔，子部第六架六层二千九百六十九函匣边开鳔，子部第二架四层二千五百八十七函坏带，子部第二十架五层三千九百六十八函匣边开鳔，子部第十一架一层三千二百七十二函匣边坏，子部第二十一架四层四千二十二函坏环，子部第八架三层三千八十一函坏带，子部第二十一架一层三千九百九十九函匣边开鳔，集部第八架五层四千六百八十七函坏环，集部第九架五层四千四百五十九函匣边坏，集部第五架四千四百七十四函坏环，集部第七架四层四千六百函坏环，集部一架一层四千三百五十二函匣边开鳔，集部第三架一层四千二百八十四函匣边坏，集部第二十四架五层八百四十二函匣边开鳔，集部第二十三架四层五千七百五十一函匣边开鳔，集部第二十一架五层五千六百十七函坏带，集部第二十架六层五千五百六十一函匣边开鳔，集部第二十五架四层五千八百九十四函坏带，集部第二十二架六层五千七百五函坏带，集部第二十六架二层五千九百四十六函匣边开鳔，集部第二十四架一层五千七百九十二函匣边开鳔，集部第二十二架一层五千六百四十六函匣边坏。"[1] 相关官员在公文中按照经、史、子、集的顺序逐部、逐架对书匣或书函的破损情况进行了非常详细的描述。

四、选取中高级官员负责保护工作

文溯阁内藏书大多贵重精美，价值极高。为了更好地保护文溯阁及其藏书，清廷特设文溯阁衙门，派遣专人经管，设九品食俸催长一员，食饷催长一员，隶属于盛京内务府管辖。早在乾隆四十八年（1783）建造文溯阁之初，乾隆皇帝就对负责文溯阁日常管理和晾晒古籍的官员提出了严格的选拔要求，咸丰五年（1855）《掌图记佐领岫云等为晾晒文溯阁内藏书事呈请咨奉天学政衙门》一文中就对此有着详细的记载，"据陆费墀传奉谕旨令奴才于盛京官员内拣派二人经管文溯阁书籍，奴才遵查盛京内务府三旗官员内，堪以查点函册数目及上架时协同照应自不乏人，至按照编目别类分函条理，必须通于文义之员方可胜任，查奉天府府丞兼提督学政一缺例由进士出身之员补放，现

---

① 辽宁省档案馆编：《黑图档·咸丰朝》（7），线装书局 2016 年版，第 82—84 页。

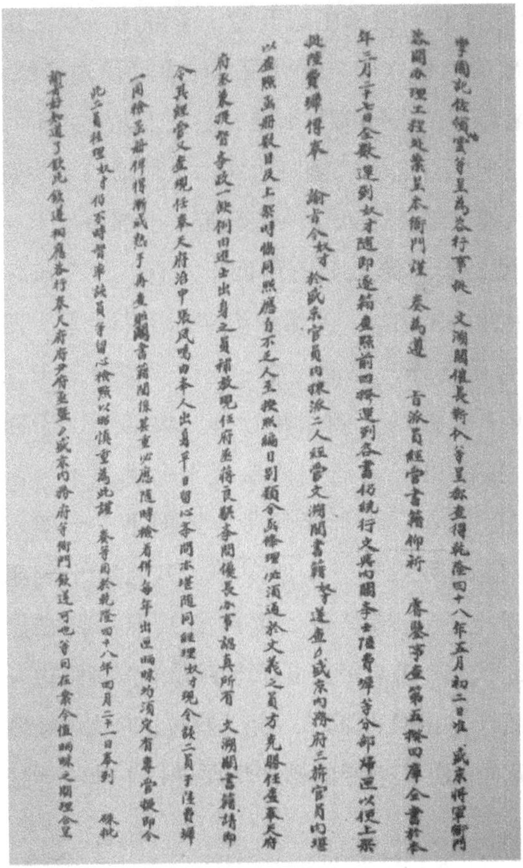

掌圖記佐領雲等呈為咨行事准 文溯閣值長衔六等呈稱查得乾隆四十八年五月初二日准 盛京將軍衙門
咨開為理工程处案呈本衙門謹 奏為遵 旨派員經管書籍仰祈 睿鑒事查第五摺四庫全書於本
年三月二十七日全數運到奴才隨即逐箱查照前回摺運到各書按統行交與內閣李士陸費墀等分部歸匣以便上架
與陸費墀得奉 諭旨令奴才於盛京官員內揀派二人經管文溯閣書籍等 遵查盛京內務府三旗官員內堪
以查照函冊數目及上架時協同照應自不乏人至按照編目判類令其條理必須通於文義之員方克勝任查奉天府
府丞兼提督學政一缺例由進士出身之員補授現任府丞蔣良騏學問優長办事認真所有 文溯閣書籍請即
令其經管又查現任奉天府治中張鳳鳴由舉人出身平日留心學問亦堪隨同經理奴才現令該二員與陸費墀
一同檢函冊俾得漸成熟手再查貯閣書籍關係甚重必應隨時檢看併每年出匣晾晒均須定有專管擬即令
此二員經理奴才仍不時督率該員等留心檢點以昭慎重為此謹 奏等因於乾隆四十八年四月二十一日奉到 硃批
該部知道了欽此欽遵知照各行奉天府府尹府丞暨盛京內務府等衙門欽遵可也等因在案今值晾晒之期理合呈

图 5–2 咸丰五年《掌图记佐领岫云等为晾晒文溯阁内藏书事呈请咨奉天学政衙门》

任府丞蒋良骐，学问优长，办事认真所有，文溯阁书籍请即令其经管。又查现任奉天府治中张凤鸣由举人出身，平日留心学问，亦堪随同经理。奴才现令该二员与陆费墀一同检函册，俾得渐成熟手，再查贮阁书籍关系甚重，必应随时检看并每年出匣晾晒均须定有专管，拟即令此二员经管，奴才仍不时督率该员等留心检点，以昭慎重。为此谨奏，等因。”[①] 由此可见，管理文溯阁古籍的官员首先必须是内务府三旗，其次就是不仅需要掌握书目查点、上架等简单技能，还需要知晓文义，能够按照编目对古籍进行分类整理。从《黑图档》公文记载可知，此后直到咸丰末年，经管文溯阁古籍的这项工作也一直都是由学政、府尹、治中这类中高级文化官员担任。

清代乾隆朝后期，国内政治局面稳定，经济发达，文化教育产业也得到了快速的发展。图书出版业发达，在这种环境下，流通于市面上的图书数量增加，而藏书文化也逐渐繁荣，不少民间私家藏书楼也陆续出现在大众的眼前。乾隆四十七年（1782），《四库全书》初稿问世，这部史上规模最大的丛书，是对中国有文字记载以来所存文献的最大汇总，是中华各民族传统文化最完备的集成，更是清文化的典型代表。为了存储这部书，乾隆皇帝于盛京宫殿内修建了文溯阁。自建成之日起至清朝末年，文溯阁一直受到悉心保护，

① 辽宁省档案馆编：《黑图档 · 咸丰朝》(11)，线装书局 2016 年版，第 216 页。

阁内《四库全书》的收藏管理比较规范，保存也相对完整。这一切必须要归功于盛京内务府乃至整个清廷对于文溯阁的高度重视。盛京内务府及文溯阁的专职人员都有着非常丰富的经验，不论是在藏书管理还是在保护工作上，清朝后期都已经达到了制度化、专业化的程度，这些经验与方法对于今时今日的古籍保护与传承、现代图书馆和档案馆管理等事业都有着非常现实的指导意义。

第六章　清代沈阳城市记忆之档案馆——档案房

清制，皇家的衣、食、住、行各项事务由内务府掌管，清军入关后，盛京成为陪都，同样建立了由内务府来掌管当地皇家各项事务的制度，是为盛京总管内务府，简称盛京内务府。关于盛京内务府建立的时间有争议，业内普遍认同是在乾隆十七年（1752），盛京总管内务府正式成立，专门管领盛京地区的皇家事务。盛京内务府其下"设有三旗关领、档案房、文溯阁及广储、掌仪、庆丰、营造、都虞等司与三织造库，分别掌管各项事务"①。《黑图档》内约有281件盛京内务府的档案房与京城及盛京各衙署的往来公文，其中记载了档案房的人员组成、俸饷情况及负责的各种日常工作，为档案房职能的研究提供了重要的第一手档案史料。

第一节　盛京内务府档案房的基本职能

档案房以"档案"命名，承担着盛京内务府的各项文书档案管理工作，在保管档案的同时，为其他部门使用档案提供帮助，档案房的基本职能就是文书档案工作。档案《盛京内务府为档案房失火致朝房存放历年册档号簿被焚事咨总管内务府》记载："查朝房一座，向为本衙门印务总汇之区，所有各部衙门来文，以及本府三旗、各司稿案、册档、号簿，俱集聚于斯，以备查办。"②可以看出档案房作为盛京内务府的印务、总汇之场所，同时保管着大量的档案。我们可以从《黑图档》内的记载发现档案房围绕这部分职责所开展的具体工作。

---

① 秦国经：《逊清皇室秘闻》，紫禁城出版社2014年版，第29页。
② 辽宁省档案馆编：《黑图档·嘉庆朝》（6），线装书局2016年版，第382页。

一、抄写工作

从《黑图档》的记载来看，编史修志利用档案房的档案，需由档案房抄写、整理，档案房承担着大量的档案抄写工作。据《档案房为领笔墨事咨盛京工部》记载：咸丰元年（1851）正月二十日，"档案房，呈为咨行事。查得本衙门年例抄写档案，需用笔六十支、墨九两，相应咨行盛京工部，查照本衙门印领发给可也"①。咸丰二年（1852）正月，档案房再次为关领抄写档案需要的笔墨。《档案房为抄写档案请领笔墨事呈请咨盛京工部》记载："档案房，呈为咨行事。查得本衙门年例抄写档案，需用笔六十支、墨九两，相应咨行盛京工部，查照本衙门印领发给可也，为此具呈。"②档案房每年关领一次抄写档案所用笔墨，按照年例抄写档案需用笔六十支、墨九两，由此可见其档案抄写工作的繁重。档案房移交的档案中汇抄件占很大部分，这部分档案需由档案房抄写后移交。

二、保管工作

档案房不只是一个业务部门，更是一个档案馆，其中存放了各部衙门及内务府三旗各司的档案，以备查考、利用。《黑图档》就保存于盛京内务府档案房，由其专门管理。因为大量的档案聚集于此，一旦发生火灾，损失是相当惨重的，在嘉庆二十三年（1818），就发生了一场大火，烧毁了大量的档案。《盛京内务府为档案房失火致朝房存放历年册档号簿等被焚事咨总管内务府》记载："盛京总管内务府为咨报事。档案房案呈，嘉庆二十三年四月二十四日，档案房遗火延烧朝房。"③档案房每年冬天临近年节，按照定例发文通知宫殿附近的旗民、铺人，在商铺、宫殿附近堆放柴薪等容易造成火灾。咸丰五年（1855）十二月，档案房发文，档案《档案房为严禁旗民商铺于宫殿附近堆放柴薪擅放花炮事呈请咨盛京将军等衙门》记载："档案房呈为咨行事。奉堂谕，宫殿重地关系紧要，附近居住旗民、铺人等各宜小心火烛，不得任意堆积柴薪，且时值隆冬，柴草干燥，附近居住旗民人等，难免任意堆

---

① 辽宁省档案馆编：《黑图档·咸丰朝》（9），线装书局 2016 年版，第 343 页。
② 辽宁省档案馆编：《黑图档·咸丰朝》（10），线装书局 2016 年版，第 3 页。
③ 辽宁省档案馆编：《黑图档·嘉庆朝》（6），线装书局 2016 年版，第 382 页。

积柴薪，不以火烛为事者，着严行晓谕旗民，地方官不时稽查，倘有此等堆积柴薪，不以火烛为事之人，即锁堂拿，严行治罪外，仍地方官一并重处。"① 咸丰二年（1852）十二月，《档案房为严禁宫殿周围堆放柴薪擅放花炮事呈请咨盛京将军衙门》记载："档案房呈为咨行事。奉堂谕，宫殿重地关系紧要，附近居住旗民、铺户人等各宜小心火烛，不得任意堆积柴薪。"② 档案房临近宫殿，档案房发文注意防火不只是为了宫殿的安全，同时也是为了保证档案房内保管的档案安全。对违反规定的人将严行治罪。

档案房保管的档案主要是盛京内务府日常形成的文书档案及其他部门来文。辽宁省档案馆保存了部分盛京内务府档案，本书所利用的《黑图档》就是辽宁省档案馆整理的盛京内务府档案的存抄件，时间上涵盖了康熙至咸丰（1662—1861）六朝，内容涉及政治、经济、司法、环境等多方面，记录了盛京地区的历史发展情况。无论从数量还是内容上来看，《黑图档》都是十分珍贵的历史档案，而档案房就负责保管这部分档案，《黑图档》等盛京内务府档案能够留存于世，也是在档案房妥善的保管下得以实现。

三、汇总工作

档案房保管着盛京内务府与各部衙门之间的来文。档案房每个月需将接到各部院来咨文件办理完结并按月汇总，期限内不能完结的事件须声明缘由。《档案房为报各部院衙门来咨文件俱已存案咨复事》记载："档案房呈为遵谕呈报事。乾隆五十九年九月十九日奉将军谕，本衙门所有接准各部院衙门来咨文件，应行咨复者，俱依限内办理完结，其限内如有不能完结者，声明缘由。并将已完、未完案件按月汇总、具稿、呈堂，以备考核等因。奉谕查，嘉庆六年六月初一日起，至二十九日止，所有接准各部院衙门来咨共二十七件，应存案备查事十七件，立稿存案外，应咨复事十件，俱已限内办理，完结之处相应呈堂存案备查可也。"③《档案房为报各部院衙门来咨文件俱已存案咨复事》记载嘉庆七年（1802）"十月初一日起，至二十九日止，所有接准

① 辽宁省档案馆编：《黑图档·咸丰朝》（11），线装书局 2016 年版，第 318 页。
② 辽宁省档案馆编：《黑图档·咸丰朝》（10），线装书局 2016 年版，第 243 页。
③ 辽宁省档案馆编：《黑图档·嘉庆朝》（51），线装书局 2016 年版，第 62 页。

各部院衙门来咨四十六件，应存案备查事二十八件，立稿存案外，应咨复事十八件，俱已限内办理，完结之处相应呈堂存案备查可也"①。可以看出，档案房需在每月的月底，将各部院上月来文的答复、处理情况汇总后存案备查，并将办理完毕的文件保存，以备查考。同时在期限内未办理完结的文件，需将未能完结的原因上报。

四、印务工作

档案房为盛京内务府"印务之区"，掌管印务工作。从《黑图档》可以看到档案房负责在空白公文纸上盖好印，供各衙门在封印期间使用。同时，在开印后，负责销毁未使用的空白印纸。

空白的印纸，在年底和年初封印期间使用，可以避免因无法及时处理公务而延误政事。"中央到地方各个衙门在实际的行政管理中普遍地使用着事先钤盖印信的空白纸张，以求处理行政事务时的方便。"②由档案房发给内务府及三旗需用的空白印信纸张时，需将各衙署所需的空白印信纸张数量进行统计并记录。如《档案房为于空白公文纸上钤印事》，咸丰二年（1852）十二月；《档案房为于空白公文纸上钤印事》，咸丰三年（1853）十二月，虽档案内容为满文，但从标题来看，档案房负责预先在空白纸张上钤印，时间应为每年的十二月，即每年年末封印之前，为了避免封印期间有紧急事务需要办理。《档案房呈为关领续赈米石动用预用空白公文纸张事》记载："档案房呈为关领续赈米石所需预用空白纸张事。查镶黄旗应用续赈印领二张。正黄旗应用续赈印领一张。正白旗应用续赈印领一张。掌仪司应用续赈印领一张。会计司应用续赈印领一张。内管领应用续赈印领一张，共计七张，俱系动用预用空白纸张，理合呈明，存案备查可也。"③道光二十一年（1841）十二月，为了关领续赈米，盛京内务府三旗等部领取了空白印信纸张。档案房将使用、发放的空白印信纸张情况进行统计后存储，以备查考，可以在一定程度上避免营私舞弊。《档案房呈为预用印信空白纸张事》记载："档案房呈为预用印信

---

① 辽宁省档案馆编：《黑图档·嘉庆朝》（51），线装书局 2016 年版，第 176 页。

② 伍跃：《官书与文书行政》，载周绍泉、赵华富主编：《98 国际徽学学术讨论会论文集》，安徽大学出版社 2000 年版，第 344 页。

③ 辽宁省档案馆编：《黑图档·道光朝》（48），线装书局 2017 年版，第 269 页。

空白纸张折十三张，相应存案备查事。"①道光二十三年（1843）十二月，档案房准备了十三张预用印信空白纸张。《档案房呈为预用印信空白纸张事》记载：道光二十四年（1844）十二月，"档案房呈为预用印信空白纸折十三张，相应存案备查事，计开一连纸五张、二连纸五张、三连纸三张"②。记录档案房这部分职能的档案皆为存查档，因此并未记录领取空白印信纸张的具体用途，但可以推测是为了防止封印期间有紧急事务需要办理。

　　而在开印后，这些空白印信纸张如未用完，为避免滥用，也需要由档案房负责进行销毁，销毁同样需要留文备查。《档案房呈为销毁预用钤印空白纸张事》记载："档案房呈为应销预用印信空白纸张，相应呈堂存案备查事。"③从档案《档案房呈为销毁上年封印时所领未用之空白钤印公文纸张》的标题来看，销毁预用钤印空白纸张从时间推测应为每年开印后，由档案房销毁封印期间未使用的空白印信纸张。嘉庆、道光与咸丰年间《黑图档》内的这部分档案，多为满文，仅有少量道光年间的档案为汉文，但是从多篇相关档案的标题可以看出档案房负责完成管理空白印信纸张这部分的工作。空白印信纸张的发放、销毁及统计，同时将统计情况留案备查可以与具体的执行对照，可以有效避免滥用的情况，进一步保证空白印信纸张的合理使用。

五、移交工作

　　档案房保管着大量的珍贵档案，为了便于利用或查考，档案房还需定期或依照上级的要求，将相关档案整理成所需形式后，进行移交。从移交的档案内容可以看到，档案房保存着重要的档案，为各项工作的完成及查考提供了重要的参考。

（一）移交纂修所需的档案

　　清代档案利用工作较为突出的一面就是利用档案编纂各种史书，档案是纂修清史的基本史料。咸丰元年（1851），实录馆纂修宣宗成皇帝实录，要求档案房查找相关书籍、文件。《档案房为纂修实录查明奏准更改添裁规条造

---

①　辽宁省档案馆编：《黑图档·道光朝》（48），线装书局2017年版，第370页。
②　辽宁省档案馆编：《黑图档·道光朝》（49），线装书局2017年版，第128页。
③　辽宁省档案馆编：《黑图档·道光朝》（48），线装书局2017年版，第133页。

册呈报事呈请咨户部》记载："盛京内务府按照部咨，将嘉庆二十五年七月二十五日起，至道光三十年正月十四日止，一切奏准更改添裁有关钱粮盐课事件，查明、抄录原案造册，径行报部，仍希见复可也等因前来。查本府自嘉庆二十五年七月二十五日起，至道光三十年正月十四日止，所有奏到朱批、更改添裁一切事件遵照原案查明，造具清册二本，咨送户部。"[①] 档案房按照要求，将嘉庆二十五年（1820）至道光三十年（1850），道光皇帝在位期间形成的相关材料，抄写、整理成两本清册，送往户部，以备利用。

大臣列传每五年纂修一次。咸丰六年（1856）再次开馆纂修大臣列传，国史馆征集咸丰元年至咸丰五年（1851—1855）内的大臣事迹。《档案房为报无应人臣工列传之大臣亦无增删差徭官兵等处事呈请咨国史馆》记载："除自道光二十六年至三十年，业经本馆行文内务府值年旗、吏、礼、兵部，查取已故大臣事迹，办理外，其咸丰元年起，至五年止，亦应接续查办。"[②] 档案房具体的移交情况在档案中仍然可见，《档案房为报无应人臣工列传之大臣亦无增删差徭官兵等处事呈请咨国史馆》记载："今自咸丰元年起，至五年止，已故大臣应遵照旧例，旗员以副都统以上，京官自副都统御史以上，外官自督抚、提镇等官，例应入传，所有姓氏、籍贯、出身、官阶、升速、病故年月日期及祖父子孙支派，有无官职科名，曾否出兵立功，获罪、降革、开复恩恤谥号、世职敕书，袭替衔名次数，详细查明造具清册送馆，以凭纂辑。"[③] 从纂修材料的选取可以看到大臣列传能够较为全面地收录已故大臣的情况。"查得本府三旗各司并无一、二品大臣工，纂入列传，大臣之员，自咸丰元年至五年所送事迹以及差徭官员、兵丁等项，亦无删减、增添之处，相应咨行国史馆、兵部外，并知照盛京将军衙门可也。"[④] 盛京内务府在查找后，发现并无应报大臣，其余相关材料在整理后，上报给国史馆、兵部及盛京将军衙门。

（二）定期移交的档案

官员经制册。嘉庆八年（1803）前，春、秋两季皆需移交武职官员经制册。《盛京内务府为造送武职官员经制册事咨兵部》（嘉庆二年三月）内记载：

---

① 辽宁省档案馆编：《黑图档·咸丰朝》（1），线装书局 2016 年版，第 322 页。
② 辽宁省档案馆编：《黑图档·咸丰朝》（2），线装书局 2016 年版，第 292 页。
③ 辽宁省档案馆编：《黑图档·咸丰朝》（2），线装书局 2016 年版，第 292 页。
④ 辽宁省档案馆编：《黑图档·咸丰朝》（2），线装书局 2016 年版，第 293 页。

"盛京总管内务府为咨送经制册事。档房案呈，前准兵部咨开，嗣后武职官员每年春秋二季造具经制册，咨送本部备查。等因在案。"① 从移交时间来看，另一份档案《盛京内务府为造送武职官员经制册事咨兵部》（嘉庆二年八月）也可以引证这一规定。嘉庆八年（1803）以后，更改为每年移交一次。《档案房为造送武职官员经制册事呈请咨总管内务府》记载："嘉庆八年，准兵部咨开，嗣后武职官员每年一次造具经制册，咨送本部备查。等因在案。今将镶黄旗佐领岫云、正白旗佐领兆麟并镶黄旗骁骑校安福、正白旗骁骑校际德等之加级纪录，造具经制册二本，理合呈请，先行咨送兵部查照。"② 档案房按照要求，整理镶黄旗、正白旗佐领、骁骑校等武职官员的加级记录，制成经制册后，移交给兵部。

红本。"经过批红的本章，即称为红本。"③《盛京内务府为进送考察官员等第红本事咨批本处》记载："盛京内务府档案房案呈，乾隆三十九年十月二十九日，准都虞司来文内，开准吏部议覆都统安太奏，称各处大臣官员奏事俱令出具随咨，交赍奏员弁，同奏折交奏事官查明转奏等语，自是慎重稽查之意，应如该都统所奏，出具随咨，交奏事官转奏，以凭查核等因，乾隆三十九年八月十四日奉旨：依议。钦此。钦遵。等因移咨前来。查本府应进红本俱系派员赍送到京，照内务府例，露递批本处转行呈进。此次考察本府官员等第红本一件，差笔贴式金洪亮赍送，前去之处知会批本处可也。"④ 此外，《盛京内务府为呈进考察官员等第红本事咨批本处》与《档案房为呈进京察官员等第红本事咨批本处》同样记载了档案房移交官员等第红本的情况。从《黑图档》内的档案可以看出，进京察官员等第红本每三年移交一次。除了官员红本，黑牛馆的销算红本也需要每年进行移交。嘉庆四年（1799）十一月，《盛京内务府为进呈黑牛馆一年祭用牛羊数目销算红本事咨批本处》记载："查本府应进红本俱系派员赍送到京，照内务府例，露递批本处转行呈进。此黑牛馆所奏，一年祭用牛羊数目销算红本一并交笔帖式张荣赍送批本

---

① 辽宁省档案馆编：《黑图档·嘉庆朝》（3），线装书局 2016 年版，第 64 页。
② 辽宁省档案馆编：《黑图档·咸丰朝》（1），线装书局 2016 年版，第 377 页。
③ 颜品忠等主编：《中华文化制度辞典》，中国国际广播出版社 1998 年版，第 143 页。
④ 辽宁省档案馆编：《黑图档·嘉庆朝》（3），线装书局 2016 年版，第 135 页。

处可也。"① 此外还有十几件档案记录了这部分内容，如《盛京内务府为呈黑牛馆一年祭用牛羊数目销算红本事咨批本处》。通过这些档案的时间可以推测黑牛馆一年祭用牛羊数目销算红本大致在每年的十一月移交，按照旧例，派专员在清晨下露水的时候送到批本处。红本汇缴虽形成了制度，但具体移交的时间及对红本的整理要求等方面并未进行详细的规定，并未形成统一的归档制度。

从上述档案的记载可以看出，清代对某些档案规定了固定的办理过程，为案件的处理提供了有力的凭证。如在查办苛敛食辛者库钱文的庄头贾相文时，由档案房将食辛者库册籍送往盛京将军衙门查办。《档案房为送被控苛敛食辛者库钱文之庄头贾相文等及管处咸丰四年初季食辛者库册籍事呈请咨盛京将军衙门》记载："本衙门即令等笔帖式巴杭阿，自行赴案听候外，随将庄头贾相文、陈谧、王常寿、亲丁高国平等，并内管处上年初季食辛者库册籍九本，包封，一并咨送盛京将军衙门会办"，虽然规定了时间进行移交，但由于用途与接收的部门不同，所以无法形成统一的归档制度，体现出一定的随意性。

（三）查案所需的档案

在案件的办理过程中，查阅档案也是断案的一个途径。如为审结康永清等控告承催官克敛差徭案，由档案房查找相关的档案。《档案房呈为审结线定康永清等控告承催官克敛差徭案事》记载："档案房呈为声明佐领指俸借银缘由事。据正黄旗佐领三布呈请，援例指俸借银修理官房等情前来，回明奉公爷、大人谕，着查正黄旗历任佐领，何人指俸借银修理官方，查明呈报等谕，遵此，卷查正黄旗佐领贵保于道光三年九月内，指俸借银修理官房，按季扣还，完结在案。自佐领借银以后，至今，正黄旗历任佐领德经庆龄贻恭维祺安贵四格，并未指俸借银修理官房，属实之处，相应呈堂存案备查可也。"② 档案的记载，为各项案件及纠纷的快速解决提供了重要的依据。

（四）移交的其他档案

注销清册。注销清册主要用于核查案件是否办理完毕，确保各衙门的办

---

① 辽宁省档案馆编：《黑图档·嘉庆朝》（3），线装书局 2016 年版，第 234 页。

② 辽宁省档案馆编：《黑图档·道光朝》（49），线装书局 2017 年版，第 33 页。

事效率。清点注销清册，可确保案件得到及时的处理。嘉庆十四年（1809）《盛京内务府为造送嘉庆八年至十三年所有来行事件注销清册等事咨盛京巡察衙门》记载："盛京总管内务府，为咨送事。档案房案呈，嘉庆十三年十二月二十三日，准钦命巡察奉天等处地方太仆寺正堂加九级记录十次多咨开，为咨取案件事。照得巡察衙署倒塌，所有存贮稿案俱被浸污糟烂，本堂无凭查照，相应咨行盛京五部、将军衙门、奉天府府尹并三陵事务衙门、总管内务府，希即派员，所有嘉庆八年巡察行取稿案逐件详细抄录，毋得草率、遗漏，务于三日内咨送巡察衙门，以备查照办理。"[1]嘉庆十九年（1814），盛京将军巡查奉天等地，所有衙门应将注销事件，制成注销清册。《档案房为造送嘉庆十九年来行事件注销清册事呈请咨奉天巡察衙门》记载："档案房呈为咨送事。嘉庆十九年十二月十八日，准钦命巡察奉天等处地方盛京将军宗室晋为咨取事。今本将军奉旨巡查奉天等处一切事务，所有各部衙门应查注销，于嘉庆十四年正月起至十八年十二月底止，此五年注销，于文到日，先行咨送本衙门查核。其十九年正月起，至十二月底止，一年注销务于二十年正月二十二日以前咨送本衙门一并查核，望毋稍延。相应咨行盛京将军衙门、户礼兵刑工五部、内务府、三陵六边事务衙门、奉天府府尹衙门查照办理可也。等因前来。随即遵照来咨，将嘉庆十四年正月起，至十八年十二月底止，所有来行事件造具注销清册共六十一本。再黑牛馆十四年正月起，至十八年十二月底止，所有来行事件造具注销清册共六十一本。并三旗十四年正月起，至十九年十二月底所有来行事件造具注销清册十三本。再黑牛馆十九年正月起，至十二月底止，所有来行事件造具注销清册十三本钤印，呈请咨送钦命巡察衙门可也。"[2]档案房遵照来文，制成注销清册，共计148册。注销清册按照巡察的时间进行移交，每次移交工作以五年作为一个时间节点，将五年间的注销案件整理成册后，进行移交。

---

① 辽宁省档案馆编：《黑图档·嘉庆朝》（40），线装书局 2016 年版，第 169 页。
② 辽宁省档案馆编：《黑图档·嘉庆朝》（45），线装书局 2016 年版，第 305—306 页。

第二节　盛京内务府档案房职官管理职能

从《黑图档》可见，档案房承担着重要且大量的档案保管相关工作。同时有多份档案证明，档案房的职能范围不只限于此，档案房在某些方面还发挥着辅助管理职官的作用。盛京内务府档案房虽主要承担文档工作，但在其日常工作中还负责上属部门一些其他工作，这与其他档案房有所区别。通过《黑图档》中的记载，可以看到盛京内务府档案房还负责官员升迁、调转、拣选等职官管理的工作，同时还承担了一部分祭祀与维修活动。这些工作与盛京内务府的职能密切相关。本节以辽宁省馆藏的《黑图档》为研究依据，分析盛京内务府档案房在执行档案管理工作之外，如何完成职官管理的各项工作。档案房管理职官的职能，包括职官选拔、补送等工作，还包括对职官入职后的日常管理。因此本节以职官任职前后为划分依据，分析档案房在职官管理中所起到的作用。

一、职官任职前

（一）职位补缺

按照清代官制在选拔职官时，需首先把官职定为"缺"。咸丰元年（1851）十月，盛京内务府正黄旗骁骑校的职位需要补缺。《档案房为捡选骁骑校事呈请咨三陵总理事务衙门》记载："档案房呈为咨行事。查本衙门正黄旗骁骑校缺出，照案，应有昭陵正黄旗舅舅、姨娘子孙内章京品级人员入选，已于道光三十年十一月内，行文拣选人员，咨在案。因本府有缺复骁骑校廷弼呈请补缺，随咨行兵部可否准其补用，是以将所送拣选人员咨送三陵总理事务衙门，令其暂行回署当差。今部文已到，该捐复骁骑校廷弼暂时不能补用，相应咨行三陵理事务衙门，将前送到拣选骁骑校之章京品级，景文等五名，文到五日内咨送本府以备拣选可也。"[①] 按照旧有案例，应从正黄旗舅舅、姨娘子孙内挑选章京品级人员入选，因此档案房咨请三陵总理事务衙门，将拣选的章京五名，在文到后五天之内送往盛京内务府，以备选择任用。

---

① 辽宁省档案馆编：《黑图档·咸丰朝》(2)，线装书局 2016 年版，第 78 页。

选用职官时，如果没有捐纳议叙之人，以各班轮流铨选。"考取职官后按照考取名次在考班中依次补用。"①咸丰三年（1853）六月，笔帖式舒镐因病辞退，其职位出现空缺，《档案房为将巴杭阿坐补笔帖式事呈请咨盛京将军衙门》记载："档案房呈为咨行事。卷查府考取候补笔帖式二十四名，于道光十六年，准会计司文开拟定第一名玉衡、第二名何广恩、第三名倭什科、第四名德口、第五名曹成诰、第六名承祥、第七名文魁、第八名靳儒、第九名德润、第十名庆廉、第十一名清格、第十二名得清、第十三名怡和、第十四名王承平、第十五名三音保、第十六名联珠、第十七名罗明柯、第十八名巴杭阿、第十九名巴扬阿、第二十名椿辉、第二十一名恩庆、第二十二名保住、第二十三名徐自扬、第二十四名连喜等因知照前来，坐补各在案。今笔帖式舒镐因病辞退，其所遗之缺，按照名次应补考取第十七名笔帖式罗明柯，但查罗明柯现丁父忧，照例过班，应将考取第十八名笔帖式巴杭阿坐补之处，理合一并声明，咨报总管内务府，咨行盛京将军衙门、户、礼二部可也。"②道光十六年（1836），档案房考取候补笔帖式二十四名，此次职位空缺，按照名次，应补用第十七名罗明柯，但其目前处于丁忧期，因此由第十八名巴杭阿坐补，确定人员后，档案房将补用情况上报总管内务府以及盛京户部、礼部。

同年十月，食俸催长职位需补缺。《档案房为将景星坐补库使事呈请咨总管内务府》记载："档案房呈为咨行事。卷查道光十六年十一月内，本府考取库使三十四名，造册咨送在案，兹于道光十七年六月初一日准总管内务府来文内开照依拟定次序，挨名补用等因，复准前来，随照拟定名次，陆续用至第十二名，嗣于咸丰元年九月内，库使缺出，应将考取第十三名库使景星坐补，但因景星于咸丰元年二月十七日丁忧，是以照例过已，将考取第十四名库使克什布、第十五名库使吉升，第十六名库使福瑞并告降库使郑士保坐补，咨报各在案。今库使承志升授食俸催长，其所遗之缺，照例应降丁忧服满之第十三名候补库使景星坐补之处咨报总管内务府外，暨知照盛京户、礼二部可也，为此具呈。"③咸丰元年（1851），库使职位空缺，道光十六年（1836）

---

① 赵彦昌、樊旭：《从〈黑图档·咸丰朝〉看清代盛京内务府官员的选拔》，《山西档案》2019年第4期，第181页。

② 辽宁省档案馆编：《黑图档·咸丰朝》（10），线装书局2016年版，第399页。

③ 辽宁省档案馆编：《黑图档·咸丰朝》（2），线装书局2016年版，第189页。

十一月，盛京内务府考取库使三十四名，陆续用到第十二名。本应继续补用第十三名景星，但因其丁忧，景星未能坐补。咸丰三年（1853）十月，食俸催长的职位空缺，此时，景星丁忧期已满，应由其坐补，档案房同样将此情况上报总管内务府以及盛京户部、礼部。

（二）记录勤勉职官

从档案的记载来看，档案房在职官补用中起到重要的作用。若某一官员工作勤勉，为表示鼓励，档案房负责将该职官记录下来，待某一职位有空缺时，优先升用。《档案房呈为将顶带领催西蒙额记名事》记载："档案房呈为呈明存查事。奉公爷大人谕，看得正白旗顶带领催西蒙额奉派屡次驰管奏折，均于限内旋省，洵属竭力奋勉，着将顶带领催西蒙额记名，遇有应升缺出，尽先升用以示鼓励等谕，奉此相应呈堂存查可也。"[①]正白旗顶带领催西蒙额因认真、负责地完成了奏折的传递，档案房奉谕，将该佐领名记录，待日后有职位空缺时，立即升用。《档案房呈为苏拉高升等记名存案以备补放甲缺事》记载："档案房呈为记名存案备查事。照得本年二月初十日挑选甲缺时奉公谕，看得排列班次内苏拉曹成浩、张目典于三月二十八日补放，二人尚有出息，着记名，俟有甲丁缺出，即行呈回，俟名补放，相应呈堂存案

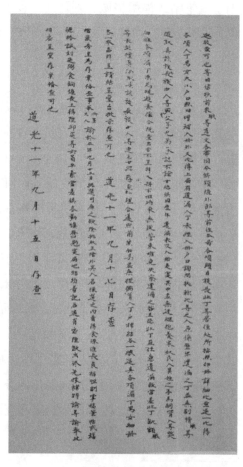

图6-1 《档案房呈为奉旨食俸催长袁福等六员当差勤慎记名尽先升用事》

---

① 辽宁省档案馆编：《黑图档·道光朝》（46），线装书局 2017 年版，第 220 页。

备查可也。"①档案房记录苏拉曹成浩、张目典的名字，待有甲丁缺出时，补放名额。《档案房呈为奉旨掌稿笔贴式核成额当差勤慎京察记名俟服制期满尽先升用事》②同样引证了档案房具有这部分的职能。

道光十一年（1831）九月，档案房上呈勤勉工作的食俸催长、笔帖式等六名官员，将其记录。《档案房呈为奉旨食俸催长袁福等六员当差勤慎记名尽先升用事》记载："档案房呈为存案备查事。奉将军大人谕，于本年九月十三日挑选司库之缺，除挑取正陪外，其入名拣选之内，看的食俸催长袁福恒，副掌稿笔帖式福德格诚、刘廷弼、食饷催长王得升、邱英等六员，平素当差俱各勤慎奋勉，均着记名，遇有应升缺出，尽先授补。"③待日后，职位有空缺时，此六名职官优先补用。

（三）捐复原官

清朝，职官被革职或降级后，可以通过捐纳的方式恢复原职，"捐复，即受到降级或革职行政处分的官员，在一定条件下通过缴纳一定银两恢复其原资、原衔和原翎的制度"④。咸丰元年（1851）五月，《档案房为查询原任骁骑校廷弼因规避差徭被革职捐复原官如何补用事呈请咨兵部》记载："盛京总管内务府咨开为咨行事。档案房呈准盛京将军衙门咨开为咨行事。右兵司案呈，于咸丰元年四月二十八日准兵部咨开，为咨行事。职方司案呈，准盛京总管内务府咨，查本府原任骁骑校廷弼于道光二十八年因规避差徭被参革职，但该员虽经捐复，部咨作何补用之处并未详示，今现有缺出，可否作补，本衙门并无办过成案，相应咨请兵部，希即示复，以便遵办等因前来。"⑤此份档案中提及的盛京内务府原任骁骑校廷弼因规避徭役而被革职，后通过捐复的方式恢复官职。"本衙门并无例案可稽，相应仍咨请兵部指示，或与将军衙门、八旗汉军出缺论之补用，抑或照依内务府三旗出缺论之补用，统俟示复到日，再行遵办可也，为此具呈。"⑥档案房查询原来的案例，并未发现与此类似的案

---

① 辽宁省档案馆编：《黑图档·道光朝》（46），线装书局 2017 年版，第 314 页。
② 辽宁省档案馆编：《黑图档·道光朝》（46），线装书局 2017 年版，第 104 页。
③ 辽宁省档案馆编：《黑图档·道光朝》（46），线装书局 2017 年版，第 105 页。
④ 许颖：《清代文官行政处分程序研究》，博士学位论文，南开大学，2010 年，第 229 页。
⑤ 辽宁省档案馆编：《黑图档·咸丰朝》（1），线装书局 2016 年版，第 328—329 页。
⑥ 辽宁省档案馆编：《黑图档·咸丰朝》（1），线装书局 2016 年版，第 330 页。

例，因此咨询兵部，是否按照将军衙门、八旗汉军或是内务府三旗补缺的方式进行补用。

（四）职官的调转

调补是清代补授官员的一种方法。"官员出缺，以应调之员和对品各员实任官员调转充任。"[1]《档案房为骁骑校际德安福二员互相调转事呈请咨总管内务府》记载：咸丰六年（1856），"档案房呈为咨报事。于咸丰六年十月十一日准总管内务府咨开为咨复事，都虞司案呈准盛京内务府咨称，该处镶黄旗骁骑校安福人老实，该旗差务较繁，正白旗骁骑校际德、人谨慎，该旗差务较简，请将骁骑校际德调转镶黄旗当差，骁骑校安福调转正白旗当差。等因咨行前来。查骁骑校际德、安福二员，既据考核，该调转相宜，应如所之，将该二员互相调转当差，相应咨□盛京内务府查照可也，等因前来。相应将骁骑校际德、安福二员互相调转缘由咨报总管内务府，知会盛京总管将军衙门、户、礼二部可也"[2]。盛京内务府镶黄旗骁骑校安福年岁已高，无法胜任该处繁忙的工作，申请与其对品的职官际德互相调转，并将调补原因上报。

二、职官任职后

（一）职官到任

职官到任时，由档案房将官员的到任日期上报总管内务府并告知盛京其他衙署。《档案房为报署理大臣印务盛京礼部侍郎和色本到任日期事呈请咨总管内务府》记载："档案房呈为咨行事。于咸丰三年九月初十日，将军衙门奏请钦派署理盛京总管内务府大臣印务，于九月二十六日奉到朱批，圈派盛京礼部侍郎和署理，钦此钦遵前来。今署理盛京总管内务府大臣印务，盛京礼部侍郎和于咸丰三年九月二十八日到任之处，咨报总管内务府外，并知照盛京将军、五部、奉天府府尹、学政衙门可也。"[3]咸丰三年（1853），署理大臣印务、盛京礼部侍郎和色本到任，由档案房将到任日期上报。《档案房为报帮办协领杨玉美到任日期事呈请咨盛京将军衙门》记载："档案房呈为咨行事。

---

① 李鹏年等编：《清代六部成语词典》，天津人民出版社1990年版，第7页。
② 辽宁省档案馆编：《黑图档·咸丰朝》（2），线装书局2016年版，第273页。
③ 辽宁省档案馆编：《黑图档·咸丰朝》（2），线装书局2016年版，第188页。

咸丰元年六月初十日准，盛京将军衙门咨开右兵司案呈，咸丰六月初八日准盛京内务府咨开为知照事，档案房案呈准盛京将军衙门咨开为咨行事。右兵司案呈，出派协领庆丰协同内务府三旗佐领办理事务，俟协领庆丰一年期满，再行更换之处，咨报兵部外，咨复盛京内务府查照可也。等因在案。今查协领庆丰于道光三十年六月二十一日到任，本年六月二十一日，年期满，向例呈报。相应知照盛京将军衙门可也，等因前来，相应派出协领杨玉美协调内务府三旗佐领，办理事务，俟杨玉美一年期满，再行更换之处，咨复盛京内务府可也。等因前来。今封帛办领杨玉美于六月二十四日到任之处，知照盛京将军衙门可也。"[1]咸丰元年（1851），协领庆丰到任年满一年，应行更换，出派协领杨玉美协调内务府三旗佐领，办理事务。档案房将杨玉美到任日期通知盛京将军衙门。当官员任职期满时，同样由档案房上报盛京将军衙门。按照定例，档案房需将官员的任职及入职时间上报盛京将军衙门。

（二）职官的考核

考核职官时，有功绩者，均给予议叙奖励。档案房负责将应给予加封官员的职名册、加级记录等档案整理后，交给相关部门。《档案房为逢恩诏造送请领封典之官员职名册事呈请咨总管内务府》记载："档案房呈为咨行事。咸丰三年五月二十七日，准总管内务府咨开，为咨行事都虞司案准，兵部咨称：兵部谨题为钦奉恩诏事。咸丰二年十月十八日恭逢恩诏内开：从前恩诏后，官员有升职、改任及加级改衔者，照其职衔给与封典。钦此。该臣等查定例请封，各官职衔加级，俱以诏下之日，为定给与封典。"[2]"今，此次恭遇恩诏，应封各官应照体定条例，限二年内在京满洲、蒙古汉军、八旗官员内，各该都统在外驻防官员，由各该将军、都统、副都统、城守尉等官，造具应封姓氏清册，并佐领、图记、绿营官员，由各省督抚、提镇将，所属应封各官职名查明，取具印文及同乡官印结，造册送部。"[3]"本衙门将请领封典之文武官员等职名、姓氏，造具汉字清册各二本，加具印结各一纸，呈请咨行总管内务府，希为转行办理可也。"[4]档案房按照所需内容，将应封典官员的职名、姓

---

[1] 辽宁省档案馆编：《黑图档·咸丰朝》（2），线装书局 2016 年版，第 8 页。
[2] 辽宁省档案馆编：《黑图档·咸丰朝》（2），线装书局 2016 年版，第 185 页。
[3] 辽宁省档案馆编：《黑图档·咸丰朝》（2），线装书局 2016 年版，第 187 页。
[4] 辽宁省档案馆编：《黑图档·咸丰朝》（2），线装书局 2016 年版，第 187—188 页。

氏等内容，整理成汉字清册两本。

每逢恩诏时，官员有升职、改任及加级改衔者，按照其职衔给予封典。当官员调任时，由档案房负责通知其原部门，将其在先前职位被授予的加级记录也要转交到下一部门。《档案房为咨取新授佐领承安在京历任加级记录情形事呈请总管内务府》记载："档案房呈为咨查事。新授正黄旗佐领承安由京员外郎升授盛京内务府佐领，所有该员从前在京历任加级纪录之处，本府送到经制册时无凭填写。相应咨行总管内务府希为饬交该管处，将佐领承按历任加级纪录次序年分查明咨复，以便遵办可也。"[①] 正黄旗佐领承安升授为盛京内务府佐领，档案房负责通知其原管处，将其加级记录的情况查明后转交本处。档案房同时负责定期移交官员的加级记录，用于官员的晋升。《档案房为造送武职官员经制册事呈请咨总管内务府》记载："嘉庆八年准兵部咨开，嗣后武职官员每年一次造具经制册，咨送本部备查等因在案，今将镶黄旗佐领岫云、正白旗佐领兆麟并镶黄旗骁骑校安福、正白旗骁骑校际德等之加级纪录造具经制册二本，理合呈请先行咨送兵部查照。"[②] 档案房按照要求，将镶黄旗、正白旗佐领、骁骑校的加级记录整理，制成经制册后，移交给兵部。

（三）转达职官请假

咸丰六年（1856），圆明园笔帖式永常请假省亲，来到盛京，他的父亲为盛京内务府掌图记佐领岫云。假期满无法销假，请求盛京将军呈请续假两月，盛京将军衙转行盛京内务府按照文件内容办事，盛京内务府由档案房上报总管内务府，转交圆明园办理。《档案房为圆明园笔帖式永常来省亲患病恳请续假事呈请咨总管内务府》记载："档案房呈为咨报事。咸丰六年八月初二日堂交，奉堂谕，据具禀员，内务府镶黄旗文瑞管领下，圆明园笔帖式永常为恳恩展假事，本年五月间，职曾在中堂大人前，具呈请假来省，至现任盛京内务府掌图记佐领岫云，职父任所省亲蒙，中堂大人谕，除去返程途赏假一个月，职由京五月二十四日起程，于六月二十四日到省，现今业已假满，应即回京销假当差，奈因职前在途间，感受暑气，又兼，到省水土不服，染患疾病，不能回京销假当差，职再四思维，惟有遵照成例，在本省将军大人台前，

---

① 辽宁省档案馆编：《黑图档·咸丰朝》（1），线装书局 2016 年版，第 351 页。
② 辽宁省档案馆编：《黑图档·咸丰朝》（1），线装书局 2016 年版，第 377 页。

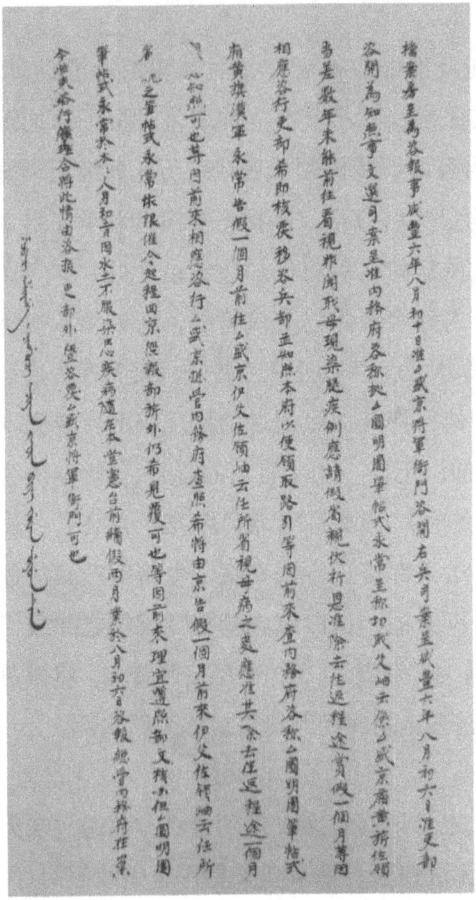

图 6-2 《档案房为圆明园笔帖式永常来省亲患病恳请续假业已咨报事呈请咨总管内务府等》

恳恩呈请续假两月，转行内务府查照。俟病势稍愈，即行回京销假当差，不敢逗留，为此呈请恳恩批准施行等因特交，据此相应咨报总管内务府希为转知圆明园查照办理可也。"① 圆明园笔帖式永常为盛京内务府掌图记佐领岫云的儿子，因此借由盛京内务府档案房将申请延长假期的情况上报总管内务府，圆明园根据请假情况，做出相应处理。除了上报总管内务府，档案房还需报给吏部。《档案房为圆明园笔帖式永常来省亲患病恳请续假业已咨报事呈请咨总管内务府等》记载："圆明园笔帖式永常于本月初二日，因水土不服染患疾病，随在本堂宁台前续假两月，业于八月初六日咨报总管内务府在案，今准奏咨行催理合将此情由咨报吏部外，暨咨复盛京将军衙门可也。"② 档案房除了要上报给总管内务府外，还要上报给掌管文官考课的吏部与盛京将军衙门。

（四）统计官员养廉银

养廉银是清朝的一种财政制度。养廉银是指"火耗归公后增加地方与中央官员的薪俸支出，实行高薪养廉"③。《档案房为盛京佐领三员领过养廉银事

---

① 辽宁省档案馆编：《黑图档·咸丰朝》（2），线装书局 2016 年版，第 260 页。
② 辽宁省档案馆编：《黑图档·咸丰朝》（2），线装书局 2016 年版，第 262 页。
③ 陈光焱：《清代火耗归公和养廉银制度的启示》，《地方财政研究》2009 年第 3 期。

呈请盛京内务府》记载："档案房呈为咨行事。嘉庆二十一年十月内准都虞司咨开由堂抄出，堂交，奉堂谕查盛京佐领三员，每年自正月至六月各应得春季养廉银二百两，七月至十二月各应得秋季养廉银一百两，历年办理在案，着交都虞司即转行盛京总管内务府查照可也，此谕等因抄出，相应咨行盛京总管内务府查照可也，等因在案，查镶黄旗佐领岫云、正黄旗佐领承安、正白旗佐领兆麟俱已领过本年春秋二季养廉银各一百两之处，咨行总管内务府转饬各司查照可也。"①《档案房为盛京佐领三员关领养廉银事呈请咨总管内务府》记载："档案房呈为咨行事。嘉庆二十一年十月内准都虞司咨开，由堂交出，堂交，奉堂谕，查盛京佐领三员，每年自正月至六月，各应得春季养廉银一百两，七月至十二月，各应得秋季养廉银一百两，历年办理在案，著交都虞司即转行盛京总管内务府查照可也，等因在案。今镶黄旗佐领岫云、正黄旗佐领承安、正白旗佐领兆麟，各应领本年秋季养廉银各一百两之处，相应咨行总管内务府，转饬该司查照本衙门印领发给可也。"②盛京内务府收到盛京佐领应领养廉银的堂谕后，档案房上报总管内务府，交由各佐领的所管处，按照来文发放。同时，通过档案也可以看出，盛京三旗佐领的养廉银，每年春、秋两季进行发放，每次发放一百两。

（五）催促官员交粮

档案房还起到催促庄头按时交纳差粮的作用。《档案房呈为严催庄头按限交纳差粮事》记载："档案房呈为存案备查事。道光二十一年十一月二十六日，面奉将军大人谕，查得会计司催办黑牛馆豆石、粟米、烧柴并应交地亩、余租、艮两仓上食辛者库谷粮各有定限例，应年清年款，该督承催并兼司之员催办全完，均得记录一次。历经办理在案。今查仓粮等项，竟有十九、二十两年拖欠，以致仓粮不敷散放，殊属违例之至，着限于十二月十五日，务将两年所欠差徭依限归数完交，如在违限不交，定将承督催分别办理。至于本年十月，开征新差尤宜照例按限交纳，不得仍蹈前辙，任意拖欠，为此特谕等谕奉此，除饬令该会计司催长出票，严饬欠差之各承催，作速实力催

① 辽宁省档案馆编：《黑图档·咸丰朝》（1），线装书局 2016 年版，第 360 页。
② 辽宁省档案馆编：《黑图档·咸丰朝》（2），线装书局 2016 年版，第 169 页。

111

令庄头等务必遵谕，按限完交外，理合呈堂存案备查可也。"① 每年会计司按照定例征收黑牛馆等处粮食，在道光二十一年（1841），经查发现拖欠仓粮，由档案房发文催促拖欠庄头按时交纳差粮。咸丰五年（1855），档案房查得庄头王常刚等人拖欠交纳的各项银粮，情形十分严重。"相应呈请按例应将庄头斥革，照例票谕该庄亲族人等遵照例限接充，其拖欠各项银两，俟亲丁接充庄头时，将伊按年拖欠全行交纳完竣，方准袭替庄头之缺，其现年应交各项钱粮仍令王福昭等五人勒限赶紧催办，当堂交纳，如王福昭等按限交纳不齐，定行责戒，具会计司达他收纳各项差徭账簿参差新陈，亦有不合，着将该司催长福德、崔正各记大过一次，以是薄□，可否如斯办理之处，职等不敢擅便，伏候堂台批示，遵行回明。奉将军大人谕，王常刚既已折服具供，实系欠差，着即照例革退，职等奉此相应具稿，将王常刚庄头呈明照例办理可也。"② 庄头的补授实行亲属继承的制度，革退庄头王常刚后，由其继任庄头，替其亲属交纳拖欠钱粮。在调查过程，档案房发现会计司等部存在大的过错，呈请盛京将军革退庄头王常刚的同时，将会计司催长福德、崔正各记大过一次。这份档案内，档案房呈请革退情形严重的庄头，同样印证了档案房在职官管理方面的重要作用。

咸丰二年（1852），盛京内务府及佐领经过核对后发现，蜜丁黄金喜等人利用旧有纳差票，领取差银的情况，档案房派员催促该蜜丁等人将所欠差银上交。《档案房为派员严催蜜丁交纳欠银事呈请咨盛京将军衙门》记载："档案房呈为咨行事。据协同稽查内务府事务协领杨玉美同掌图记佐领岫云、佐领兆麟、佐领承安禀称，查得内务府正白旗蜜丁纳差旧规共票九十九张，每票交春差银二两，秋差银四两。除解京及买蜜饯果品外，余者具归集差充公，由来久矣。众丁照票纳差，并无异议，忽于上年秋见，有蜜丁黄金喜等六名赴署呈恳减差递出，早年都虞司催差旧票一纸，载有蜜丁应交折色并杂差各色项银数上有戳记，未注年分，核其银两比之应交之数较少，故此众蜜丁以旧票开载银数。"③ "堂台专派催长王永起、顶带领催解元押代蜜丁等赴乡催差，

---

① 辽宁省档案馆编：《黑图档·道光朝》（48），线装书局 2017 年版，第 250 页。
② 辽宁省档案馆编：《黑图档·咸丰朝》（10），线装书局 2016 年版，第 97 页。
③ 辽宁省档案馆编：《黑图档·咸丰朝》（10），线装书局 2016 年版，第 6 页。

乃众丁仅交春差，将敷解京钱粮之用。"① 专门差派催长等职官前往该蜜丁处，催促其交齐所欠银两，以缓解京城钱粮之用。

（六）职官进出关管理

1. 发给车价银两

咸丰元年（1851），中书彝伦、伦叙两位官员前往盛京内务府篆刻玉宝的满文，在工作完成后，由档案房发文呈请二人返京的车辆。《档案房为中书彝伦等恭篆玉宝清文完竣返京雇觅车辆事呈请咨奉天府尹衙门》记载："档案房呈为移请事。咸丰元年十一月初一日，接准内阁满本堂为差竣回京咨行车辆事。前经本堂，奏派中书彝伦、伦叙二员前赴盛京恭篆玉宝清文，现因篆写校对事毕，差竣回京援照道光元年例回京时，每员需用四套壮车各一辆，相应咨行盛京总管内务府衙门查照办理可也，续准造办处为咨行差竣回京，请领车辆事，前经本处由京内派出官员二员、匠役十四名，前往盛京。恭镌玉宝于本年八月二十日在馆，遵吉时开工，逐日敬谨镌刻，现于十月底，业经完竣妥协，查援照道光元年例，回京时需用大车七辆，相应咨行盛京总管内务府衙门查照办理可也，等因前来。查照道光二年案，改镌玉宝之官员、玉匠等回京，照依来时，由顺天府咨取大车十辆之例，仍得大车十辆，由地方官代为雇觅等。奉天府尹衙门转饬承德县，预期备办，俟玉宝告成，该员等定有起程日期，咨行本衙门领取车价银两，照例发给，等因在案。前于十月间，翰林院编修胡差竣回京，需用大车一辆，曾经先行移付贵县预备，其车价银十九两四分，由本衙门领取。"② 由奉天府尹要求承德县负责筹备两位职官及匠役回京的车马，档案房则负责按照旧例发给两位职官车价银两。

2. 发给出关口票

盛京、吉林、黑龙江等处官兵、闲散人等出关需由该处将军呈报兵部，由兵部发给口票。《盛京将军衙门为官兵人等来京置买人口均需有将军咨文兵部发给出关口票事咨盛京内务府》记载："查定例，盛京、吉林、黑龙江等处官兵、闲散人等来京，该地方大臣、官员给与印票、守口官查验放行，如有来京买人者，填明男女口数，具呈该将军咨报兵部，准其买人，所买之人仍

---

① 辽宁省档案馆编：《黑图档·咸丰朝》（10），线装书局 2016 年版，第 7 页。
② 辽宁省档案馆编：《黑图档·咸丰朝》（2），线装书局 2016 年版，第 95 页。

报明兵部查核，与原咨数目相符，准其带回，于口票内填明。"①出关口票的发放需上报兵部，并需填明进出关的实际人数，以备核对。盛京维修宫殿，有时需任用关内的匠役，在修缮工作结束后，这些人等入关应由兵部给发口票，往返进关使用，档案房负责盖印。《档案房为缴回修葺福陵隆恩殿等匠役入关需用盛京佐领图记口票事呈请咨钦工处》记载："今本应工修，各工将咨告竣，本工堂司各官及书吏各作匠役人等，陆续进关，相应片行贵府转饬钤用佐领图记空白口票十六张，于三日内咨送本工，以便临时填写，进关可也等因前来，本衙门随即钤用佐领图记空白口票十六张，咨送钦工处查照，以备进关后，即将图记口票十六张咨交本府查销可也。"②盛京内务府档案房将空白口票钤印佐领图记，其余内容由兵部填写。在工程结束后，档案房收回图记口票，并进行查销。

第三节　盛京内务府档案房物品管理职能

一、档案房对笔墨纸张的管理

空白公文纸张和笔墨都是档案房在日常管理中不可缺少的物品，也是档案房在物品管理中的一个主要部分。其侧面反映了档案房管理文书档案的职能。

（一）空白公文纸张管理

1. 钤印空白公文纸张

《黑图档》可以看到档案房负责在空白公文纸盖好印，供各衙门在封印期间使用。同时，在开印后，档案房负责销毁未使用的空白印纸。而纸张管理主要分为三个环节：空白公文纸盖印、分发给各部门、销毁空白纸张。为方便在封印期间办公，避免工作延误，档案房需要在封印前，将文书上预先盖上印章，供各衙门填写具体内容。如道光二十三年（1843）十二月十四日的《档案房呈为预用印信钤印空白纸张事》中提到："档案房呈为预用印信空白

---

① 辽宁省档案馆编：《黑图档·嘉庆朝》（25），线装书局 2016 年版，第 87 页。
② 辽宁省档案馆编：《黑图档·咸丰朝》（2），线装书局 2016 年版，第 21 页。

纸折十三张，相应存案备查事。"①佐证了档案房需要于年底封印前承担钤印空白纸张的职责。而这里的"存案备查"为年后的销毁核查提供了依据。

2. 向各部门分发空白公文纸张

其他部门在封印期间，可以去档案房关领所用空白公文纸张，以应对紧急事件，体现了常态与非常态结合的原则。如道光二十一年（1841）十二月二十七日的《档案房呈为关领续赈米石动用预用空白公文纸张事》中也记载道："查镶黄旗应用续赈印领二张。正黄旗应用续赈印领一张。正白旗应用续赈印领一张。掌仪司应用续赈印领一张。会计司应用续赈印领一张。内管领应用续赈印领一张。共计七张，俱系动用预用空白纸张。"②该内容体现了档案房将钤印好的纸张分发给在"续赈米石"中各个主事的衙门，以供他们使用。也侧面反映了道光二十一年的封印时间早于十二月二十七日。同时，结合道光二十一年十二月十六日的《档案房呈为送空白公文纸到堂钤印事》这件档案，可以推测道光二十一年时档案房封印的时间介于十二月十六日与二十七日之间。

3. 销毁钤印空白公文纸张

为了防止已有钤印的纸张被挪作他用，产生贪污舞弊等现象，每年年初（通常为正月中下旬）开印之后，需要对上年年末钤印的空白纸张进行销毁。通常情况下，需要根据之前存案的钤印纸张数量和在封印期间已发放纸张数量，核对剩下的钤印空白纸张的数量，然后对其进行销毁。我们将嘉庆、道光、咸丰三朝涉及销毁钤印空白纸张相关档案的时间进行统计，得到表6-1，可以看出档案房为销毁钤印空白纸张事的发文时间主要集中于正月中下旬的二十日左右，总体的时间比较稳定。

表6-1　档案房为销毁钤印空白纸张事相关档案时间统计表

时　　间	数　量（张）
正月十九日	7
正月二十日	5
正月二十一日	2

①　辽宁省档案馆编：《黑图档·道光朝》(48)，线装书局2016年版，第370页。
②　辽宁省档案馆编：《黑图档·道光朝》(48)，线装书局2016年版，第269页。

时　间	数量（张）
正月二十二日	1
正月二十三日	1
正月二十五日	1
正月××日	4
总计	21

表6-1涉及的二十一件档案中，唯一一件汉文档案《档案房呈为销毁预用钤印空白纸张事》中记载："档案房呈为应销预用印信空白纸张，相应呈堂存案备查事。"① 这件档案就体现了根据立档存案和封印期间领走的纸张数量，核查应该销毁的钤印空白纸张。

（二）笔墨与心红纸张管理

我们对《黑图档》中所有和笔墨与心红纸张管理相关档案内容进行统计，得到表6-2。经过分析可知，档案房一般于每年正月，从盛京工部领取新的一年抄写档案所需要的笔墨和心红纸张。

表6-2　请领笔墨与心红纸张相关档案内容

时间	请领笔墨事	请领心红纸张银两事
咸丰元年（1851）正月二十日	"档案房呈为咨行事。查得本衙门年例，抄写档案需用笔六十支、墨九两，相应咨行盛京工部，查照本衙门，印领发给可也。为此具呈。"②	"档案房呈为咨行事。查得本衙门应领咸丰元年心红纸张等项折银二两三钱四分二厘三毫一丝五忽五微，照例咨行盛京户部，查照本衙门，印领给发可也。为此具呈。"③
咸丰二年（1852）正月二十日	"档案房呈为咨行事。查得本衙门年例，抄写档案需用笔六十支、墨九两，相应咨行盛京工部，查照本衙门，印领发给可也。为此具呈。"④	"档案房呈为咨行事。查得本衙门应领咸丰二年心红纸张等项折银二两三钱四分二厘三毫一丝五忽五微，照例咨行□□京户部，查照本衙门，印领发可也。为此具呈。"⑤

---

① 辽宁省档案馆编：《黑图档·道光朝》（48），线装书局2017年版，第133页。
② 辽宁省档案馆编：《黑图档·咸丰朝》（9），线装书局2016年版，第343页。
③ 辽宁省档案馆编：《黑图档·咸丰朝》（9），线装书局2016年版，第343页。
④ 辽宁省档案馆编：《黑图档·咸丰朝》（10），线装书局2016年版，第3页。
⑤ 辽宁省档案馆编：《黑图档·咸丰朝》（10），线装书局2016年版，第3页。

时间	请领笔墨事	请领心红纸张银两事
咸丰三年（1853）正月十九日	"档案房呈为咨行事。查得本衙门年例，抄写档案需用笔六十支、墨九两，相应咨行盛京工部，查照本衙门，印领发给可也。为此具呈。"①	
咸丰六年（1856）正月××日	"档案房呈为咨行事。查得本衙门年例，抄写档案需用笔六十支、墨九两，相应咨行盛京工部，查照本衙门，印领发给可也。"②	"档案房呈为咨行事。查得本衙门应领咸丰六年心红纸张等项折银二两三钱四分二厘三毫一丝五忽五微，照例咨行盛京户部，查照本衙门，印领发给可也。"③
咸丰七年（1857）正月××日	"档案房为咨行事。查得本衙门年例，抄写档案需用笔六十支、墨九两，相应咨行盛京工部，查照本衙门，印领发给可也。"④	"档案房呈为咨行事。查得本衙门应领咸丰七年心红纸张等项折银二两三钱四分二厘三毫一丝五忽五微，照例咨行盛京工部，查照本衙门，印领发给可也。"⑤

1. 笔墨管理

咸丰年间的档案房一般领取六十支笔、九两墨。而其他朝代缺少记载相关内容的档案，具体数额目前尚无法考证。

2. 心红纸张管理

"在清朝的行政和财政体制内，直省及其各级衙署除为数甚少的心红纸张与烛炭银外，未设专项办公经费定额。"⑥ 即档案房领取的心红纸张实质上指的是档案房的办公经费。

由涉及请领笔墨与心红纸张的档案得知，档案房请领笔墨与心红纸张的时间、发文时间基本都是一致的，一般位于正月下旬，并早于销毁钤印空白纸张。具体数额有档可查，在这几年间没有发生变化。

---

① 辽宁省档案馆编：《黑图档·咸丰朝》（10），线装书局2016年版，第279页。
② 辽宁省档案馆编：《黑图档·咸丰朝》（12），线装书局2016年版，第3页。
③ 辽宁省档案馆编：《黑图档·咸丰朝》（12），线装书局2016年版，第3页。
④ 辽宁省档案馆编：《黑图档·咸丰朝》（12），线装书局2016年版，第255页。
⑤ 辽宁省档案馆编：《黑图档·咸丰朝》（12），线装书局2016年版，第255页。
⑥ 关晓红：《晚清直省"公费"与吏治整顿》，《历史研究》2010年第2期。

二、档案房对米豆差粮的管理

档案房除了笔墨纸张管理外，对米豆差粮的管理也是其物品管理职能中的一项重要部分。主要包含发放赈济物品和管理与官员相关的米豆差粮两个方面。

（一）发放赈济物品

康乾盛世之后，人口大量增长，开垦了大量耕地，对自然环境的利用程度提高。东北地区生态环境遭到破坏，自然灾害的数量明显增多。"面对严重的灾害，百姓生计难以维持。清政府积极展开救助，逐渐形成了一套较为完善的赈灾路径，以期帮助百姓维持正常的生活。"[1] 在赈灾过程中，档案房也发挥了一定的协助作用。

在赈灾过程中，档案房主要是协助发放赈济物品，而每次赈济物品有所不同，"按照赈济的物品分，也可以分为赈粮米、赈银以及银米兼赈"[2]。在《档案房为金州等界遭灾欠旗人关领赈济银米事呈请咨盛京将军衙门》中记载："今岁查金州、复州二城界被灾五、六分，正身旗人大口八万八千八百三十三名口，小口一万一千九百六十名口，应领初赈一月口米，业由各城旗民仓动拨关领……并辽阳牛庄本城等界田禾歉收，分别轻重。轻者均给一月抚恤口米，自应放给本色米石；重者抚恤两月，亦照例银米兼赈"[3]，体现了档案房协助官府向那些由于遭遇自然灾害，庄稼歉收而受灾的旗民，发放赈济的银米。同时实行差异化管理，分别轻重与大小口，轻者和重者、大口和小口，并有不同的赈济办法。

（二）管理与官员相关的米豆差粮

1. 催促官员交纳差粮

催促官员交纳差粮主要为催促庄头交纳差粮。这部分职能与档案房职官管理职能存在部分重合。道光二十一年（1841）的《档案房呈为严催庄头按限交纳差粮事》记载道："著限于十二月十五日，务将两年所欠差徭役依限归

---

① 赵彦昌、王依凡：《〈黑图档·嘉庆朝〉所见清代东北自然灾害书写及政府赈灾路径》，载赵彦昌主编：《中国档案研究》（第九辑），辽宁大学出版社 2021 年版，第 34—46 页。

② 赵彦昌、高雅婷：《〈黑图档·道光朝〉所见清代东北地区自然灾害书写》，《浙江档案》2020年第 6 期。

③ 辽宁省档案馆编：《黑图档·咸丰朝》(10)，线装书局 2016 年版，第 271 页。

数完交，如在违限不交，定将承督催分别办理。"① 这里强调了根据对档案内容进行核查，发现有庄头拖欠差粮，档案房发文勒令其立刻交纳差粮。

而不交纳差粮的官员则会受到相应惩罚。咸丰五年（1855）十月的《档案房为王常刚代办钱粮一案传取掌责刑并用刑人役事》中记载了："前因王常刚一味狡展，是以回明传掌责之役，奉堂谕着传承德县职等，奉此随传该县。据该县来文内称：为移覆事案，准贵衙门移取掌责刑具，并用刑人役审办案件。等因准此县查。内务府系宫殿重地，若用刑具拷审案件，必须请用堂印扎取，方可详送。拟合备文移覆为此，合移贵衙门，查照须至移者，查本署虽在大内，遇有审办事向在武功坊外另有办分处，所相应呈明，在行印片传唤可也。为此具呈。"② 而咸丰五年十一月的《档案房为革退拖欠差银庄头王常刚事》中记载了："王常刚既已折服供，认欠钱三千余吊，本应革退且又累次渎控，实属胆大狡展。相应呈请，按例应将庄头斥革，照例票谕该庄亲族人等遵照例限接充，其拖欠各项银两，俟亲丁接充庄头时，将伊按年拖欠全行交纳完竣，方准袭替庄头之缺，其现年应交各项钱粮，仍令王福昭等五人勒限赶紧催办，当堂交纳，如王福昭等按限交纳不齐，定行责戒。"③ 结合以上两件档案，可知由于拖欠钱粮，王常刚被革退庄头官职，并且遭受刑罚。在此之后，由其亲属王福昭继续交纳拖欠钱粮。其如果不能交纳差粮，也会受到责戒。

2. 就近关领饷（俸）米

档案房在官员发放俸禄的过程中，需要帮助官员协调关领饷（俸）米地点。如果居住地点与关领饷米相距过远，可以通过档案房进行协调。在嘉庆十九年（1814）的《档案房为库使徐自振呈请就近关领饷米事呈请盛京户部》中记载："据库使徐自振呈称，呈为恳恩就近关领饷米事。窃职附近牛庄居住，距省城远不能相及。恳将职每季应领饷米十五斛一斗，接例拨在牛庄仓就近关领，以备养赡家口。伏祈恩准施行，实为德便等情。呈递前来。查得库使徐自振应领饷米，向在省城旗仓关领苐顾，实在附近牛庄仓居住。其应

① 辽宁省档案馆编：《黑图档·道光朝》（48），线装书局2016年版，第250页。
② 辽宁省档案馆编：《黑图档·咸丰朝》（11），线装书局2016年版，第261页。
③ 辽宁省档案馆编：《黑图档·咸丰朝》（15），线装书局2016年版，第97页。

领饷米自本年八月季起，按季应照例拨在就近旗仓关领。"① 这件档案记录了饷米以前发放在省城，但是库使徐自振居住位置距离省城遥远，希望通过恳请盛京户部就近牛庄关领饷米，档案房对相关情况进行核查并上报真实情况。咸丰二年（1852）《档案房为笔帖式祥麟请将俸米拨在牛庄旗庄就近关领事呈请咨盛京户部》中也记载了："据笔帖式祥麟呈称，呈为恳祈将俸米拨仓事。切职系附近牛庄居住，情顾将职俸米拨在牛庄旗仓就近关领，以备养赡家口等情呈递前来，相应咨行。盛京户部先行转饬，牛庄旗仓领发给。俟本衙门造送俸饷之际，毋内再行声明可也。为此具呈。"② 笔帖式祥麟由于居住在牛庄附近，通过档案房来恳请盛京户部将俸米拨在牛庄。这两件档案体现了档案房帮助官员更改关领饷（俸）米地点，是其在物品管理过程中的中转职能的体现。

　　3. 造送官员俸饷米豆

　　档案房管理与官员相关的米豆差粮工作中，很重要的一部分就是要协助造送官员俸饷米豆。在咸丰二年的《档案房为造送官员关领秋季俸饷米豆事呈请咨盛京户部》，记载了："档案房呈，为关领俸饷米豆事，本年秋季应领俸米。佐领三员，各应领俸米五十二斛二斗五升；堂主事一员，应领俸米三十斛；食六品俸内管领一员，应领俸米三十斛；六品司库二员，各应领俸米三十斛；九品委署主事一员，应领俸米十斛二升八合五勺；九品催长五员，各应领俸米十六斛二升八合五勺；七品笔帖式一员，应领俸米十六斛二斗五升；八品笔帖式五员，各应领俸米十四斛；九品笔帖式九员，各应领俸米十斛二升八合五勺，共应领俸米五百四十四斛四斗二升七合五勺。于道光三十年十二月内，准盛京户部来文。内开仓存豆石较多，请将食俸官员应领米内抵放豆一成，共应俸米四百九十斛零一斗八升四合七勺五抄，豆五十四斛二斗四升二合七勺五抄。再食饷米库使十六名，各应领饷米十五斛一斗，共应领饷米二百四十三斛一斗。以上通共应领俸饷米七百三十三斛二斗八升四合七勺五抄，豆五十四斛二斗四升二合七勺五抄。相应将各员职名及应领俸饷

_____

①　辽宁省档案馆编：《黑图档·嘉庆朝》(44)，线装书局 2016 年版，第 405 页。
②　辽宁省档案馆编：《黑图档·咸丰朝》(10)，线装书局 2016 年版，第 236 页。

米。"① 在秋季俸饷米豆关领中，不同级别、不同官职的官员领取数量不一的俸饷米豆。而在统计完具体数据之后，档案房协助盛京户部进行各员职名与应领俸饷米豆数目和通共数目的核对与审计。

三、档案房对维护宫殿相关的物品管理

沈阳故宫包含一系列珍贵的建筑群，因而在沈阳故宫的管理中非常注重防火、及时修葺受损宫殿。档案房在这个过程中发挥了对物品管理的职能。

（一）宫殿附近柴薪与花炮管理

因为古代宫殿主要为木制，一旦起火，后果惨重，所以相关各部门非常重视防火工作，尤其是在每年年末。在防火这方面，《黑图档》关于档案房的档案中也有很多相关记载，主要体现为禁止堆积柴薪和擅放花炮。例如，在嘉庆十二年（1807）十二月十二日的《档案房为宫殿附近严放堆积柴薪等事呈请咨盛京将军等衙门》记载了："宫殿重地关系紧要，附近居住旗民、铺户人等各宜小心火烛，不得任意堆积柴薪，且现值年节，附近居住旗民人等，难免任意混放火炮。不以火烛为事者着严行。"② 而在咸丰元年（1851）十二月十四日《档案房为宫殿附近严禁堆积柴薪擅放花炮等事呈请咨盛京将军衙门》也提到："宫殿重地关系紧要，附近居住旗民、铺户人等各宜小心火烛，不得任意堆积柴薪，且特值隆冬，柴草干燥。……晓谕旗民地方官不特稽查，倘有此等堆积柴薪，不以火烛为事之人，即锁拿严行治罪外，仍将地方官一并重处等谕。奉此。相应行文……堆积冰雪、粪土，打扫洁净可也。"③ 这两件档案中都明确提到了在隆冬时节，为了防火，档案房辅助传达禁止在宫殿附近堆积柴薪、擅放花炮，打扫宫殿附近的冰雪与粪土的指示。值得注意的是，此类档案的发文日期多在十二月中旬，春节前的隆冬时节，柴草干燥，又正值年关，所以成为防火的重点时期。同时，"仍将地方官一并重处"体现了对宫殿附近防火的重视与防火工作的严格要求。结合两朝的档案来看，嘉庆朝更加注重强调禁止混放火（花）炮，而咸丰朝更加注重强调严禁堆积

---

① 辽宁省档案馆编：《黑图档·咸丰朝》（10），线装书局 2016 年版，第 91—92 页。
② 辽宁省档案馆编：《黑图档·嘉庆朝》（39），线装书局 2016 年版，第 310 页。
③ 辽宁省档案馆编：《黑图档·咸丰朝》（2），线装书局 2016 年版，第 117 页。

柴薪。

而严禁堆放柴薪同样可能是出现在其他情况下的要求，如咸丰元年（1851）六月的《档案房为宫殿周围严禁堆放柴薪事呈请咨盛京户部等》提到："宫殿重地最关紧要，兹值修理继思斋等处工程，所有木植在西华门外开锯。除饬本衙门，该班官员领催兵丁等严行稽查，阻拦闲杂人等，禁止穿朝往来行走外，相应知照盛京工部，转饬并知照盛京将军衙门府尹，转饬附近宫殿周围居住旗人等，毋得堆积柴薪。"① 这件档案反映了由于宫中修理继思斋等处，要特别注意防火等问题，所以档案房发文严禁宫殿附近堆放柴薪。这又与档案房协助出派官员跟工照管物料相照应。

（二）对与修葺破损宫殿相关物料的管理

档案房除了要在每年年底协助宫殿防火外，还需要协助对盛京皇宫建筑修葺物料进行管理。如咸丰元年（1851）五月的《档案房为派员看管承修继思斋物料事呈请咨盛京工部》中记载了："请钦派大臣承修盛京宫内继思斋等四处，移咨前来查。向来本衙门每逢修工之际，应派跟工看活照料开门放匠之官员、执事人等，在工行走之处……出派营造司官员、执事人等跟工看活照管物料，放匠开门、启闭各门，严禁火烛。"② 这件档案清晰地体现了在咸丰元年继思斋承修中，档案房协助出派官员跟工照管物料。而《档案房为派员估修文德武功坊瓦片脱落工程事呈请咨盛京工部》记载："文德、武功二坊牌楼头停脊兽瓦片间有脱落。椽望升斗间有糟朽，通天柱八根、抢木十六根、门十二扇，俱已糟朽、损坏。油饰爆裂，门栓、铁判俱已损坏。地脚沉陷，条石走错。"③ 这件档案则体现了档案房协助估修已经破损的文德、武功二坊的牌楼。综合以上两件档案，可以看出档案房在宫殿修葺前与修葺中都发挥着协助管理物料的作用，体现了档案房管理的连续性。

四、其他物品管理职能

除了以上三种主要职能外，档案房还具有协助其他机构，管理其他物品

---

① 辽宁省档案馆编：《黑图档·咸丰朝》（9），线装书局2016年版，第448页。
② 辽宁省档案馆编：《黑图档·咸丰朝》（9），线装书局2016年版，第433页。
③ 辽宁省档案馆编：《黑图档·咸丰朝》（10），线装书局2016年版，第13页。

的职能。

（一）对迎接皇室档案所需物品的管理

种类繁多的皇宫档案被尊藏在盛京故宫的不同宫殿。"皇帝的圣容、御宝尊藏在凤凰楼中，皇帝皇后的玉册、玉宝尊藏在太庙中，玉牒尊藏于敬典阁，实录、圣训等尊藏于崇谟阁"①。而在皇室档案尊藏到盛京故宫具体的宫殿之前，档案房需要协助盛京礼部对恭接过程中所需的物品提前备办，如棕毯、彩亭、车辆等。

在《档案房为恭接圣容应领棕毯事呈请咨盛京礼部》中，就提道："此次恭接圣容，搭盖天桥一座。除先行派员敬谨搭盖外，至棕毯一节。咨复盛京总管内务府，希将棕马预先领出，知照本部，以备纵连，免致临期铺设贻误可也。等因前来。随出派催长庆凯。俟工部搭盖天桥时，量明丈尺应用棕毯，若再行出具印领，前赴贵部领取，以备铺设。"②这件档案体现了为恭接圣容需要盛京工部搭盖天桥，由盛京礼部根据天桥大小，量明棕毯尺寸并制作。而《档案房为恭接玉宝备办彩亭各项事呈请盛京将军衙门等》记载："盛京内务府遵照道光二年成案敬谨预备可也。等因前来。今改镌玉宝告成，于十一月初六日午时恭请。其应行预备俱照依本能八月二十日请至玉宝馆之例应用，之导引龙旗御杖、提炉各一对，铺设地面棕笃五块，及抬升彩亭之校尉并校尉所穿之驾衣，咨行盛京礼部预备，并恭请玉宝之彩亭四座、彩绸四匹。咨行盛京工部预备。其彩亭，前引、后护官员咨行盛京将军衙门出派先期预备，勿致临期有误。相应开录、粘单，知会盛京将军衙门，户、礼、兵、刑五部可也。"③这件档案则体现了档案房恭接玉宝，协助备办四座彩亭、四匹彩绸等物品，并咨行盛京将军衙门先期预备玉宝的前引、后护官员。从以上两件档案可以看出，为恭接皇室档案需要档案房协助准备的物品种类和数量都是比较多的。

（二）对书籍、画册等的管理

档案房物品管理所涉及的书籍、画册等也是比较丰富的，包含册宝位次

---

① 王依凡：《〈黑图档〉所见盛京礼部职能研究》，硕士学位论文，辽宁大学，2021年，第28页。

② 辽宁省档案馆编：《黑图档·咸丰朝》（2），线装书局2016年版，第58页。

③ 辽宁省档案馆编：《黑图档·咸丰朝》（2），线装书局2016年版，第94页。

图、时宪书、图贴等。例如，咸丰三年（1853）的《档案房为绘送尊藏册宝位次图奏请钦定事呈请咨总管内务府》记载了："盛京太庙正殿三间，正中一间北面向南供俸：太祖高皇帝、孝慈高皇后、太宗文皇帝、孝端文皇后、孝庄文皇后、世祖章皇帝、孝惠章皇后、孝康章皇后宝册各一份。西一间北面向南供俸：圣祖仁皇帝、孝诚仁皇后、孝昭仁皇后、孝懿仁皇后、孝恭仁皇后宝册各一份。"① 该位次图清晰准确地记载了不同皇帝、皇后的册宝的位置及数量。

时宪书指历书，俗称为皇历。明清两朝由钦天监每年颁布施行。在清代，"朝廷结合西方日历，由钦天监每年制作出一部时宪书颁行天下"②。《黑图档》中可查的两份档案显示档案房在年中六月，从钦天监承领时宪书。《钦定大清会典事例（嘉庆朝）》中记载："每年二月初一日，进呈来岁《时宪书》式。御览毕，翻译刊印。四月初一日，咨呈兵部。由驿递各省布政使司书式各二本，一本用印存司署，一本不用印，照式刊刻，钤钦天监《时宪书》印，至期颁发本省。"③ 这清晰体现了位于盛京的档案房获得《时宪书》时间较晚。

而《档案房为知照崇谟阁上层安设金龙柜尺寸图贴说样事呈请咨盛京将军衙门》记载，"现将现定章程，并安设金龙柜若干座，丈量尺寸，画图贴说，知照本馆再查"。④ 表明档案房在管理皇室档案之外，也参与接收皇帝圣旨、金龙柜图贴说等。

总之，档案房无论是完成自身文档管理的职能，还是辅助完成职官管理，都能够细致、认真地按照要求执行。通过《黑图档》，可以发现档案房虽为一个地方档案管理部门，但其在盛京内务府乃至整个盛京地区承担着重要的职责，为盛京地区乃至京城一些工作的正常运转，提供了不可替代的辅助。通过上述对盛京内务府档案房职能的分析，我们可以看到其在盛京内务府中所起到的重要作用，虽其他史料中罕有盛京内务府档案房的记载，但从辽宁省

---

① 辽宁省档案馆编：《黑图档·咸丰朝》（2），线装书局 2016 年版，第 155 页。
② 董乾坤：《晚清生员的技术性知识与传统乡村社会——以胡廷卿家庭收支账簿为核心》，《中国社会经济史研究》2021 年第 1 期。
③ （清）托津等纂：《钦定大清会典事例（嘉庆朝）》，上海古籍出版社 1995 年版，第 4262—4263 页。
④ 辽宁省档案馆编：《黑图档·嘉庆朝》（39），线装书局 2016 年版，第 310—311 页。

档案馆藏《黑图档》的记载来看，档案房在完成其五项基础工作的过程中，能够在按照要求抄写档案、保管大量档案、定期移交档案的同时，又为各种史籍的纂修提供大量的参考资料，为案件的合理解决提供重要依据，档案房承担着重要且大量的工作。在研究中，我们又发现档案房在笔墨、米豆差粮、宫殿附近柴薪与花炮、迎接皇室档案所需物品管理等方面都发挥了不可替代的作用。同时，从时间上看，嘉庆朝物品管理职能主要体现为造报与销毁钤印空白公文纸张、禁止堆积柴薪与擅放花炮。道光朝档案房职能在此基础上有了一些拓展，增加了对迎接皇室档案所需物品的管理等。而咸丰朝档案房物品管理的相关职能最为丰富，又增加了笔墨与心红纸张、皇室书籍与画册等相关物品的管理。纵向来看，在这三个朝代，档案房物品管理相关档案数量递增、职能愈加丰富。

第七章 清代沈阳城市记忆之档案馆——崇谟阁

崇谟阁位于沈阳故宫博物院中路建筑群西所的北端，它建成于乾隆十三年（1748），通高 17.22 米，长 15.44 米，宽 15.28 米，是一座坐北朝南的歇山重檐 11 檩双步廊式建筑。"阁的底层除南侧设棱窗，其他三面均为满砌青砖，给人以坚实牢固之感……二楼四周成围廊，廊外有一米多高的木质栏板……在重檐的明间正中，悬挂着满汉合璧金线斗匾一块。其匾蓝底金字，左书满文，右书汉文'崇谟阁'三个大字，光彩夺目……阁顶满铺黄琉璃瓦，嵌绿色剪边，大屋顶镶五彩琉璃脊，飞檐斗拱彩画……"①。作为清代皇家档案馆的典型代表，无论是从建筑整体的高耸雄伟，还是从内部装饰的华美阔绰来说，无一不显示着崇谟阁对于清代皇室的重要性。1961 年，国务院将其确定为国家第一批全国重点文物保护单位。

第一节 崇谟阁的建造

1644 年，清朝统治者迁都入关，但作为清朝发祥之地，盛京的政治地位却没有受到丝毫影响，甚至被清朝的历任统治者尊为"龙兴之地"。盛京五部、盛京将军衙门、盛京内务府等诸多国家行政机构依然在此运转，不仅如此，为彰显盛京旧宫的崇高地位，紫禁城内的不少珍宝奇玩、名贵字画等也会被送往盛京宫殿存储收藏。

乾隆八年（1743），乾隆皇帝传旨命将开国以来的历朝实录、圣训以满、汉文各重抄一份，送往盛京尊藏。实录，是每一朝的皇帝逝世后，由其继位者组织官员大臣根据档案材料的记载，按编年体的形式，对帝王在位期间重

---

① 白洪希：《崇谟阁与〈满文老档〉》，载阎崇年主编：《满学研究》，民族出版社 1998 年版，第 169—180 页。

要史实进行编纂的资料性史书。圣训,则是将历代先皇告诫臣下的言辞、诏令和谕旨分门别类进行编纂,让嗣皇帝学习、借鉴先皇统治思想和施政纲领的文献。按照以往定例,每朝的实录和圣训在修纂完成之后,都会以满、汉、蒙三种文字重新缮写并且分别存储于三处,即位乾清宫、皇史宬和内阁。而到了乾隆八年(1743),乾隆皇帝深感盛京为大清发祥之地,而作为记录本朝政治、经济、军事、文化等各方面的重要文献,实录和圣训理当要有一份存储于盛京旧宫内。乾隆十一年(1746),乾隆皇帝下令分别于盛京旧宫内东西所的最北端修建崇谟、敬典二阁,专门用来存储皇家的重要档案文献。耗时两年后,乾隆十三年(1748),崇谟、敬典二阁终于建成。

第二节　崇谟阁的档案收藏

二阁建成后,敬典阁很快便投入使用。乾隆十五年(1750),皇室玉牒正式运入盛京敬典阁内收藏,直至光绪三十四年(1908),每次编修玉牒之后都会按制送往盛京敬典阁。与此同时,历朝实录、圣训在重新抄写完成之后也于乾隆十五年运抵,却先被存放在凤凰楼中。

根据《黑图档》内《盛京内务府为凤凰楼急待维修请尽快择挪移圣容入崇谟阁事咨钦天监衙门》一文记载:"盛京总管内务府为咨催事。查得前准盛京工部咨为凤凰楼现在地基沉陷□□歪斜□榫糟之处题请拆卸修理并凤凰楼供奉圣像、实录于修理之时由盛京总管内务府会同各该衙门派员请移崇谟阁内等因奏准知会前来,遂于本年四月初九日咨行总管内务府转札钦天监衙门速行择吉咨复,以便遵照。"[①] 乾隆二十八年(1763)凤凰楼因地基沉陷进行工程维修,实录曾被短暂存放于崇谟阁内,除此之外,在这漫长的三十年内,崇谟阁一直都是一座被闲置的空阁楼。《盛京内务府大臣富俊为奏报遵旨办理盛京宫殿内存放实录圣训玉牒圣容等情形事》一文内记载:"将军弘晌接奉谕旨,前曾恭送五朝实录并玉牒至盛京尊藏,向于正殿后建有敬典、崇谟二阁,原为留都金匮石室之储,顷询之德保知实录尊藏凤凰楼,玉牒则在敬典阁陈贮,而崇谟阁现在空闲,与建阁命名之义殊未相符,着传谕弘晌将崇谟阁上

悉心相度如制，尚宽广，可容书橱排列，即敬移五朝实录至彼尊藏，方为妥协，或同藏或分代恭贮，习可至。"① 乾隆四十三年（1778），皇帝命令盛京将军弘晌丈量崇谟阁，后发现地方宽敞足够容下书橱，自此五朝实录、圣训等珍贵档案正式入藏崇谟阁。

除了历朝实录、圣训之外，崇谟阁内还收藏着一些其他的珍贵档案文献。《黑图档》内收有部分相关公文，借此可以一窥崇谟阁所藏的其他档案。如《盛京户部侍郎明兴阿为奏报业将宫殿内供奉尊藏各项清点并敬谨看守事》记载："奴才宗室明（兴阿）跪奏闻事。窃奴才明（兴阿）仰蒙圣恩，派令协同管理盛京宫殿事务。奴才理应将宫殿内供奉尊藏恭贮，一切敬谨，查明具奏。谨查内务府案卷内载……崇谟阁尊藏实录八百七十九包，圣训一百七十六包，老档十四包，实录图一匣。"② 公文中所提及的"老档"即为《满文老档》，是清朝入关之前用老满文（无圈点满文）撰写的唯一一部官修编年体史书，它记录了天命纪元前九年至天命十一年（1607—1626）、天聪元年至六年（1627—1632）和崇德元年（1636）共 27 年内满族的政治、经济和文化等各项史实，是研究清代入关前满族发展进程的重要历史档案资料。乾隆年间，皇帝下令使用当时通行的有圈点满文重抄老档，并将两种版本的重抄本送往崇谟阁内珍藏。1905 年，崇谟阁内老档被内藤虎次郎发现，并为世人所知。"实录图"即为《满洲实录》，又名《清太祖实录战迹图》《满洲实录图》等，书成于天聪九年（1635），绘有满洲起源传说及明朝万历十一年（1583）努尔哈赤起兵后征战事迹等图画八十七幅，附以满、汉、蒙文书写解说。原书只有一本，清入关后一直存储于紫禁城乾清宫内，乾隆四十四年（1779）皇帝下令重抄两部，一部存于上书房，另一部则送往盛京崇谟阁。

除此之外，《盛京将军衙门为奏报会查盛京各处存贮书册祭器等项情形事咨盛京内务府》一文还补充道：崇谟阁内藏"……旧档案一匣"③。此处"旧档案一匣"即为《汉文旧档》，是入关前清太宗皇太极时期用汉文写成的档册，其中涉及一些与朝鲜国的往来公文、朝臣的奏书稿以及一些其他稿簿。张虹、

---

① 辽宁省档案馆编：《黑图档·嘉庆朝》(4)，线装书局 2016 年版，第 254 页。
② 辽宁省档案馆编：《黑图档·嘉庆朝》(6)，线装书局 2016 年版，第 401、401—402、382 页。
③ 辽宁省档案馆编：《黑图档·嘉庆朝》(28)，线装书局 2016 年版，第 192 页。

佟永功在《崇谟阁〈汉文旧档〉寻踪》一文中指出："《汉文旧档》这个名称并非原有，应当说是日本人内藤虎次郎首称而后约定俗成的。"[①]

第三节 崇谟阁的档案保护与管理

一、建筑修缮

良好的储存环境是妥善保存档案的前提条件。崇谟阁常年遭受风吹日晒、雨淋雪冻，不免会出现各种类型的损坏，但其内部存储着大量珍贵的皇家档案，只有定期及时对建筑进行修缮，才能有效预防因房屋破损而导致的档案损坏。道光十七年（1837）《钦派承修崇谟阁等处工程处为造具修理宫殿等处匠役衔名事咨盛京内务府》、道光十七年《钦派承修崇谟阁等处工程处为修理宫殿等处由内务府官存木植内选用事咨盛京内务府》、嘉庆二十一年（1816）《盛京工部为修理凤凰楼等处派员恭移玉牒事咨盛京内务府》等文均对此有明确记载。据《盛京工部为修理凤凰楼等处派员恭移玉牒事咨盛京内务府》一文记载："本年十二月二十四日准工部咨准钦派查估工程处，咨

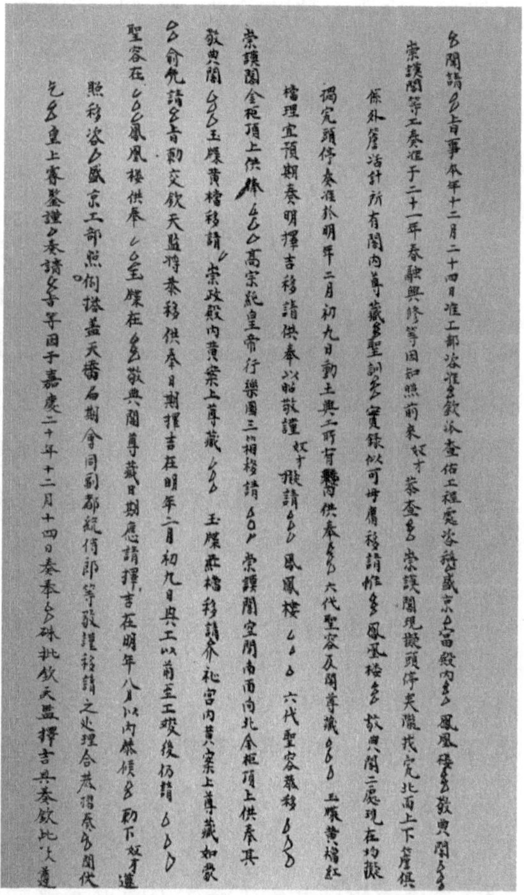

图7-1 嘉庆二十一年《盛京工部为修理凤凰楼等处派员恭移玉牒事咨盛京内务府》一文（局部）

---

① 张虹、佟永功：《崇谟阁〈汉文旧档〉寻踪》，载武斌主编：《沈阳故宫博物院院刊》，中华书局2008年版，第89—99页。

称盛京官殿内凤凰楼、敬典阁、崇谟阁等工奏准于二十一年春融兴修，等因，知照前来。奴才恭查崇谟阁现拟头停夹陇找瓦北面上下檐，俱系外檐，活计所有阁内尊藏圣训、实录似可毋庸移请，惟凤凰楼、敬典阁二处现在均拟揭瓦头停。奏准于明年二月初九日，动土兴工，所有楼内供奉六代圣容及阁尊藏玉牒、黄档、红档理宜预期奏明，择吉移请旨供奉，以昭敬谨。"① 由此可见，嘉庆二十一年（1816）春，凤凰楼、敬典阁和崇谟阁等处均进行了大规模维修，因施工程度不同，崇谟阁内的圣训、实录无须挪动，而凤凰楼与敬典阁内的档案则需要移到别处进行供奉，以示尊敬，这也侧面体现出了清廷对皇家档案的重视。

二、防潮防虫

崇谟阁所藏实录、圣训均为纸本，多由天然木浆和草浆制成，常年存放在金龙柜内，难免会布满灰尘和菌虫，及时采取措施防止珍贵档案文书被潮湿气侵扰、灰尘覆盖以及菌虫啃噬是十分必要的。实录、圣训等物每年均需搬出晾晒，从而达到杀菌除虫的效果。另外，在诸多档案记载中，"潮脑"一物出现频率极高。由于崇谟阁内纸质档案数量极多，每年盛京工部都会在晾晒活动之前拨发大量熏用潮脑给崇谟阁，防止旧有潮脑风化失效，起不到保护珍贵档案的作用。

三、定期清点

乾隆四十三年（1778），盛京户部侍郎全魁护送满文老档抵达盛京，盛京将军福康安就曾向皇帝缮折，报告接收无圈点老档入藏崇谟阁的具体情形："奴才福（康安）查明赍到老档共十四包，计五十二套，三百六十本，敬谨查收。伏思，老档乃记载太祖太宗发祥之事实，理宜遵旨敬谨尊藏，以垂久远。奴才福康安当即恭奉天命年无圈点老档三包，计十套，八十一本，天命年加圈点老档三包，计十套，八十一本，于崇谟阁太祖实录圣训匣内尊藏。恭奉天聪年无圈点老档二包，计十套，六十一本，天聪年加圈点老档二包，计十套，六十一本，崇德年无圈点老档二包，计六套，三十八本，崇德年加圈点

---

① 辽宁省档案馆编：《黑图档·嘉庆朝》(25)，线装书局 2016 年版，第 7 页。

老档二包，计六套，三十八本，于崇谟阁太宗实录圣训匣内尊藏。并督率经管各员，以时晒晾，永远妥协存贮。"①自此，崇谟阁内尊藏的档案都需要定期查点核对，以防出现档案丢失、损坏的情况。同时，新任盛京将军和盛京内务府主管官员上任时也必须要对各库所储物件进行清点盘查，清点结果也要具文向皇帝上奏。如《盛京内务府大臣富俊为奏报遵旨办理盛京宫殿内存放实录圣训玉牒圣容等情形事》记载："经前任将军弘晌遵旨恭请尊藏崇谟阁在案。现在中左一柜、中右一柜内尊藏太祖高皇帝实录、圣训十二套，满汉实录一包，实录图二匣，旧档案一匣，无圈点老档三包，加圈点老档三包；中左二柜、中左三柜内尊藏太宗文皇帝实录、圣训二十八套，无圈点老档三包，加圈点老档三包；中右二柜、中右三柜尊藏世祖章皇帝实录、圣训五十二套，东一柜、东二柜、东三柜内尊藏圣祖仁皇帝实录、圣训二百四十二套，西一柜、西二柜、西三柜内尊藏世宗宪皇帝实录圣训一百三十二套，共金柜二十二顶，现估用十二柜，空闲十柜。"②富俊在该公文中记载，前任盛京将军弘晌不仅对所藏皇家档案进行数量清点和统计，而且还对其具体收藏位置也进行了详细的汇报。

第四节　清末民初的崇谟阁《满文老档》

第一次鸦片战争后，清王朝开始受到西方势力的侵扰。与此同时，沙皇俄国一直对中国东北地区的大片领土虎视眈眈。1900 年，八国联军侵华，借镇压义和团之名，大批沙俄侵略军开进沈阳城，盛京皇宫沦为他们的屯兵驻扎之所。1901 年，俄国汉学家鲁达科夫奉命率领考察队对盛京皇宫进行了为期两个多月的考察，并撰写考察报告《盛京皇宫与皇家藏书阁——1901 年夏盛京考察成果录》。根据报告中的描述，当时的盛京皇宫由于战乱完全不复往日的金碧辉煌，而变成了一堆杂草丛生的废墟。报告中他简单介绍了敬典与崇谟二阁，并且提到崇谟阁内收藏着近 400 包圣训、1500 包实录、14 函无圈点老档册和《太祖实录战图》。

① 辽宁省档案馆编：《黑图档·乾隆朝》(19)，线装书局 2016 年版，第 297 页。
② 辽宁省档案馆编：《黑图档·嘉庆朝》(4)，线装书局 2016 年版，第 254—255 页。

　　沙俄在中国东北所获得的巨大利益引起了日本的眼红，为了争夺中国东北和朝鲜半岛的控制权，1904 年 2 月 8 日，日本海军未经宣战就对沙俄驻扎在中国旅顺口的舰队进行了突袭，日俄战争爆发。1905 年 3 月 10 日，日军击败俄军，占领了奉天城。1905 年 7 月至 1906 年 1 月，日本中国学京都学派创始人内藤湖南受外务省委托，以调查日本满洲军占领地行政情况的名义，对中国东北地区的历史资料和遗迹进行搜集和暗访。这是他的第二次奉天之行，与 1902 年第一次奉天之行不同的是，这次他无须再顾忌俄国人，十分便利从容地就进入了奉天宫殿。从 8 月 24 日起，内藤湖南在翔凤阁、太庙、崇政殿、凤凰楼、敬典阁、崇谟阁、文溯阁等处宫殿流连，对宫殿内所藏的字画、档案和书籍翻阅查看。在崇谟阁中，内藤湖南发现了《汉文旧档》、300 册精抄本《满文老档》、二套八册《太祖实录战图》，并且将《汉文旧档》全部晒蓝图制版后带回日本。1906 年，"内藤湖南在《早稻田文学》上发表了题为《在奉天宫殿看到的图文》一文，对乾隆重抄本《无圈点字旧档》进行了介绍，引起世人注意"[①]。

　　1912 年，清王朝覆灭，中华民国正式成立。按照历朝惯例，奉天故宫内所有的档案文献资料都将成为国史馆编写前朝史的资料来源，被整理收存或被挪移到别处。内藤湖南敏锐地意识到了这一点，当即申请再度前往奉天宫殿，提前将宫殿内收藏的价值极高的文献进行抄录和拍摄。当年 3 月，内藤湖南再次抵达奉天，与之一同前来的还有羽田亨等人。"内藤预定的目标是崇谟阁内的《满文老档》《太祖实录战图》，因为羽田亨懂得维吾尔语，又临时加上对于翔凤阁内《五体清文鉴》的关注。"[②]内藤湖南的日记对此次书籍拍摄工作进行了详细的记载：摄影小组共计五人，除了内藤湖南和羽田亨以外，还有城内照相馆两个工人、东亚同文书院的一个毕业生；他们在崇谟阁前面做了一个暗室，内藤负责把《满文老档》按照顺序一卷一卷运出来，两个照相馆工人和同文书院毕业生三人负责一张一张拍，羽田亨负责在暗室里为相机替换胶片、洗印胶片。最终，内藤等人成功拍摄了《五体清文鉴》和《满文

---

①　黄金东：《日本满文古籍文献及其整理研究概况》，《满族研究》2010 年第 3 期。
②　钱婉约：《内藤湖南奉天访书及其学术意义》，载武斌主编：《沈阳故宫博物院院刊》，中华书局 2008 年版，第 41—52 页。

老档》,《太祖实录战图》则未能拍成。内藤湖南回国之后,将其在崇谟阁拍摄的《满文老档》等胶片洗印装成照片册。日本学者们开始争相研究《满文老档》,甚至成立了专门研究机构——《满文老档》研究会。

在中国,最先翻译《满文老档》的是近代著名学者金梁。金梁,字息侯,瓜尔佳氏,满洲正白旗人。清朝末年曾任奉天旗务处总办、盛京宫殿典守官等职,民国初年又任东三省博物馆筹备委员会委员长,因职务之便得以多次与沈阳故宫藏品接触,其中包括崇谟阁所藏的《满文老档》。在得知日本学者开始整理研究《满文老档》的消息之后,金梁立即开始召集十多位满汉学者着手《满文老档》的汉译工作。两年后终于完成,分装百册。1929 年金梁挑选了不到二十分之一的老档汉译稿,辑成《满洲老档秘录》一书分为上下两册正式出版。1933 年,又以《满洲秘档》为题再版。其余译稿后来辗转流落到沈阳旧书摊,被北京故宫博物院的张溥泉购得其中 26 册,现存于中国第一历史档案馆内,而原藏于崇谟阁内的乾隆朝《满文老档》抄本现存于辽宁省档案馆内。

第八章　清代沈阳城市记忆之盛京将军

"后金天命十年（1625），努尔哈赤以沈阳系'形盛之地，西征明，由都尔鼻渡辽河，路直且近；北征蒙古，二、三日可至；南征朝鲜，可由清河路以进；且于浑河、苏克素游河之上流伐木，顺流下，以之治宫室、为薪，不可胜用也；时而出猎，山近兽多，河中水族亦可捕食而取之，'的优越自然条件为由，力排众议，将后金国都城由辽阳迁至沈阳。"① 后金天聪八年（1634），皇太极将沈阳更名为"天眷盛京"，简称"盛京"，并在努尔哈赤的基础上继续在盛京建立皇宫、完善国家机关、制定巩固和发展政权的方针政策。1644年，顺治皇帝迁都北京，然而作为"后金第三座都城"和"满洲发祥地"的盛京并没有被遗忘。为了保障东北地区的稳定和发展以及突出盛京的重要地位，在此设置了与关内完全不同的管理体制，"不设总督巡抚，而是设立将军，由其军政合一统辖该地区"②，即设立盛京将军。盛京将军作为清代盛京地区的最高军政长官，其职责是："镇抚留都，安辑旗民，董率文武。凡军师卒戍，田庄粮糈之籍，疆域之广轮，关梁之要隘，咸周知其数，以时简稽而修饰之。"③ 其所辖区域范围主要是："东至者兴京边二百八十余里吉林界，西至山海关八百余里直隶临榆县界，南至宁海南境七百三十余里海界，北至开原边境二百六十余里，东南至镇江城五百四十余里朝鲜界，西南至海八百余里，东北至威远堡二百三十余里吉林界，西北至九官台边门四百五十余里蒙古界。"④ 盛京将军不仅在清代官僚体系中居于重要地位，而且在东北边疆治理和东北地区的经济文化发展中都发挥了不可或缺的重要作用。

---

① 张虹：《盛京将军设置考》，《兰台世界》1997 年第 6 期。
② 张虹：《盛京将军设置考》，《兰台世界》1997 年第 6 期。
③ （清）高宗敕撰：《清朝通典》卷 36，浙江古籍出版社 2000 年版，第 2215 页。
④ （清）阿桂等纂修：《盛京通志》卷 24，辽海出版社 1997 年版，第 392 页。

第一节 盛京将军的设置与沿革

一、盛京将军的设置

顺治元年（1644），顺治皇帝由盛京起驾迁都北京，在离开盛京之前，顺治帝任命正黄旗内大臣何洛会为盛京总管，留守盛京，因而何洛会也被认为是初代盛京将军。"在盛京总管之下，分设宁古塔、熊岳、凤凰三城总管，其下分辖各城城守官，形成盛京总管的三级管理系统。设总管管理地方，显然是一种战时实行的军事管制措施。'总管'制符合八旗的特点，当时东北地区实行单一的八旗管理体制，而八旗组织本身便是集军事、行政、生产诸职能于一身的社会组织，作为八旗组织的最高长官，自然是总管八旗组织的一切事务。不久，盛京总管何洛会奉命调入关内作战，由梅勒章京叶克书继任其职。"①顺治二年（1645），清朝颁定文武官员品级制度，"定昂邦章京、内大臣等为一品；镇守盛京总管、梅勒章京等为二品；福陵、昭陵总管，以及宁古塔、熊岳、凤凰等城总管为三品"②。后又将叶克书为昂邦章京，并发给"盛京总管官印"。这里的"梅勒章京""昂邦章京"中的"章京"都是满语"janggin"的音译，该官职汉语意义应为"副都统""总管"。

在《大清世祖章皇帝实录》中记载有，顺治十七年（1660），"谕兵部。以后，固山额真满字仍称固山额真，汉字称为都统。梅勒章京，满字仍称梅勒章京，汉字称为副都统。甲喇章京，满字仍称甲喇章京，汉字称为参领。牛录章京，满字仍称牛录章京，汉字称为佐领。昂邦章京，满字仍称昂邦章京，汉字称为总管。尔部即传谕遵行"③。至此，确定了汉字的官职称呼。

由于"考虑到盛京地区十分重要，康熙帝于康熙元年（1662）将盛京总管的地位抬升，并改称为'镇守辽东等处将军'。康熙四年（1665），又改称为'镇守奉天等处将军'"④。改称"奉天将军"的重要原因，是"奉天府"地位的上升，即提高了盛京作为陪都的地位，从而能够更好地处理民人事务。

① 孟繁勇：《清代盛京将军与陪都机构权力关系的演变》，《社会科学辑刊》2009年第3期。
② 刘信君等：《奉天·盛京将军传略》，吉林人民出版社2017年版，第3页。
③ 《大清世祖章皇帝实录》卷13，中华书局1985年版，第1030页。
④ 刁琢：《康熙朝奉天将军研究》，硕士学位论文，黑龙江大学，2019年，第9页。

图8-1 《奉天·盛京将军传略》书影

乾隆十二年（1747），将奉天将军改称为"镇守盛京等处将军"，简称"盛京将军"，该称呼一直沿用至清末。直至清光绪三十三年（1907），东三省改制，废除了将军、军府制度，建行省，设总督。

二、盛京将军沿革

自顺治朝起至光绪朝，盛京将军的官职历时260余年，然而具体有多少任盛京将军，却始终没有一个具体的数字，不同的学者对其的梳理和见解也各不相同。因而根据《奉天·盛京将军传略》、现有研究成果和档案史料中的记载，本书大致对盛京将军的沿革做了一个统计表（见表8-1）。由于盛京将军的更替频繁且多位"暂理"或"署理"将军印务的官员的任期较短、记载较少，此表仍有统计不完全之处。

表8-1 历代盛京将军统计表

序号	姓名	任命时间	卸任时间
1	何洛会	顺治元年（1644.09）	顺治二年（1645.03）
2	叶克书	顺治二年（1645.03）	顺治十四年（1657.08）
3	敦拜	顺治十四年（1657.08）	顺治十七年（1660.01）
4	乌库理	顺治十七年（1660.02）	康熙四年（1665.04）
5	达都	康熙四年（1665.04）	康熙七年（1668.09）
6	吴玛护	康熙七年（1668.09）	康熙九年（1670.06）
7	阿穆尔图	康熙九年（1670.06）	康熙十二年（1673.12）
8	倭内	康熙十二年（1673.12）	康熙十七年（1678.07）
9	安珠瑚	康熙十七年（1678.09）	康熙二十二年（1683.02）
10	伊巴罕	康熙二十二年（1683.02）	康熙二十四年（1685.11）

续表

序号	姓名	任命时间	卸任时间
11	察尼	康熙二十四年（1685.12）	康熙二十七年（1688.09）
12	绰克讬	康熙二十七年（1688.10）	康熙三十七年（1698.04）
13	苏努	康熙三十七年（1698.04）	康熙四十七年（1708.02）
14	孟俄洛	康熙四十七年（1708.02）	康熙四十八年（1709.02）
15	嵩祝	康熙四十八年（1709.02）	康熙五十年（1711.10）
16	唐保柱	康熙五十年（1711.11）	雍正二年（1724.12）
17	绰奇	雍正二年（1724.12）	雍正三年（1725.11）
18	噶尔弼	雍正三年（1725.11）	雍正五年（1727.02）
19	尹泰	雍正四年（1726.10）协理奉天将军	
20	伊礼布	雍正五年（1727.04）	雍正六年（1728.09）
21	武格	雍正六年（1728.09）—雍正七年（1729.02）暂行署理奉天将军事务	
22	多索礼	雍正七年（1729.02）	雍正八年（1730.01）
23	那苏图	雍正八年（1730.01）	雍正十三年（1735.01）
24	海寿	雍正十一年（1733.04）—雍正十二年（1734）署理奉天将军印务	
25	柏修	雍正十三年（1735.01）	乾隆元年（1736.02）
26	博第	乾隆元年（1736.08）	乾隆三年（1738.05）
27	杜赍	乾隆二年（1737.01）	乾隆二年（1737.03）
28	额尔图	乾隆三年（1738.05）	乾隆九年（1744.07）
29	达勒党阿	乾隆九年（1744.07）	乾隆十三年（1748.03）
30	阿兰泰	乾隆十三年（1748.03）	乾隆十九年（1754.08）
31	清保	乾隆十九年（1754.08）	乾隆二十七年（1762.06）
32	朝铨	乾隆二十七年（1762.06）	乾隆二十七年（1762.07）
33	舍图肯	乾隆二十七年（1762.06）	乾隆三十二年（1767.07）
34	新柱	乾隆三十二年（1767.07）	乾隆三十三年（1768.02）
35	明福	乾隆三十三年（1768.02）	乾隆三十三年（1768.12）
36	额尔德蒙额	乾隆三十三年（1768.12）	乾隆三十四年（1769.02）
37	恒禄	乾隆三十四年（1769.02）	乾隆三十七年（1772.06）
38	增海	乾隆三十七年（1772.06）	乾隆三十八年（1773.04）
39	弘晌	乾隆三十八年（1773.05）	乾隆四十四年（1779.04）
40	福康安	乾隆四十三年（1778.11）	乾隆四十四年（1779.12）
41	索诺木策凌	乾隆四十五年（1780.03）	乾隆四十七年（1782.04）
42	庆桂	乾隆四十七年（1782.04）	乾隆四十七年（1782.09）
43	永玮	乾隆四十七年（1782.09）	乾隆五十二年（1787.12）
44	庆桂	乾隆五十二年（1787.12）	乾隆五十三年（1788.10）

序号	姓名	任命时间	卸任时间
45	永铎	乾隆五十二年（1787.01）因疾未到任	
46	都尔嘉	乾隆五十三年（1788.10）	乾隆五十四年（1789.04）
47	嵩椿	乾隆五十四年（1789.04）	乾隆五十六年（1791.09）
48	琳宁	乾隆五十六年（1791.09）	嘉庆五年（1800.03）
49	晋昌	嘉庆五年（1800.03）	嘉庆八年（1803.08）
50	富俊	嘉庆八年（1803.08）	嘉庆十五年（1810.08）
51	观明	嘉庆十五年（1810.08）	嘉庆十六年（1811.12）
52	和宁	嘉庆十六年（1811.12）	嘉庆十九年（1814.09）
53	晋昌	嘉庆十九年（1814.09）	嘉庆二十二年（1817.02）
54	富俊	嘉庆二十二年（1817.02）	嘉庆二十三年（1818.09）
55	赛冲阿	嘉庆二十三年（1818.09）	嘉庆二十四年（1819.09）
56	松筠	嘉庆二十四年（1819.09）	道光二年（1822.01）
57	晋昌	道光二年（1822.01）	道光七年（1827.05）
58	奕颢	道光七年（1827.05）	道光十年（1830.03）
59	瑚松额	道光十年（1830.03）	道光十二年（1832.04）
60	奕颢	道光十二年（1832.03）暂署理将军印务	
61	裕泰	道光十二年（1832.03）	道光十二年（1832.04）
62	宝兴	道光十三年（1833.04）	道光十五年（1835.01）
63	奕经	道光十五年（1835.01）	道光十六年（1836.11）
64	宝兴	道光十六年（1836.11）	道光十八年（1838.05）
65	耆英	道光十八年（1838.05）	道光二十二年（1842.01）
66	道庆	道光二十二年（1842.01）禧恩到任前署理盛京将军	
67	禧恩	道光二十二年（1842.02）	道光二十五年（1845.09）
68	奕湘	道光二十五年（1845.09）	道光二十七年（1847.08）
69	奕兴	道光二十七年（1847.08）	咸丰四年（1854.02）
70	广林	道光二十七年（1847.03）暂署盛京将军	
71	乐斌	咸丰元年（1851.12）署理盛京将军	
72	书元	咸丰三年（1853.09）暂署盛京将军	
73	承志	咸丰四年（1854.02）英隆到任前暂署盛京将军	
74	英隆	咸丰四年（1854.06）	咸丰五年（1855.12）
75	奕湘	咸丰五年（1855.12）	咸丰六年（1856.03）
76	庆祺	咸丰六年（1856.03）	咸丰八年（1858.06）
77	玉明	咸丰八年（1858.06）	同治四年（1865.07）
78	倭仁	咸丰十年（1860.08）玉明领兵期间暂署盛京将军	
79	恩合	同治四年（1865.07）	同治四年（1865.12）

序号	姓名	任命时间	卸任时间
80	都兴阿	同治四年（1865.12）	光绪元年（1875.02）
81	福兴	同治四年（1865.12）—同治五年（1866.03）署理盛京将军	
82	额勒和布	同治七年（1868.04）暂行管理盛京将军印信	
83	奕榕	同治七年（1868.04）—同治七年（1868.10）都兴阿进京及病假期间署理盛京将军	
84	瑞联	同治十年（1871）6月、12月两次奉旨署理盛京将军	
85	恭镗	光绪元年（1875）暂署理盛京将军	
86	志和	光绪元年（1875.01）署理盛京将军	
87	崇实	光绪元年（1875.01）	光绪二年（1876.10）
88	崇厚	光绪二年（1876.10）	光绪四年（1878.05）
89	歧元	光绪四年（1878.05）	光绪七年（1881.06）
90	恩福	光绪七年（1881.06）歧元进京及崇绮到任前署理盛京将军	
91	崇绮	光绪七年（1881.08）	光绪九年（1883.12）
92	庆裕	光绪九年（1883.12）	光绪十五年（1889.02）
93	定安	光绪十五年（1889.02）庆裕病假期间及裕禄到任前署理盛京将军	
94	裕禄	光绪十五年（1889.07）	光绪二十一年（1895.08）
95	依克唐阿	光绪二十一年（1895.08）	光绪二十五年（1899.02）
96	文兴	光绪二十五年（1899.02）暂署盛京将军	
97	增祺	光绪二十五年（1899.03）	光绪二十六年（1900.08）
98	清锐	光绪二十六年（1900.08）崇善到任前署理盛京将军	
99	崇善	光绪二十六年（1900.08）	光绪二十七年（1901.01）
100	增祺	光绪二十七年（1901.01）	光绪三十一年（1905.04）
101	廷杰	光绪三十一年（1905.04）赵尔巽到任前署理盛京将军	
102	赵尔巽	光绪三十一年（1905.05）	光绪三十三年（1907.07）

第二节　盛京将军与陪都机构

一、盛京将军与盛京将军衙门

清代朝廷在"各省分设八旗驻防官兵，以将军、副都统为之董辖，虽所司繁简略异，而职任无殊。惟盛京、吉林、黑龙江将军，俱以肇邦重地，俾之作镇，统治军民，绥徕边境，其政务较繁而委任亦最为隆钜。核其职掌，盖即前代留守之比，与各省将军之但膺阃者不同"①。因而，除盛京将军作为盛京地区最高军政长官外，还下设副都统三人，一人驻盛京、一人驻锦州府、一人驻熊岳城，"各守分地，以赞其治"②。此外，副都统下又有协领、佐领等官员及大量官兵驻防盛京地区。

盛京将军所在的盛京将军衙门，据查《盛京典制备考》，内设有印务处、折本房、司务厅、步营司、督捕司、恩赏库、牧群司、马政处、捐输局、官参局以及户、礼、兵、刑、工五司。其具体职能为"印务处总查事件。折本房办缮题奏事件。司务厅接收内外公文。户、礼、兵、刑、工五司分左右，设关防二颗，派协领佩带印钥，掌办公务，分司钱粮、仪制、差操、刑名、工程各事务，派佐领防御、骁骑校等官随同办事。步营司派协领一员管理步兵，巡查街道，缉捕贼匪、娼赌，派佐领二员，各分管四门。督捕司派协领一员管理，额设番役二十名，缉捕盗贼及紧要匪犯，派佐领一员帮同管理。恩赏库管理官兵红白事分赏银两。收放牛具、接济银两、围场处管理行围捕牲、看管围场事件。牧群司管理大凌河马群、苏鲁克牛羊群。马政处经理收放马干钱项。捐输局管理车货等捐，咸丰六年设。官参局在天佑门外，设司印一颗，派协领佩带印钥，专管按年验进参枝，今停"③。

关于其位置，《盛京通志》中记载："将军公署在德盛门内街东，天聪六年设立六部时为吏部衙门，顺治元年奉裁，康熙十三年重修为镇守奉天等处将军公署，大堂三间，川堂三间，司房六处，番子司四间，印房三间，本房三间，库房四间，东耳房三间，仪门三间，大门三间"④，而后经历代修缮与扩大，并"在清末盛京将军被裁撤之后，将军衙门又相继作为东三省总督府和奉天省公署而存在，现已被列为沈阳市第一批不可移动文物，位于今沈阳市沈河区皇城街道盛京路28号"⑤。

① （清）长顺修：《吉林通志》卷60，文海出版社1965年版，第3899页。
② （清）高宗敕撰：《清朝通典》卷36，浙江古籍出版社2000年版，第2215页。
③ 刘立强、刘海洋、韩钢主编：《盛京典制备考》，科学出版社2016年版，第70页。
④ （清）阿桂等纂修：《盛京通志》卷45，辽海出版社1997年版，第777页。
⑤ 刁琢：《康熙朝奉天将军研究》，硕士学位论文，黑龙江大学，2019年。

二、陪都机构

在陪都机构方面，"清代中央对盛京地区的管理采取盛京地方最高军政首长盛京将军与盛京五部侍郎的双重管理制度，将八旗的驻守与地方政府的管理交由盛京将军和奉天府尹双重管理。盛京将军衙门与奉天府联合，通过衙门下属各部门管理各地官兵，做到管理各地人民，进而控制管理整个盛京地区"①。即盛京本地的行政机构主要有盛京将军衙门、盛京总管内务府、盛京五部与奉天府尹衙门。盛京总管内务府，简称"盛京内务府"，设置于顺治初年，是清代在陪都盛京的特设机构之一，"掌三旗包衣之政令"②，负责承办盛京地区的皇室及宫廷差务，其中盛京将军兼任盛京内务府总管大臣，而"协同管理内务府大臣一员，由盛京五部侍郎内随时奏派"③。奉天府掌管盛京地区的民人事务，其"与京师顺天府尹平级，为正三品，比一般行省的知府（从四品）高三级，权力同于行省，此为陪都之特殊规制"④。盛京五部则是指盛京户部、礼部、兵部、刑部与工部，五部直属中央，不设尚书，各设侍郎一员主管，此外不设吏部，是因为"以其地官员无多，仍由京中铨选，故不备"⑤。

在陪都盛京的几大权力机构中，盛京将军衙门与盛京内务府的最高长官均为盛京将军，而奉天府、盛京五部与盛京将军衙门、盛京内务府之间则互不统属，但在盛京地区的实际工作中，这些机构在职权与处理的事务上多有交叉，本节在这里不展开论述。

第三节 《黑图档》所见盛京将军的更迭

关于盛京将军的更迭，在《黑图档》中可见多件档案记录了不同朝代知会盛京本地各部门新任盛京将军到任日期，如在道光十五年（1835）二月二十七日的档案《盛京内务府为新授盛京将军奕经到任日期事咨总管内务府》

---

① 赵彦昌、李昕竹：《从咨文的使用看盛京将军衙门的职能——基于〈黑图档·嘉庆朝〉的学术考察》，《山西档案》2020年第5期。

② 佟永功：《清代盛京总管内务府设置沿革考》，《满族研究》2002年第1期。

③ 刘立强、刘海洋、韩钢主编：《盛京典制备考》，科学出版社2016年版，第70页。

④ 孟繁勇：《清代盛京将军与陪都机构权力关系的演变》，《社会科学辑刊》2009年第3期。

⑤ 孟繁勇：《清代盛京将军与陪都机构权力关系的演变》，《社会科学辑刊》2009年第3期。

中记载有："档案房呈为咨行事。道光十五年二月初五日，准盛京将军衙门为通行事。右兵司案呈，道光十五年二月初二日接准军机大臣字寄内开，盛京将军奕经、黑龙江将军保昌、吉林将军苏清阿、成都将军宝兴。道光十五年正月二十六日奉上谕，本日已明降谕旨，将宝兴调补成都、奕经调补盛京、保昌调补黑龙江、苏清阿调补吉林、奕山补授伊犁参赞大臣。奕经接谕旨著即赴新任，毋庸来京请训。宝兴交卸任后，即行来京请训，再赴新任……钦此。遵旨前来。相应宗人府咨报兵部满洲镶黄旗都统衙门外，咨行盛京内务府可也。等因前来。照得盛京将军宗室奕经接管盛京内务府大臣事务于二月二十七日寅时到任，咨报总管内务府外，知照盛京将军衙门、五部暨奉天府尹、提督学政衙门可也。"① 对于盛京将军官职的调补人选以及到任时间均作出了明确记载。又如嘉庆朝的档案《盛京内务府为知会富俊到任日期事咨盛京将军等衙门》②、道光朝的档案《盛京内务府为奉旨准奕显接任盛京将军日期事咨总管内务府》③《盛京将军衙门为新任将军奕颢六月十三日到任日期事咨盛京内务府》④ 以及咸丰朝的档案《盛京将军衙门为知会新放盛京将军庆祺到任日期事咨盛京内务府》⑤ 等也是具体记载了盛京将军的接任、到任日期，以知会盛京本地的行政机构。

另外，由于清朝实行署理制度，因此当盛京将军有因参与冬围、进京觐见皇帝、省亲、请病假或调离等原因暂时未在任时，需要由其他官员暂时署理将军印务，由皇上亲自指定人选。"驻防将军署理制度，弥补了前后将军交替过程中及一任将军任期内将军职位暂时出缺而造成的皇帝对驻防控制的间隙，实现了清朝皇帝对八旗驻防的完全控制。"⑥ 这种情况在《黑图档》中也有相应记载。如嘉庆十七年（1812）十月十一日的档案《盛京将军衙门为奉旨和宁年班觐见由富俊暂署将军印务事咨盛京内务府》⑦ 中有，盛京将军和

---

① 辽宁省档案馆编：《黑图档·嘉庆朝》（5），线装书局 2016 年版，第 377 页。
② 辽宁省档案馆编：《黑图档·嘉庆朝》（36），线装书局 2016 年版，第 303 页。
③ 辽宁省档案馆编：《黑图档·道光朝》（4），线装书局 2016 年版，第 414 页。
④ 辽宁省档案馆编：《黑图档·道光朝》（11），线装书局 2016 年版，第 170 页。
⑤ 辽宁省档案馆编：《黑图档·咸丰朝》（7），线装书局 2016 年版，第 100 页。
⑥ 刘文波：《从署理制度看清代皇权对驻防八旗的控制——以盛京将军为例》，硕士学位论文，内蒙古师范大学，2007 年，第 6 页。
⑦ 辽宁省档案馆编：《黑图档·嘉庆朝》（21），线装书局 2016 年版，第 223 页。

宁"为年班进京，请旨敕派暂署将军印务，仰祈圣训事"，并且该年中系"盛京副都统灵泰年班陛见"，"工部侍郎富俊亦复奉旨年班进京"，但盛京作为陪都重镇，地位重要且事务繁多，因而嘉庆皇帝得知该情况后，提出"和宁奏年班将军请派署将军印务一折。前据和宁、富俊各奏请升见。有旨令其于本年年班来京灵泰亦轮值本年年班。该将军等三人自未便同时入觐。本年年班著和宁先行前来，所有将军印务届时著交富俊兼署。富俊俟和宁回任后于明年二月来京升见。其副都统灵泰著于明岁年班来京可也"。因此，经上报嘉庆帝，最终确定该年在将军和宁进京觐见时由工部侍郎富俊署理将军印务。

又如在咸丰十年（1860）九月初四日的档案《盛京户部为知会倭仁署理将军事务事咨盛京内务府》中有："盛京户部为知照事。档房案呈，咸丰十年九月初一日准盛京将军衙门咨开。右兵司案呈，本衙门接准军机大臣字寄盛京将军玉（明）。咸丰十年八月十八日奉上谕，英咈两夷夺我沽炮台之后大肆，现已带兵直犯京师，扎营城外，势甚充悍。朕于八月初八日举行秋狝，驻跸热

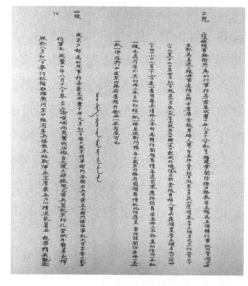

图8-2　《盛京户部为知会倭仁署理将军事务事咨盛京内务府》(1)

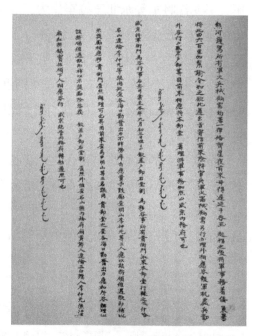

图8-3　《盛京户部为知会倭仁署理将军事务事咨盛京内务府》(2)

河。京中虽有多兵，俱系未经战阵，丞宜厚集兵力，以靖逆氛。着玉（明）统带精兵，驰赴热河护驾。所有军火兵械饷需，均著一律备齐。星夜前来，毋得迟延干咎。玉（明）起程之后，将军事务着倭（仁）兼署。将此由六百里加紧，谕令知之。钦此。遵旨。寄信前来，除将官兵、军火、器械、饷需另行办理，相应咨报军机处、兵部外，咨行盛京户部。等因前来。相应将本部堂署理将军事务知照盛京内务府可也。"① 这件档案中详细说明了由于盛京将军玉明带兵前往热河护驾，因此咸丰帝指派倭仁暂署盛京将军事务。此外，《盛京将军衙门为盛京刑部侍郎书元暂署将军印务事咨盛京内务府》②《盛京将军衙门为奉上谕英隆未到任之际将军事务由承志署理事咨盛京内务府》③ 等也是记载指派署理盛京将军相关事务的档案。

第四节 《黑图档》所见盛京将军的奖惩

"清代在东北设置了盛京、吉林、黑龙江三将军辖区，盛京将军、吉林将军、黑龙江将军等东北三将军作为三省的最高军政长官，在清代具有举足轻重的地位，统治者视其为统治支柱。而盛京地区是东北地区的政治、军事、经济、文化中心，因此盛京将军在东北三将军中最为重要，可谓是'重中之重'。"④ 因而清代皇帝对盛京将军特别重视，监管严格，赏罚分明，并且一旦遇到不法之事，势必予以严惩。在《黑图档》中也记载了许多关于奖惩盛京将军的档案。

如嘉庆朝的盛京将军富俊，在嘉庆第一次东巡时，由于"此次督办道路尚属认真，惟不能先事和衷商榷，究未免稍存推诿"，所以"此次应得赏项仍着加恩减半，赏给富俊银一千五百两"⑤。可见富俊在东巡期间督办道路一事上虽不能完全令嘉庆帝满意，但由于其认真负责的态度，仍然发放了一千五百两赏银。

---

① 辽宁省档案馆编：《黑图档·咸丰朝》（8），线装书局 2016 年版，第 317 页。
② 辽宁省档案馆编：《黑图档·咸丰朝》（5），线装书局 2016 年版，第 49 页。
③ 辽宁省档案馆编：《黑图档·咸丰朝》（5），线装书局 2016 年版，第 210 页。
④ 孟繁勇：《从弘晌降职案看乾隆帝对盛京将军的严格监管》，《兰台世界》2015 年第 18 期。
⑤ 杨丰陌、赵焕林、佟悦编：《盛京皇宫和关外三陵档案》，辽宁民族出版社 2003 年版，第 516 页。

在随后嘉庆十年（1805）九月初一的档案《盛京将军衙门为皇帝东巡将军富俊办事不善扣除恩诏内加一级等事咨盛京内务府》中，有记载：原本"皇差总局案呈，嘉庆十年八月二十六日，内阁奉上谕：此次恩诏内随从大臣官员俱加一级，着该部查明，此内如旧有降级留任处分，在降三级以下者加恩准其以所加一级抵降一级。钦此"①，但是嘉庆帝在随后的谕旨中细数了此次富俊在备办东巡一事的疏漏：一是"盛京清宁宫东暖阁壁间旧有安设糠灯，乃国初留遗之物，从前朕随侍皇考高宗纯皇帝临幸陪都，曾蒙溯述家风，指以示朕，勖令世世子孙毋忘俭德。今此次驻跸见壁间并未安设，因于召见富俊时面向询问，据称现在谨贮库内，因系糟旧故未陈设。等语。殊不晓事，先朝遗物原欲使后世企仰淳朴之风，即糟旧何碍观瞻。乃富俊于宫中新设糠灯，竟视同寻常器物并不以时陈设，此即不知大体之一端"，即富俊没有将清初留存的糠灯按原位陈设；二是由于富俊的疏忽，在盛京皇宫的飞龙阁库内"恭贮皇考所御甲胄、囊键等件上系皮签，均系乾隆年间标识，富俊职司典守，早应奏请换易皮签，敬书庙谥尊号"，然而却"至今尚仍其旧"；三是嘉庆帝强调"朕銮辂经临之所，每戒伤地方官毋许丝毫扰累，即扈从人等早经严谕禁绝馈遗"，并且在嘉庆九年（1804）富俊到北京时曾多次询问，富俊称"此次办差一无派累"，但是"昨日又据仪亲王奏呈递匿名揭帖控称，内务府佐领延福等派令壮丁攒凑出银办理差务，当交军机大臣传询，该佐领等据称，此次盛京宫内陈设铺垫及办事公所一切器具多有损坏，均须收拾粘补，向无支销，是以回明将军酌定壮丁每名出银八钱，共凑交银一万二千余两属实，并经延福等呈出馈送内务府大臣官员及各等处太监猪羊酒米等件清单，据称亦于此项开销。等语"，即富俊为修盛京皇宫内的陈设准许佐领派令所有壮丁凑钱，因此皇上认为"此等修理工程亦系公需，富俊既早经查明即应并计银数，奏明动项支用，乃率听该佐领等科派壮丁，致有匿名呈控之事，而于该佐领等致送内务府大臣官员食物之处，又不能管束禁止，皆系富俊办理不善之咎"。综合上面三点疏漏，嘉庆皇帝命"富俊著将恩诏内加一级扣除，仍交该部议，所有本日降旨将盛京文武官员因公处分开复之处，并著该部查明富俊任内降罚处分均不准其开复"。

---

① 辽宁省档案馆编：《黑图档·嘉庆朝》（13），线装书局 2016 年版，第 419 页。

在《清会典事例》中见："内外官员有因事故降级留任者，三年无过，方准开复。"同时《康熙会典》规定："官员有降级、有革职、有解任质审者，或事件完结、或三年无过、或辩明屈抑，俱准复职。"①然而这次对于富俊的处理中，不仅扣除富俊原本恩诏内应加的一级，并且不允许其"开复"，由此也可见清朝皇帝对于盛京将军的管理和惩治均十分严格，稍有错处，便严加议处。

又如道光朝的盛京将军奕颢，在道光十年（1830）三月二十六日的档案《盛京将军衙门为议处好演剧宴会之将军奕颢等及驱逐盛京内外戏班并嗣后年终会同五部侍郎奉天府尹联名具奏境内有无戏班事咨盛京内务府》中记载有道光皇帝得知"盛京将军奕颢有演剧宴会之事，特命富俊等前往详细查"，后经富俊查明"沈阳城本有弋腔戏两班，近又到一徽班，将军府内时常演剧"，并且"该将军服用一切，诸近奢华，务耽丰美。副都统常明亦喜演戏宴会，性近奢靡等语"，这使得一向崇尚简朴节约的道光帝震怒，并称"盛京为根本重地，风俗素称淳朴。将军、副都统表率一方，遇有旗民及地方官吏习尚浇漓，尚应力加整饬，乃竟时常宴乐、自蹈繁华，岂能胜将军、副都统之任。奕颢、常明着交宗人府、兵部严加议处，即来京听候部议。富俊著暂留盛京，署理将军印务，保昌即带同司员回京复命。陪都地方断不容戏班聚集，日趋侈靡。著富俊即将盛京城内外所有戏班杂剧概行驱逐，饬令地方官严行查察，嗣后此再不准潜行入境。每届年终，著该将军会同五部侍郎、奉天府尹将境内并无戏班之处联名具奏，如再有潜留之事，惟该将军等是问"②。由于奕颢是宗室成员，因此道光帝下令将盛京将军奕颢和副都统常明停职交由宗人府和兵部严加议处，并最终"兹据宗人府兵部奏请将奕颢等照溺职例议处。实属咎所应得。奕颢著革去盛京将军、并奉恩镇国公爵。赏给头等侍卫。常明着革去盛京副都统。赏给四等侍卫。俱在大门上行走。以为习尚奢靡者戒"③。清朝正式的行政处分中，有罚俸、降级、革职三种，革职是最严厉的处分，并且道光帝在革去奕颢盛京将军职务后赏给的镇国公爵和头等侍卫只是出于其

①　党丽敏：《清代开复制度研究》，硕士学位论文，深圳大学，2013年，第15页。
②　辽宁省档案馆编：《黑图档·道光朝》（15），线装书局2016年版，第40页。
③　《大清宣宗成皇帝实录》卷166，中华书局1985年版，第580页。

宗室的身份，实质上剥夺了奕颢手中所有的实权，由此也可以看出清朝对盛京将军管理以及惩处之严厉，亦从侧面反映出盛京作为陪都重镇在皇帝心中的重要地位。

第九章 清代沈阳城市记忆之盛京五部

留住沈阳厚重的历史记忆对于生活在这座城市的人们有着深刻的使命感，城市的记忆越多，民众对其的感情越厚重。清廷根据盛京及东北的特殊地位，仿照前朝陪都制度，在盛京设置五部及内务府。盛京五部是沈阳城市记忆的重要部分，《黑图档》中包含了盛京五部与盛京内务府间的往来文书，可以用于还原当时背景下的盛京五部。在本章，我们将借助于《黑图档》及其他史料典籍来挖掘清代沈阳城市记忆中的盛京五部。

第一节 盛京五部总论

一、盛京五部的设置沿革

清太宗天聪五年（1631），在盛京设立吏、户、礼、兵、刑、工六部。迁都北京后，又逐渐设立盛京五部来专管东北地区事务。盛京五部并非北京六部的下属部门，而是具有相对独立性的机构。在顺治十五年（1658）时，设盛京礼部。顺治十六年（1659）设盛京户部、工部。康熙三年（1664），设盛京刑部，康熙三十年（1691）设盛京兵部。至此，盛京五部的管理体制建制完备。光绪二年（1876），盛京将军监管盛京兵、刑二部，同时稽查盛京户部。"光绪初，定将军兼理兵、刑二部，佩金银库印钥，稽核户部。余悉如故。四年，增置宗室司员。如前所列。三十一年，复命将军赵尔巽兼管五部。寻以政令纷歧，疏省之。报可。"[1]至光绪三十一年（1905），裁撤盛京五部侍郎，由盛京将军统辖盛京五部事宜。至此存在两百多年的盛京五部退

---

① （清）赵尔巽：《清史稿》卷114，中华书局1976年版，第3296页。

出了历史舞台。

二、盛京五部的位置

盛京五部的具体位置在《盛京典制备考》中有所记载，"礼部公署在户部南"，而"户部公署在德盛门内街东""工部公署在礼部南"。[①]"刑部公署在兵部北……刑部狱在天佑门内西南隅。"[②]"兵部在天佑门内西。"[③]另外根据《钦定盛京通志》记载："户部公署在德盛门内街东。天聪六年设立六部时建。令因之。大堂三间，三司司房共九间，档子房三间，两傍班房四间，仪门五间，大门三间。乾隆八年奉颁御书宗邦会要匾额，恭悬大堂。"[④]"礼部公署在德盛门内街东，天聪六年设立六部时建，今因之大堂五问，后堂三问，档案房三间，司房六间，千丁司三间，六品官办事房三间，东西果楼各三间，拣选果品房四间，冰窖房三间，果窖房三间，土地祠一间，值班房二间，仪门一问，大门三间，乾隆八年奉颁御书典重名祖匾额恭悬大堂。"[⑤]"兵部公署在怀远门内街西，康熙三十年建大堂三间，川堂五间，司房六间，当房四间，土地祠一间，驿丁房四间，大门三间，仪门一间。乾隆八年颁陪京枢要匾额，恭悬大堂。"[⑥]盛京兵部就位于怀远门的街西。"刑部公署在怀远门内街，天聪六年建，顺治元年奉裁，康熙三年复设，衙门重建。大堂五间，南白旗司三间，蓝旗司三间，北黄旗司三间，红旗司三间，前堂五间，川堂三间，仪门一间，档房三间，大门三间。乾隆四年添建本房三间。赃罚库三间，科房三间。乾隆八年奉颁御书弼教留都匾额，恭悬大堂。"[⑦]盛京刑部公署位于怀远门内街。"工部公署天聪六年设立六部，在怀远门内街西。顺治元年改设德盛门内街东，大堂三间，川堂五间，左右司房八间，档房三间，仪门一座，大门三间，班房四间。乾隆八年奉颁御书饬材山海匾额，恭悬大堂。"[⑧]盛京

---

① 刘立强、刘海洋、韩钢主编：《盛京典制备考》，科学出版社 2016 年版，第 115 页。
② 刘立强、刘海洋、韩钢主编：《盛京典制备考》，科学出版社 2016 年版，第 115 页。
③ 刘立强、刘海洋、韩钢主编：《盛京典制备考》，科学出版社 2016 年版，第 115 页。
④ （清）阿桂等纂修：《盛京通志》卷 45，辽海出版社 1997 年版，第 777 页。
⑤ （清）阿桂等纂修：《盛京通志》卷 45，辽海出版社 1997 年版，第 777 页。
⑥ （清）阿桂等纂修：《盛京通志》卷 45，辽海出版社 1997 年版，第 777—778 页。
⑦ （清）阿桂等纂修：《盛京通志》卷 45，辽海出版社 1997 年版，第 778 页。
⑧ （清）阿桂等纂修：《盛京通志》卷 45，辽海出版社 1997 年版，第 778 页。

工部原位于怀远门内街，但顺治元年（1644）改设在德盛门。从史料的记载也可以看出盛京五部的位置，盛京兵部和盛京刑部相邻，位于怀远门的街西。盛京礼部、盛京工部及盛京户部相邻，位于德盛门街东。怀远门始建于1631年，是沈阳老城的重要标志，1931年拆除，在1994年，沈河区政府重修了怀远门。德盛门现在也被称作大南门，与怀远门同为盛京重要的军事防御设施。

三、盛京五部的执掌

关于盛京五部的执掌，在《黑图档》中可以找到大量的佐证材料。盛京户部掌盛京之财赋，分设经会司、粮储司及农田司，如档案《盛京户部为题销嘉庆六年分余地考成事咨盛京内务府》[1]《盛京户部为知照银库关防等收讫各处各项银钱日期事咨盛京内务府》[2]《盛京户部为速造咸丰九年旗地考成册事咨盛京内务府》[3]。盛京礼部掌祭祀各事宜，设由左、右两司，如档案《盛京礼部为奏准尊藏高宗纯皇帝皇后之玉册玉宝重造改镌事咨盛京内务府》[4]《盛京礼部为知会恩诏仪注事咨盛京内务府》[5]《盛京礼部为恭接大行皇太后遗诏并预备黄案等事咨盛京内务府》[6]。盛京兵部掌盛京之戎政，分置左、右司，如档案《盛京兵部为送嘉庆三年时宪书事咨盛京内务府》[7]《盛京兵部为知会各处公文务用有印封筒印片送部驿递事咨盛京内务府》[8]《盛京兵部为催送捐纳候补笔帖式并贡监生各生旗佐三代等清册以便注册事咨盛京内务府》[9]。盛京刑部掌审办盛京地区旗人及边外蒙古狱讼案件。盛京刑部设有肃纪前司、肃纪左司、肃纪右司及肃纪后司，如档案《盛京刑部为提调犯人及行查案件请按定限答复等事

① 辽宁省档案馆编：《黑图档·嘉庆朝》(11)，线装书局2016年版，第357页。
② 辽宁省档案馆编：《黑图档·道光朝》(16)，线装书局2017年版，第20页。
③ 辽宁省档案馆编：《黑图档·咸丰朝》(9)，线装书局2016年版，第118页。
④ 辽宁省档案馆编：《黑图档·嘉庆朝》(9)，线装书局2016年版，第17页。
⑤ 辽宁省档案馆编：《黑图档·道光朝》(13)，线装书局2017年版，第322页。
⑥ 辽宁省档案馆编：《黑图档·咸丰朝》(6)，线装书局2016年版，第284页。
⑦ 辽宁省档案馆编：《黑图档·嘉庆朝》(8)，线装书局2016年版，第80页。
⑧ 辽宁省档案馆编：《黑图档·道光朝》(15)，线装书局2017年版，第23页。
⑨ 辽宁省档案馆编：《黑图档·咸丰朝》(7)，线装书局2016年版，第11页。

咨盛京内务府》①《盛京刑部为将强抢孀妇案内已审之杜朝武送回原旗并请传讯案内孀妇窦富氏事咨盛京内务府》②《盛京刑部为捡取监生银天恒呈控其子银文均好赌一案卷宗事咨盛京内务府》③。盛京工部掌盛京地区之营缮工程，内部分设左、右二司及银库、火药库、秫秸厂等，④如档案《盛京工部为更换文溯阁并各宫包裹毡毯之苎麻事咨盛京内务府》⑤《盛京工部为奏请修理崇谟阁等处工程事咨盛京内务府》⑥《盛京工部为盛京户部不敷发给糊昭陵隆恩殿窗扇用纸事咨盛京内务府》⑦。盛京五部掌管着东北地区的各项事宜，维护着东北地区的稳定与发展。

第二节　盛京户部

一、盛京户部的设置沿革

盛京作为陪都，其财政机构的设置与关内各省不同，比照京城户部，设立盛京户部，受盛京将军制约。

盛京户部于顺治十六年（1659）设立，原身为清王朝入关前的清政权在盛京地区按照三省六部制设置的户部，在清世祖福临建都北京后，顺治三年（1646），改内大臣为奉天昂邦章京，由内大臣官镇守，总理盛京户部各项职务，此时主管盛京地区财政赋税的是当时为四曹之一的户曹⑧。光绪三十一年（1905），盛京将军赵尔巽等整饬吏治，将盛京户部裁撤，与粮饷处、税务局合并，改设盛京财政总局⑨。

---

① 辽宁省档案馆编：《黑图档·嘉庆朝》(15)，线装书局 2016 年版，第 138 页。
② 辽宁省档案馆编：《黑图档·道光朝》(14)，线装书局 2017 年版，第 48 页。
③ 辽宁省档案馆编：《黑图档·咸丰朝》(7)，线装书局 2016 年版，第 136 页。
④ 刘子扬编著：《清代地方官制考》，紫禁城出版社 2014 年版，第 285 页。
⑤ 辽宁省档案馆编：《黑图档·嘉庆朝》(14)，线装书局 2016 年版，第 197 页。
⑥ 辽宁省档案馆编：《黑图档·道光朝》(17)，线装书局 2017 年版，第 18 页。
⑦ 辽宁省档案馆编：《黑图档·咸丰朝》(6)，线装书局 2016 年版，第 80 页。
⑧ 张德泽：《清代国家机关考略》，学苑出版社 2001 年版。
⑨ 辽宁省地方志编纂委员会办公室主编：《辽宁省志·财政志》，辽宁科学技术出版社 2000 年版，第 16 页。

二、盛京户部的位置及机构设置

（一）盛京户部位置

盛京户部办公场所位于德盛门内街东，与将军衙门、礼部、工部公署较近。盛京户部下属盛京城内粮仓——内仓、通济仓、太平仓、新仓俱在街西。盛京户部下属银库——金银库在城中南正街。盛京户部下属草场在东北隅旁门内。

（二）盛京户部的机构及官员设置

盛京户部是由盛京户部侍郎进行总领的，侍郎为满缺，额定只设一人，官阶为正二品。额定盛京户部宗室郎中、满缺堂主事一人，满洲笔帖式二十一人，汉军笔帖式二人。

盛京户部额定设置三司一库一仓。三司即为经会司、粮储司、农田司。其中经会司额设满洲郎中一员，秩正五品，满洲员外郎一人，秩从五品，满洲主事一人，秩正六品，据记载，在嘉庆朝时已增设满洲员外郎一人。经会司下设金银库，简称银库。银库额设满洲掌关防监督（郎中）一人，由京城六部里的郎中内部进行拣选，各部堂官出具考察评语，咨送吏部带领引见，钦点充补银库掌关防监督一职，三年期满更代；盛京户部银库副关防一缺，二年更代，由盛京户部行文盛京各部在京官郎中、员外郎、主事内各拣选一人，会同盛京将军等公同拣选一员，但是仍由该部具奏户部，副关防协同掌关防郎中管理库务；满洲司库二人，是由京师部院京察一等笔帖式保送一员，由吏部堂官拣选正、陪，带领引见升授。

粮储司额设满洲郎中一人，满洲员外郎一人，满洲主事二人。在嘉庆时已增设满洲员外郎一人。粮储司下设盛京户部内仓，额设满洲正监督一人，满洲副监督一人，由盛京五部郎中、员外郎、主事及将军衙门堂主事内拣选充补，内设仓官十人办事。

农田司额设满洲员外郎二人，满洲主事一人。乾隆八年（1743）增设满洲郎中一人[①]。下设满洲官庄三人，六品官，由盛京五部、将军衙门笔帖式内拣选充补。

---

① 刘子扬编著：《清代地方官制考》，紫禁城出版社2014年版，第281页。

这些职能机构从设置之初至被撤销，基本没有发生较大变化。

三、盛京户部及各部门职能

作为盛京地区五部之首，盛京户部主要职能是掌管治理盛京地区的财政赋税。"盛京赋税之出纳及官庄、旗地岁输之数，谨其储积，辨其支给，以时稽核而会计之，岁终则要其成而听于在京户部。"① 光绪时，盛京户部有粮庄一百一十八所、盐庄三所、棉花庄五所，要向盛京户部交纳产物，并制定折征制度，根据旗地远近而督饬征收地税、杂税、当税、中江税等，每年按照额定时间征收。

宗室郎中、堂主事掌管盛京户部的档案文移工作，是整个部门公文流转交集地方。

（一）经会司职能

经会司掌银钱物品之出纳，为盛京户部主要的职能机构。

经会司分管盛京地区各项税务的征收，杂税包括盛京本城牛马羊豕等税，其各外城杂税有牛马羊豕税、斗秤牙行税、船筏税，中店税、海鲜税、香蘑税，还有当税、中江税，这些都要通过经会司纳入金银库，官庄的折征银两也要纳入其中，而吉林、黑龙江各属杂税等项由各将军衙门征收，用来抵充各该处俸饷。

这些银两会用来支给盛京将军、盛京五部的养廉银和各部衙门的廪给。这些廪给包括盛京将军、五部、三陵总管内务府管理六边各衙门每年的心红纸张银、三年一次给发三陵饲牲人丁置备冬裘银，赏喇嘛布银、狐皮银、香灯银，守衙、陵寝的人每月的廪赡银，三旗马革牧副每人每月廪赡银，牧人每人每月廪赡银，西勒图库伦喇嘛每岁廪赡银，盛京各寺庙香果银、诵经银、赡僧银，盛京兵部驿站备用银，本部库军、盛京礼部校尉每三年一次给置备冬裘银。《盛京户部为发给应送西勒图喇嘛之银两事咨盛京内务府》中对送给西勒图喇嘛银两相关定制和问题处理有详细描述："盛京户部为咨覆事。经会司案呈。咸丰六年十月二十七日准盛京总管内务府咨，据催长锐恒等呈称：

---

① 王月：《清代盛京地区各衙门职掌及其行政关系探究》，载武斌主编：《沈阳故宫博物院院刊》，中华书局 2010 年版，第 67—77 页。

查得每年递送西勒图喇嘛处银八百两，均由部取大锭银十六个，递送在案，现当递送西勒图喇嘛银两之际，呈请核转施行等情，据此相应咨行盛京户部领取大锭银十六个，等因前来。查，此项应发给西勒图大喇嘛元宝银，核与上年关领数目相符，相应札库，将库存银两如有元宝，即行照数发给，如无元宝，即将现存各款内兑换元宝银八百两验领发给该催长收领并知照盛京总管内务府可也。咸丰六年十一月初十日。"①

盛京所用银两，除每年向京城户部预领外，其出入银钱，都要登记在册，每季册报于京师户部，年终要制成考成清册细册送到京师户部具题。

凡盛京三陵及各衙门所需各种缎匹、布、纸等，均向京师户部领取，除了棉花外，其余各种物品都由京师户部运到盛京户部，按照往年旧例进行发放题销。

（二）粮储司职能

粮储司掌管粮食之出纳事。凡征收官庄、旗地之米、豆、草，分别收储，将辽阳、开原、广宁三城及盛京官庄之米交纳于盛京内仓，各外城粮食均在各城仓交纳。同时旗人余地如果有招旗丁耕垦，则要分等级进行征收地亩租银。

盛京内仓会发放盛京各衙门各项俸米、廪给及刍秣，包括盛京将军、五部、各衙门俸米，盛京户部仓军、楼军、兵部驿丁、礼部听事人、厨役、校尉、内务府黑牛馆、乳牛馆壮丁、工部匠役、楼军、将军衙门捕手、盛京户部银库拜唐阿、取牛乳蒙古人及运送物品的兵丁、马匹、鹿、牛等口粮，这些都是由盛京内仓给发。《盛京户部为发放官兵人等应领秋季俸饷事咨盛京内务府》有相关内容详细记载："盛京户部为咨行事。粮储司案呈准，经会司付准，盛京内务府衙门咨开：官员等应领本年秋季俸饷银折米石及孀妇饷未造册呈领。等因移付前来。查册开，食俸银五十二两五钱之佐领三员，食三十两骁骑校三员，主事一员，六品司库二员，内管领一员，食饷十六两五钱五分七厘之九品催长五员，食十六两五钱七品笔贴式一员，食十四两八品笔贴式四员，食十两零五钱五分七厘九品笔贴式十员，委主事一员，共领俸银六百三十八两九钱一分二厘，照依原奏以五成折米三百一十九石四斗五升

———————

① 辽宁省档案馆编：《黑图档·咸丰朝》（7），线装书局2016年版，第126页。

六合，食饷十八两除二成制钱拨放外，实领银十四两四钱之项代，领催等十八名食十二两，除二成制钱搭放外，实领银九两六钱之库使十六员执事人甲丁并黑牛乳牛二馆馆达等七百八十八名，食六两领催牧丁二十二名，食三两之各项匠役二百名，共领饷银八千七百零九两六钱，照依原奏以四成折米三千四百八十三石八斗四升，以上所领俸饷两共折米三千八百零三石二斗九升六合，应照原奏就近关领。但查内仓存米不敷，夫应此项米石拟由盖州旗仓关领，相应将原册十二本以册六本存部，六本札饬盖州城守尉仓官等照册验领发给，造入该年奏销册内，报部查核。仍将放出米石数目先行造具花名细册专差呈送，以凭咨部核销，又册开已故库使书结之妻孀妇刘氏应领初季半饷米七斛三斗，应将原册二本一本存部，一部札饬内仓监督等验领照数发给，暨咨行盛京内务府衙门希即出给印领饬交赴仓关领可也。"①

将征收和发放数目清晰造册，内仓、各外城仓都是由盛京户部汇造考成奏销等册送京师户部具题，年终题销。

（三）农田司职能

农田司掌管盛京各城旗人开垦余地之升科，垦种马厂地之征税等事宜，并办理户籍、婚姻纠纷各事。管庄掌征庄覆，以二人管理官庄，以一人管理各厂撤出入官之地，负责查勘盛京地区是否有私开地亩等现象。《盛京户部为催办旗民争控户婚田产等未完案件事咨盛京内务府》有清晰记载："盛京户部为咨行事。农田司案呈。汇催日久未覆案件事。查得本部办理旗民争控户婚田产案件，自道光二十三年起至咸丰三年十二月底止，所有行饬该旗民地方官并各该管官以及委员会同该厅知县等查办各案屡次行催迄今尚未查覆者三百一十五件之多，若不严加饬催，各该处未免任意沉压。今本部将未覆各案开写事由粘单行文户部、三陵总理事务衙门、盛京将军、府尹、内务府、兵部、工部、礼部等衙门查照，转饬所属各该员等遵照查明单开未覆案件作速查办呈覆，以清积案，勿得仍前迟延致案久悬，并札饬官庄六品官、银丁处委六品官、承德县理事通判等遵照查办可也。"②

---

① 辽宁省档案馆编：《黑图档·咸丰朝》(6)，线装书局 2016 年版，第 50—51 页。
② 辽宁省档案馆编：《黑图档·咸丰朝》(6)，线装书局 2016 年版，第 9—10 页。

（四）内仓职能

掌守仓糈之藏。通过粮储司下发的札仓文书来接收粮食和输出粮食。其中仓官负责定期查验仓廒完整程度，清理杂物并晾晒仓粮，通过出借、粜卖的方式实现仓粮的出陈易新，并通过收回借谷、税银买米补仓，其中涉及钱粮方面会上报粮储司进行请示①。

（五）金银库职能

掌守银库之藏。通过经会司下发的札库文书实现银钱出纳。《盛京户部为收讫伍田租银事咨盛京内务府》："盛京户部为咨行事。经会司案呈。咸丰二年十月初一日起至十一月初一日止，据金银库关防等将收讫各处各项银钱日起之处呈报，前来相应分晰开写粘单知照盛京总管内务府可也。计开。内务府咨交正黄旗应征咸丰元年分浮多伍田租银七十一两八钱七分八厘，又兵于芳首报伍田地边滋生地亩，应征咸丰元年分租银二两于本年十月十六日照数收讫。②"掌关防郎中对于银钱安全及是否亏空负有重大责任。

第三节　盛京刑部

盛京刑部于康熙三年（1664）设立，掌管盛京旗人和边外蒙古罪案，负责旗民交涉案件，还有私刨、私贩等经济类案件，协同盛京将军等衙门处理盛京地区的民刑案件，是盛京区域治理体系的重要组成。清入关前"盛京刑部"与清入关后的"盛京刑部"性质不同，存在着国家中央机构与盛京区域治理体系的重要区别。③

一、盛京刑部的人员组成

盛京刑部的人员组成在光绪《钦定大清会典事例》中也有记载："刑部，侍郎满洲一人，宗室员外郎一人，堂主事满洲一人，汉军一人。肃纪前司郎中满洲一人，员外郎满洲二人，主事满洲一人。左司郎中满洲一人，员外郎

---

① 尤世彪：《清前期盛京仓官的职责和待遇》，《延安大学学报》（社会科学版）2017 年 5 期。

② 辽宁省档案馆编：《黑图档·咸丰朝》（4），线装书局 2016 年版，第 24 页。

③ 刘佺仕：《清代盛京刑部四题》，载达力扎布主编：《中国边疆民族研究》（第九辑），中央民族大学出版社 2016 年版，第 117 页。

满洲二人，主事满洲一人。右司郎中满洲一人，员外郎满洲一人，主事满洲一人，蒙古二人。后司郎中满洲一人，员外郎满洲一人，主事满洲一人。司狱满洲一人，汉一人。司库满洲一人，库使满洲二人。笔帖式满洲二十三人，蒙古二人，汉军五人。"① 共计五十五人。盛京刑部下设四司，肃纪前司、肃纪后司、肃纪左司及肃纪右司，分管不同的案件。盛京刑部侍郎掌盛京旗人及边外蒙古之案件。堂主事掌公文档案。司狱掌狱。司库及库使掌赃罚的罚金。另外盗参者也由盛京刑部治理。每届秋审，盛京刑部还要会同其他四部侍郎与奉天府尹衙门共同酌定。

二、盛京刑部的管辖范围

乾隆内府抄本《盛京刑部则例》记载："盛京六十里以内地方，所有旗民交涉案件，旗民官会报盛京刑部，其各城旗民交涉之户婚田土私烧掏摸细事，交理事通判审理完结。"② 盛京六十里内地方的旗民交涉案件交由盛京刑部审理，六十里以外的户婚田土等细碎案件由各该厅、州、县官员就近审理，并按月造册送部，而命盗重案等罪案的首犯、从犯等都需要解送盛京刑部审结定拟。

盛京五部管辖的区域包括："东路，及兴京城及抚顺路、兴京边门、碱厂边门；南路，辽阳城、牛庄城、盖州城、熊岳城、复州城、金州城、岫岩城、凤凰城及水师营、凤凰边门、叆阳边门；西路，广宁城、义州城、锦州城及巨流河路、白旗堡路、小黑山路、闾阳驿路、小凌河路、宁远路、中后所路、中前所路、法库边门、彰武台边门、白土厂边门、九关台边门、清河边门、松岭边门、新台边门、白石咀边门、梨树沟边门、明天塘边门；北路，开原城、铁岭路、威远堡边门、英额边门。"③ 这同时也是盛京刑部的管辖范围。

---

① （清）昆冈等纂：《清会典事例》（1）卷22，中华书局1991年版，第283页。
② 《盛京刑部则例》，乾隆内府抄本，第2页。
③ 刘子扬编著：《清代地方官制考》，紫禁城出版社2014年版，第279—280页。

三、盛京刑部的部门组成

盛京刑部下设四司，肃纪前司、肃纪后司、肃纪左司及肃纪右司。肃纪前司与肃纪左司掌治盛京十五城旗人的诉讼案件，也包括旗人与民人之间的涉讼案件。例如盛京刑部办理旗人白保挡跌旗人吴四保致其痰涌气闭后身死一案。"肃纪前司案呈，前准奉天府府尹衙门咨，据开原县知县章廷样详解旗人白保挡跌旗人吴四保痰涌气毙身死一犯到部。"① 盛京刑部审理闲散钟洪等人聚赌一案。档案记载："肃纪左司案呈，嘉庆十四年二月初五日准盛京将军衙门拿获钟洪聚赌一案，起获摊场钱文、赌具等物，将聚赌人钟洪，距地之同赌之陈泳新、郝明利、王忠义、叶文升、张亮，找人之陈彦芳七名一并咨送到部。"② 肃纪右司"掌治边外蒙古之狱。盛京法柳条边外蒙古犯窃盗人命与旗民交涉之案，由将军、奉天府尹或该蒙古扎萨克咨咨送者，皆提犯到部审讯，应验视者，行奉天府尹酌派附近州县往验，填格录供报部"③。肃纪后司则负责私挖、私贩人参的案件，会同盛京将军、管辖六边侍郎及奉天府尹共同审拟。例如档案《盛京刑部为将偷刨围场人参之旗人崔文德刺字鞭责交旗管束事咨盛京内务府》记载："肃纪后司案呈，嘉庆九年正月初六日，准刑部咨开奉天司案呈，据盛京刑部咨称，准盛京将军衙门咨送，拿获偷刨人参之黄作明、崔文德等二犯并参秧五颗到部。"④ 但是从《黑图档》的记载来看肃纪后司不仅负责私挖人参、私人围场的有关案件，圈销逃档等同样归属其下。例如档案《盛京刑部为查办壮丁周礼私入围场偷放鸟枪事咨盛京内务府》记载："肃纪后司案呈，嘉庆二年六月二十三日，准盛京将军衙门咨，据巡荒梅伦李克朋协同英额边门领催刘士良等拿获私入围场偷打鸟枪之周礼一犯并鸟枪一杆到部。"⑤ 盛京刑部也负责审理旗人逃走案件，《钦定大清会典事例（光绪）》记载："盛京刑部拿获逃人。应鞭刺者、照例鞭刺。应发遣者、咨部发遣。亦于每年四月内。将拿获日期、及官员职名。造具清册。咨送刑部。磨

① 辽宁省档案馆编:《黑图档·嘉庆朝》(8)，线装书局 2016 年版，第 13 页。
② 辽宁省档案馆编:《黑图档·嘉庆朝》(17)，线装书局 2016 年版，第 180 页。
③ (清)托津等纂；杨一凡、宋北平主编:《大清会典（嘉庆朝）(2)》，凤凰出版社 2021 年版，第 639 页。
④ 辽宁省档案馆编:《黑图档·嘉庆朝》(12)，线装书局 2016 年版，第 105 页。
⑤ 辽宁省档案馆编:《黑图档·嘉庆朝》(7)，线装书局 2016 年版，第 387 页。

对议叙。若逃人自回。令该管佐领等呈报。圈销逃册。照例完案。仍将完结绿田。移会缉拿逃人之衙门。一体圈销逃册。"①拿获逃人后圈销逃档也由肃纪后司负责，档案《盛京刑部为将初逃之壮丁陈景等依例宽免交该管官严加管束事咨盛京内务府》记载："肃纪后司案呈，嘉庆二年五月初一日准盛京内务府咨送销逃之壮丁陈景、定住等二犯到部一案。业经本部将二犯均照初次逃走，例拟枷号一个月，鞭一百，但该犯逃走均在嘉庆元年正月初一日恩赦以前，所得枷责之罪，悉予宽免，圈销逃档，咨送盛京内务府，转饬该旗严加管束可也。"②档案《盛京刑部为逃走之壮丁林相容等逾期未获销除旗档事咨盛京内务府》记载了道光七年（1827）盛京刑部销除逃走逾期未抓获的壮丁林相容、程明安旗档。"盛京刑部为咨行事。肃纪后司案呈，道光七年二月十二日、六月初八日等日准盛京总管内务府咨，据正白旗骁骑校德克精厄呈报壮丁林相容于道光六年十二月初十日初次逃走，右准盛京内务府镶黄旗骁骑校福隆阿呈报壮丁程明安即艾隆阿于道光七年二月初三日初次逃走，各等因转咨前来。查例载，满洲、蒙古汉军闲散旗人逃走，初次如已逾一月无论投回、拿获者，均销除旗档等语。今壮丁，林相荣、程明安即艾隆阿均系初次逃走，各以逃走之日起限，已逾一月，并未投回、拿获，应照均销除旗档行文盛京总管内务府转饬各概管官将逃人林相荣、程明安即艾隆阿等二名一并销除旗档外，相应咨报刑部查核，并于年终汇题，仍知照奉天府府尹衙门可也。须至咨者。"③可以看到盛京刑部四司分管不同案件，各司其职，共同维护着盛京地区的旗民社会秩序的稳定。

四、盛京刑部的职能范围

"盛京刑部的职掌，审办盛京旗人及边外蒙古的案件，每年'秋审'，会同盛京户、礼、兵、工四部侍郎及奉天府尹审议汇题。奉天府重犯秋审，也会同盛京刑部酌定具题……肃纪前、左两司……分掌盛京十五城旗人狱讼及旗、民交涉案件。案在盛京所属六十里以内者，由部员审讯，逾六十里以外

---

① （清）昆冈等纂：《清会典事例》（9）卷861，中华书局1991年版，第1321页。
② 辽宁省档案馆编：《黑图档·嘉庆朝》（7），线装书局2016年版，第360页。
③ 辽宁省档案馆编：《黑图档·道光朝》（11），线装书局2017年版，第236页。

者，由该厅、州、县审拟完结，按月造册送部，重案则解部审拟……肃纪右司……掌边外蒙古狱讼案件。凡窃盗命案与旗、民交涉之案，都解犯到部审讯。应验视者，行奉天府尹酌派附近州县往验，录供报部……肃纪后司……掌讯办私刨私贩人参案件。凡私刨私贩案件，俱会同盛京将军、奉天府尹等官审议定拟。"① 可以看到盛京刑部掌管盛京十五城的旗人狱讼及旗民之间的案件等。

（一）盛京区域旗人狱讼及旗、民交涉案件

盛京刑部掌审办盛京地区旗人及边外蒙古狱讼案件。《盛京刑部则例》中记载："自九年为始，每遇秋审，令盛京刑部侍郎，会同四部侍郎府尹，巡查御史，将本部重犯，并奉天府衙门重犯，逐案虚衷确审，分别情实，缓决，可矜，汇题。俟九卿会审时，复核请旨。"② 乾隆九年（1744）开始，每遇秋审，盛京刑部侍郎会同盛京其余四部侍郎审议。《黑图档》内也有关于盛京刑部处理秋审案件的记载。除了具体案例的表现，也有盛京刑部关于秋审的要求。

档案《盛京刑部为查绞犯白保是否亲老丁单等事咨盛京内务府》记载："盛京刑部为咨查事。总办秋审处案呈，定例内开：亲老丁单、嫠妇、独子，该督抚定案时，止将应侍缘由于题本内声叙，不必分别应不应准字样，统俟秋审时查明该犯父母尚在，次丁尚未成立者，取结报部。刑部会同九卿核题，拟入另册进呈，恭候钦定等语。查本年应入秋审绞犯白保供称，伊母刘氏现年七十岁，家无次丁。系内务府正黄旗管下，在开原县界王哆啰树屯居住。被杀之吴四保系内务府正白旗管下人，与白保同屯居住，等供。据此，相应行文盛京内务府转饬各该旗将白保之母刘氏果否现年七旬，现在存亡，有无次丁，并将被杀之吴四保是否独子，有无出继弟兄一并查明，取具印甘结，咨送本部，以凭办理可也。须至咨者。右咨盛京内务府。"③ 嘉庆十三年（1808），盛京刑部为查明秋审绞犯供词中提及的相关情况以及原被告的旗佐身份等事项，于三月初行文盛京内务府，但盛京内务府六月二十五日才将相

① 张德泽：《清代国家机关考略》，学苑出版社 2001 年版，第 112 页。
② 《盛京刑部则例》，乾隆内府抄本，第 5 页。
③ 辽宁省档案馆编：《黑图档·嘉庆朝》(8)，线装书局 2016 年版，第 96 页。

关情况的甘结咨送到刑部。盛京刑部于是强调嗣后遇有饬查秋审重案原告及被告旗佐身份时，不得推诿。"至此案，本部前于三月初间，咨查内务府乃该官佐领等未详查，即具结推诿，殊属草率，应咨盛京内务府申饬该员等，嗣后遇有此等案件，毋再混行推诿可也。须至咨者。右咨盛京内务府。"① 嘉庆二年（1797）盛京刑部办理了旗人顾连禄持刀戳伤顾王氏一案。"盛京刑部为咨送事。肃纪左司案呈，先准奉天府府尹衙门咨，据辽阳州知州那昌阿详解旗人顾连禄用刀戳伤顾王氏右腿，伤经平复一案人犯到部，经本部将顾连禄审依报书尊长犯卑幼减凡斗一等，律拟杖七十，徒一年半。系旗人，折枷号二十五日，于十月二十五日枷号在案，今于十一月二十日枷号期满，相应将顾连禄鞭七十咨送盛京总管内务府转交该管官管束可也。须至咨者。右咨盛京内务府衙门。"②《盛京刑部为旗人石信持刀戳伤族侄致死请绘具服制宗图事咨盛京内务府》记载："盛京刑部为咨行事。肃纪左司案呈，道光七年七月初二日准奉天府府尹衙门咨，据署铁岭县知县李荣光详解旗人石信用刀戳伤无服族侄石中才身死一案，造册连犯转解到部。审讯之下，据石信供称，伊系内务府正黄旗管下人，伊与已死族侄石中才究竟有无服制，实不能供明，只求行查等语。案关罪名，必须查明方可拟办，相应行文盛京内务府，转饬该旗查明石信与已死石中才究系何等服制，绘具宗图送部，以凭核办可也。须至咨者。右咨盛京内务府。"③

图9-1 《盛京刑部为嗣后遇有饬查秋审重案原被告任旗佐身份时不得推诿事咨盛京内务府》

① 辽宁省档案馆编：《黑图档·嘉庆朝》（16），线装书局2016年版，第416页。
② 辽宁省档案馆编：《黑图档·嘉庆朝》（8），线装书局2016年版，第44页。
③ 辽宁省档案馆编：《黑图档·道光朝》（11），线装书局2017年版，第181页。

（二）边外蒙古狱讼案件

盛京刑部设刑部侍郎一人掌盛京谳狱及边外蒙古狱讼案件。"刑部，侍郎一人，掌盛京谳狱。边外蒙古隶之。"①乾隆《钦定大清会典则例》有更为详细的记载："盛京所属边外蒙古事件。每年一次。由本部委贤能司官前往。会同该处札萨克等审理取供。咨报理藩院题结。雍正八年定。盛京所属法库柳条边等处蒙古事件。停止盛京刑部审理。令将军传该旗该札萨克副台吉会同办理。乾隆二年定。法库柳条边等处。与盛京刑部相近。将军武职衙门。不谙律例。嗣后边外蒙古事件。悉交该侍郎。传该旗该札萨克副台吉会同办理。其人命及盗窃马匹牲畜之案。审明照例定拟具题。"②盛京刑部的主事及笔帖式都要任用蒙古人。

但是盛京刑部负责边外蒙古狱讼案件的职能并不是一开始就如此规定的，也经历了一个逐渐完善的过程。"盛京刑部设置初期，并无处理蒙古案件职权。但随着清廷对边疆民族地区控制渐强，所需处理的民族狱讼案件日繁，盛京刑部处理边外蒙古狱讼案件的职能凸显。乾隆三年，在盛京刑部侍郎葛森的强烈要求下，清廷进一步强化相关组织，大力提升盛京刑部处理边外蒙古狱讼案件的能力，推动办案规制定制化。至乾隆中叶，盛京刑部处理边外蒙古狱讼案件的具体办法基本成熟，渐成定制。"③

（三）私刨、私贩等经济类案件

"乾隆三十九年覆准：盛京围场内，有私人打枪放狗惊散牲畜者，不论次数，系旗人、发各省驻防当差。家奴，发遣为奴。民人，发附近充军。其私人采取蘑菇、砍伐木植者，拟以满徒，分别旗民办理。起获鸟枪入官，牲畜器物，赏给原拿之人。失察之该管员弁，查明边界，照例参处。四十五年奏准：盛京威远堡南至凤凰城边外山谷围场处所，拿获偷伐木植人犯，系身为财主雇请多人者，审拟满流。若一时会合，各出本钱，并雇人偷伐，越渡边关隘口者，审拟满徒。嘉庆四年奏准：私人围场，偷采菜蔬蘑菇、及割草或砍取柴枝者，分别次数，枷号发落。若盗砍木植，偷打牲畜，已得者、不计

---

① （清）赵尔巽：《清史稿》卷114，中华书局1976年，第3295页。

② （清）昆冈等纂：《清会典事例》（9）卷961，中华书局1991年版，第1324页。

③ 刘佺仕：《清代盛京刑部四题》，载达力扎布主编：《中国边疆民族研究》（第九辑），中央民族大学出版社2016年版，第132—133页。

赃数。初犯枷号三月，再犯满徒，系旗人折枷，三犯俱发乌鲁木齐。"①《盛京刑部为将私入围场之崔二狗枷号期满鞭责交管事咨盛京内务府》记载了嘉庆二年（1797），盛京刑部查办的私入围场的三人。"盛京刑部为咨送事。肃纪后司案呈，先准盛京将军衙门咨，据巡荒梅伦李维俊协同威远堡边门领催王连等拿获私入围场采取蘑菇之崔二狗即文启、张进修、崔国俊等三犯到部。当即审拟咨达刑部。于八月初六日，据福胜门仓达呈报张进修在仓病毙，于八月初十日咨报刑部并传唤该尸亲领骸归葬。嗣于十一月初六日接准部覆，将崔二狗、崔国俊照旗人拟徒折枷，枷号四十日。于十一月初十日枷号在案，咨于十二月二十日枷号期满。查崔二狗、崔国俊均系内务府正黄旗石雄管下壮丁，相应将二犯各鞭一百咨送盛京内务府，饬交该管官严加管束可也。须至咨者。右咨盛京内务府。"②档案《盛京刑部为将私入围场捡鹿角之线丁徐维邦枷号期满交管事咨盛京内务府》记载了嘉庆十九年（1814）盛京刑部审理的线丁徐维邦私入围场捡拾鹿角一案。"盛京刑部为咨送事。肃纪后司案呈，前准盛京将军衙门咨送私入围场捡鹿角之徐维邦一犯到部。当经本部将徐维邦审，照私入围场偷采菜蔬未得，为首例，拟枷号二十日。俟枷满之日咨送交管。于本月初二日枷号在案。今查徐维邦系内务府镶黄旗管下线丁，相应将该犯咨送盛京内务府，交该管官严加管束可也。"③

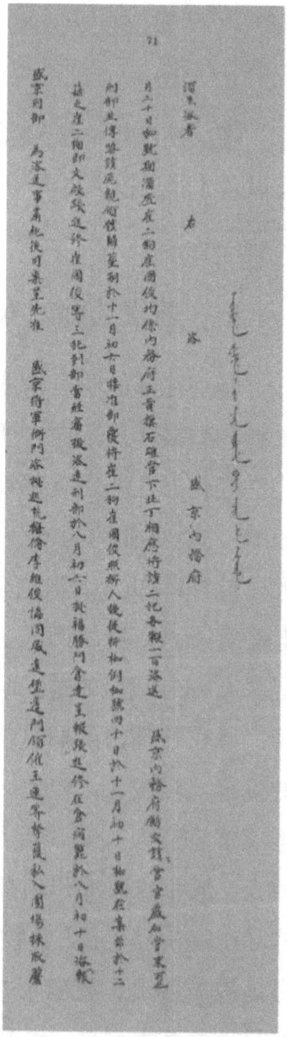

图 9-2 《盛京刑部为将私入围场之崔二狗枷号期满鞭责交管事咨盛京内务府》

---

① （清）昆冈等纂：《清会典事例》（9）卷961，中华书局1991年版，第1322页。

② 辽宁省档案馆编：《黑图档·嘉庆朝》（8），线装书局2016年版，第73页。

③ 辽宁省档案馆编：《黑图档·嘉庆朝》（22），线装书局2016年版，第474—475页。

第四节　盛京礼部

盛京礼部设立于顺治十五年（1658），"掌奉天仪礼、祭祀、朝会、宴飨及司园池养息牧牛之事"①。盛京礼部的建立，标志着清政府对盛京的控制进一步加强。

一、盛京礼部的人员组成

盛京礼部的职官构成，与清代史料中记载的不尽相同。究其原因，因为史料的编纂年份不同，所处不同时间内，盛京礼部的职官数量和种类会发生些许变化。在盛京礼部设置之初，其内部职官构成在《钦定八旗通志》中有记载："盛京礼部满洲侍郎一人，左司郎中一人，员外郎二人，右司郎中一人，员外郎二人，堂主事一人，祝读官八人，赞礼郎十六人，六品官一人，七品官一人，助教四人，笔帖式十人，以上均满洲员额，员额俱顺治十四年定。"②最初设定的这些职官，基本无大变化，但是随着盛京礼部的功能日趋完善，盛京礼部内的职官构成也更加庞杂，人员更多。尤其在乾隆年间各职官的设定与裁撤变化较大。"乾隆八年省二人管千丁，六品官一人。凤凰城迎接送朝鲜官三人，助教四人分掌朝仪祀典职贡教习之事，又有牧务总管一人掌牧长，乳牛。以锦州副都统兼管，其属有六品翼领一人，七品牧长十有七人，八品副牧长十有七人，牧副三十有四人皆总辖于礼部焉。"③又有"乾隆十年设弓箭教习四员，乾隆十九年设笔帖式十员，医学正科二员，外郎二员，库使八员。僧篆司一员，道篆会司一员，牧务总管一员，系锦州府副都统管六品，翼领二员七品，牧长十七员，原设收长三十四员，乾隆二十七年因收丁呈。首偷漏马草豆口分经侍郎朝铨奏，裁将牧长、副牧长、牧副等缺停止，剩有牧长十二员，二十九年补放五员，三两空八品副牧长十七员，原设三十四员。乾隆二十七年停止时剩有副牧长四员，三十五年补放十三员，三两牧副

---

① （清）阿桂等纂修：《盛京通志》卷39，辽海出版社1997年版，第698页。
② 李洵、赵德贵、周毓方等校点：《钦定八旗通志》（第3册），吉林文史出版社2002年版，第791页。
③ （清）高宗敕撰：《清朝通典》卷25，浙江古籍出版社2000年版，第1868页。

三十四员，二两牧丁五百二十六名"①。所以盛京礼部机构基本不变，下设的左礼司与右礼司其人员构成、所掌事务也无大变化，但其他部门人员构成，随时间、任务的不同一直在相应地增添和裁撤，以便适应当时发展的需要。

二、盛京礼部的部门组成

在盛京礼部的机构设置方面，史料记载盛京礼部下设左、右两司。"左司典祭物，司关领。右司典祭物，赡僧道。"盛京礼部的内务组织，分左、右二司。左司掌关领祭物及各庙宇用品供应、岁修等事。右司掌陵寝、祠庙祭物供应及各庙宇僧道管理、养赡各事。左司的职能可以参考《盛京皇宫和关外三陵档案》，其中《盛京礼部为永陵大祭需用苏麦等项出派读祝官复隆并户部委署章京玉临恭送事咨永陵关防衙门》记载了同治三年（1864）十一月永陵大祭时盛京礼部左司备办苏麦等项具体情况。"盛京礼部为恭送事。左司案呈：恭查，本年十一月二十三日冬至永陵大祭，需用苏麦等项，本部出派读祝官复隆恭送，其盛京户部应送祭品，由户部出派委署章京玉临恭送，相应开写祭品数目粘单一纸，移行永陵关防照数查收。须至咨者。右咨永陵关防衙门。附：十一月二十三日冬至水陵大祭苏麦祭品数目清单。计开：麦子八斤石，苏子四斤石，蜂蜜三百二十斤，奶油一百二十斤，抹锅奶油三斤，奶饼二十四斤，芝麻一斗一升一抄，白糖六十四斤，山葡萄一斗六升，枸杞一斗六升，松子四斗，榛子四斗，饽饽房用奶油二十四斤，炒细鳞鱼奶油十四斤，英蕚一斗六升，干梨三十二斤，两样瓜子三十条，高丽纸十三张。以上祭品系本部派员恭送。玉棠米一斗六升，小米三斗二升，粘稻米一斗六升，黄米二斗四升，白盐二十六斤，黑盐四十二斤，蘑菇十六斤，长青菜二十斤，木耳四斤，拌粉汤木耳八两，鸡蛋三千二百个，鸭蛋一百二十个，鹅蛋八十个，拌瓜子鸡蛋三十二个。以上祭品系盛京户部派员恭送。"②

盛京礼部右司的具体职能在《盛京礼部为归还堂子祭祀借用之黄磁大碗等物事咨盛京内务府》中有所体现。"盛京礼部为咨送事。右司案呈。查堂子

---

① （清）阿桂等纂修：《盛京通志》卷39，辽海出版社1997年版，第699页。

② 杨丰陌、赵焕林、佟悦编：《盛京皇宫和关外三陵档案》，辽宁民族出版社2003年版，第242—243页。

祭祀所需黄磁大碗五个、彩磁缸四个，于本年八月初六日呈堂出派外郎李复桂前往盛京内务府领取借用在案，今堂子祭毕，相应将黄磁大碗五个、彩磁缸四个仍派委外郎李复桂前往，敬谨恭送之处，移咨盛京内务府照数查收见复可也。"①

三、盛京礼部的管辖范围

盛京礼部所管辖区域，大体与盛京将军相同，包括盛京、兴京、凤凰城、义州、牛庄、锦州、金州、辽阳、熊岳、复州、宁远、广宁、铁岭、开原等地，主要负责管理当地的果园、池塘、放牧等地，以便为祭祀提供相应的物品。《盛京通志》中记载："所司三块石园荐樱桃，邢镇抚屯供杏子，辽阳外园出梨，内园出蒲桃，繁盛堡石桥千山三园并纳花红，安平园出栗子，羊拉峪火连寨并出酸梨，南塔园山旺芬园各献又有养鱼泊十四处，岁取园果池鱼，以供祀典。"②可见盛京礼部管理着不同地区的不同果园，以备祭祀使用。

四、盛京礼部的职能范围

（一）祭祀管理

清朝时期，政府十分注重祭祀等活动，盛京作为清朝陪都以及皇陵的所在地，祭祀活动更为频繁。盛京礼部负责管理盛京地区的陵寝祭祀以及堂子祭祀活动。福陵、昭陵的祭祀由盛京礼部全面掌管，掌关防衙门主办，盛京将军衙门、盛京户部、盛京兵部、盛京刑部、盛京工部、盛京内务府等部门协助办理或参与祭祀。除大祭外，福陵、昭陵每月初一、十五也会举行小祭（又称为常祭），仍由盛京礼部主管。在所有陵寝的大祭与小祭中，《黑图档》记载盛京礼部主要的职能为选派抬桌官员、备办祭祀贡品。《黑图档》中对盛京礼部选派抬桌官员有较为完整的记录。首先，在两陵大祭来临之前盛京礼部向盛京内务府咨取抬桌官员。例如，在咸丰二年（1852）十一月份的冬至大祭中《盛京礼部为咨取两陵大祭抬桌官员事咨盛京内务府》有记载："盛京礼部为咨取抬桌官员事。档房案呈：查得本年十一月十一日冬至，两陵大

---

① 辽宁省档案馆编：《黑图档·嘉庆朝》(13)，线装书局 2016 年版，第 421—422 页。
② （清）阿桂等纂修：《盛京通志》卷 39，辽海出版社 1997 年版，第 698 页。

祭在迩。今准两陵咨取抬桌官员前来，相应照例行文盛京内务府由内管领至库使照依例数派送，将衔名造具清册，务于十一月初四日以内咨送本部，以便签掣分派。咨送两陵抬桌自送之后，该员遇有差出患病，必须按名补送可也。"① 由于昭陵、福陵的大祭同时举行，抬桌官员需分派到两陵。盛京礼部在得到抬桌官员的清册后，用抽签的方式决定这些抬桌官员的去向，并将抽签结果由公文送至盛京内务府。盛京礼部在陵寝祭祀前要做的准备工作还包括备办祭品。盛京内务府在盛京大南边门外五里设有黑牛馆，专门饲养祭祀用的牛羊。在大祭前期，盛京礼部需咨文给盛京内务府，以便其按时将大祭用的牛羊等祭品送到盛京礼部。《盛京礼部为派员送祭祀两陵等处所用牛羊事咨盛京内务府》记载："盛京礼部为知照事，左户司案呈，恭查本年十一月初七日冬至，福陵大祭应用黑牛二条，备用黑牛一条，羊四只。太妃园寝祭祀应用羊三只。昭陵大祭应用黑牛二头，备用黑牛一条，羊四只。贵妃园寝祭祀应用羊二只。定于十一月初五日恭送。相应知照盛京内务府预先拣选，终于是日清辰派员送至本部以便验看可也。"② 除了牛羊以外，盛京礼部还需要采买备办鲜鱼、苏麦、挤奶乳牛各种祭品。《黑图档》的存查档中记载了盛京礼部在大祭前备办其他祭品的档案：《盛京礼部为派员送清明大祭所需苏麦等物事》③《盛京礼部为派员送清明大祭所需乳牛事》④《盛京礼部为派员送清明大祭所需奉先帛降正香等物事》⑤《盛京礼部为派员送清明大祭所需鲜鱼事》⑥。

堂子祭祀是清代萨满祭祀的一部分，贯穿了清朝近300年的历史，是清朝皇族最重要的祭祀之一。堂子是满族皇族拜天祭神的场所。清朝盛京的堂子位于现在的沈阳市大东区抚近门外东南的堂子街。清朝的努尔哈赤、皇太极、福临、弘历、颙琰、旻宁等六位皇帝曾前往盛京堂子祭祀。盛京礼部就负责皇帝到堂子祭祀前期的准备工作及后期的收尾工作。嘉庆十年（1805）八月末，颙琰皇帝东巡并到盛京堂子祭祀。盛京礼部在皇帝祭祀之前主要负

① 辽宁省档案馆编：《黑图档·咸丰朝》(3)，线装书局2016年版，第351页。
② 辽宁省档案馆编：《黑图档·咸丰朝》(8)，线装书局2016年版，第64页。
③ 辽宁省档案馆编：《黑图档·咸丰朝》(15)，线装书局2016年版，第198页。
④ 辽宁省档案馆编：《黑图档·咸丰朝》(15)，线装书局2016年版，第204页。
⑤ 辽宁省档案馆编：《黑图档·咸丰朝》(15)，线装书局2016年版，第208页。
⑥ 辽宁省档案馆编：《黑图档·咸丰朝》(15)，线装书局2016年版，第208页。

责备办祭祀什物与打扫堂子两项事宜。首先，在备办祭祀什物方面。嘉庆十年（1805）六月二十二日《盛京礼部为皇帝东巡堂子祭祀所需磁器照成案备办事咨盛京内务府》记载："恭查乾隆四十八年九月初五日接准部咨盛京新建堂子应照京城之例，归盛京礼部收管，至皇上驾诣盛京堂子祭祀时，由盛京礼部会同盛京内务府官员承办其铺设棕毯，安排朝拜等项。"[1] 又有《盛京礼部为备办堂子竖杆大祭需用之松树事咨盛京内务府》记载："恭查盛京堂子自乾隆四十八年由盛京礼部专司管理，其祭祀时摆设、祭品系由盛京礼部内务府派员会同办理。"[2] 之后，盛京礼部就什物的预备是否也按照乾隆四十八年（1783）旧例发文询问盛京内务府。《盛京礼部为皇帝驾诣盛京照旧预备堂子祭祀事咨盛京内务府》记载："盛京礼部咨称：本年驾诣盛京所有堂子祭祀是否照乾隆四十八年预备，咨部核复等因。经本部以堂子祭祀事宜，系由内务府办理，随行查去后兹准内务府应行备办事宜咨复前来，并将乾隆四十八年原案抄录送部相应抄单转行盛京礼部查照可也。"[3] 按照乾隆四十八年旧例，盛京礼部需提前确定堂子祭祀所需什物是否需要更换。其次，在打扫堂子方面。为保证皇帝于堂子祭祀时堂子的干净整洁，盛京礼部会事先发文给盛京内务府请求派员打扫堂子，盛京内务府派员十二名到盛京礼部，再由盛京礼部带领打扫堂子。若所到人数不足十二名，盛京礼部会再催盛京内务府补送其他人员。《盛京礼部为请速派人打扫堂子事咨盛京内务府》完整地记载了当时打扫堂子的情况。"盛京礼部右司为移行事。查得打扫堂子内务府苏拉十二名，现今仅有九名，惟有崔小八、□□八、王大小三名屡经移付贵府传唤至今，业未到部。但堂子院内至今其属荒□实不堪视瞻，而圣驾幸临在迩，若不早为上紧打扫洁净，关系非轻。相应再行移付盛京内务府，贵档房立急作速传唤，务于明晨移送到部，以便催令前往打扫，毋致临期延误可也。须至咨者。右咨盛京内务府。"[4]

（二）礼仪管理

盛京礼部主要负责盛京地区的礼仪的管理，相对于京城，盛京地区的礼

---

① 辽宁省档案馆编：《黑图档·嘉庆朝》(13)，线装书局 2016 年版，第 286—287 页。
② 辽宁省档案馆编：《黑图档·嘉庆朝》(13)，线装书局 2016 年版，第 345—346 页。
③ 辽宁省档案馆编：《黑图档·嘉庆朝》(13)，线装书局 2016 年版，第 335 页。
④ 辽宁省档案馆编：《黑图档·嘉庆朝》(13)，线装书局 2016 年版，第 401 页。

仪较为简单，只有在重大节日中才会有相关的礼仪公文。《黑图档》中盛京礼部的礼仪管理主要包括节日期间的礼仪管理及皇帝驾崩后的礼仪管理两方面。清朝入关以后，十分注重传统节日。清代统治者最重视的三个节日为元旦、冬至、万寿。元旦为一岁之始，冬至为一阳之始，万寿是人君之始。《黑图档》中记载了在元旦佳节、万寿圣节、千秋节期间，盛京地区文武百官所需遵守的礼仪情况，主要包括服饰、坐班、斋戒等方面。

（三）皇室档案管理

乾隆年间为彰显陪都盛京的尊崇地位，于乾隆九年（1744）决定将一部玉牒送至盛京，并修筑敬典阁专贮。"自乾隆十年，清宫每年都要恭送皇祖的实录、玉宝、玉册、御容等到盛京皇宫。"[1] "弘历于乾隆十五年御笔写下《恭送列祖皇考实录御容及玉牒至盛京尊藏》碑，以警示后世延续其规定的制度，意义深远。"[2] 台北故宫博物院藏的清代档案《盛京将军弘晌奏折录副：崇谟阁尊藏玉牒实录由》中有相关记载："清代迁都北京，将盛京定为陪都，其皇家重要档案与官书典籍，定制两京皆须典藏，以示对关外祖宗的尊重与敬仰。"

玉牒、玉册、玉宝、圣容等皇室档案由京城送往盛京入阁尊藏时，盛京地区都要依例举行隆重的仪式，由盛京礼部承担相应的前期准备工作。玉牒、玉册、玉宝、圣容等皇室档案运至盛京后，会将其存放在不同的地方：皇帝的圣容、御宝尊藏在凤凰楼中；皇帝皇后的玉册、玉宝尊藏在太庙中；玉牒尊藏于敬典阁；实录、圣训等尊藏于崇谟阁。之后，盛京礼部还负责皇室档案后续改镌工作。

皇室档案送往盛京尊藏时，盛京礼部需要提前做好恭迎皇室档案的准备工作，主要有：传达恭送日期、知会恭迎流程、前期物资准备、派送恭捧官员。

在清代，统治者对玉牒、玉宝等皇室档案尊藏于盛京十分重视，其入阁尊藏的日期也有讲究。一般由钦天监选择吉期，得到批准后再行通知盛京礼部，由盛京礼部转告盛京地区各个部门。不仅如此，恭送玉牒由京城起程日期也会提前告知盛京礼部，以便备办相关事宜。例如，在嘉庆二十三年

---

[1] 杜恒伟：《从乾隆御笔"恭送"碑看"盛京尊藏"》，《收藏》2019年第7期。

[2] 杜恒伟：《从乾隆御笔"恭送"碑看"盛京尊藏"》，《收藏》2019年第7期。

（1818）《盛京礼部为知会奉旨恭送玉牒起程日期事咨盛京内务府》记载："恭送玉牒前往盛京，着改于八月初三日自京起程，由御道行走，钦此。钦遵抄出到部相应恭录员抄知照盛京礼部可也。"①又有《盛京礼部为知会恭送玉牒奏派王公官员并日期尖站事》记载："盛京礼部咨为恭送玉牒，奏派之王公官员并日期尖站抄单知照事。"②皇室档案顺利运往盛京后，对皇室档案的尊藏日期也有规定。例如，关于玉牒的恭送，《盛京礼部为知会尊藏玉牒日期事咨盛京内务府》记载："乾隆五十三年玉牒至盛京城外，文武大小官员俱穿朝服出廊跪迎跪送，一切应行典礼经本部通行知会各部衙门在案，今钦天监选择十一月二十二日吉期尊藏。"③又有恭送玉宝相应时间，《盛京礼部为拟定恭请玉宝日期事咨盛京内务府》记载："谨择于闰四月初一日巳时恭请玉宝，其一切典礼仪注咨行盛京礼部，预期拟定即为知照各衙门一体遵照外。"④由此可见，盛京礼部在皇室档案送往盛京时，传达其日期的职能。

据《黑图档》记载，皇室档案在送往盛京尊藏时，要举办隆重的仪式，其程序烦琐复杂，由盛京礼部提前告知各个部门，以便仪式顺利进行、皇室档案顺利入盛京尊藏。例如，在恭迎玉牒时，盛京将军提前派官兵在玉牒经过的路上扫除警跸，玉牒即将到达盛京时，盛京地区的顶戴官员需要出城跪迎。《盛京礼部为预行知会恭迎玉牒事咨盛京内务府》记载："玉牒经过之地方文武官员俱穿朝服出廊跪迎跪送至奉天城外，该将军预派旗员官兵扫除警跸，届时该将军、五部侍郎、府尹等率领有顶带官员以上俱穿朝服出廊跪迎。"⑤等玉牒送往盛京后，盛京官员需由道引官引领在相应地方行跪拜礼仪。"盛京工部预备彩亭更换行驾，奉天府府尹衙门预备鼓乐，并派官二员，道引至崇政殿内陈设，行三跪九叩礼，届时尊藏吉期。盛京礼部前引彩亭至敬典阁前，送往之王公大臣官员及该将军以下等官，各于亭前行一跪三叩头礼，提调纂修等官率同盛京五部司官恭捧玉牒至敬典阁格子内，敬谨尊藏毕，各

① 辽宁省档案馆编：《黑图档·嘉庆朝》(27)，线装书局2016年版，第389页。
② 辽宁省档案馆编：《黑图档·嘉庆朝》(27)，线装书局2016年版，第301页。
③ 辽宁省档案馆编：《黑图档·嘉庆朝》(8)，线装书局2016年版，第294页。
④ 辽宁省档案馆编：《黑图档·嘉庆朝》(9)，线装书局2016年版，第255页。
⑤ 辽宁省档案馆编：《黑图档·嘉庆朝》(8)，线装书局2016年版，第272页。

行三跪九叩礼，礼毕各退。"①

　　在皇室档案恭送到盛京之前，盛京礼部需提前备办恭送当日所需的物什，主要包括提炉、棕荐、龙旗、御杖等。例如嘉庆四年（1799）十月，高宗纯皇帝圣容运到盛京供奉，盛京礼部预备所需的提炉、棕荐。《盛京礼部为备办恭请供奉高宗纯皇帝圣容所需人员物什事咨盛京内务府》记载："擢定十月十九日辰时，恭请乾隆四十一年高宗纯皇帝圣容一轴供奉凤凰楼内，钦此。钦遵本衙门届时应用提炉二对，棕荐五十块，鸣赞官四员，相应咨行盛京礼部，预备毋致临期有误。"②之后盛京礼部在准备物什时，发现库房内保管的提炉数目与要求预备的数目有差异，并咨文于盛京内务府。《盛京礼部为知会恭请供奉高宗纯皇帝圣容所用提炉仅存一对事咨盛京内务府》记载："查得盛京内务府咨取提炉二对、棕荐五十块前来，但銮驾库内仅存铜镀金提炉一对，并无二对，相应先行知照盛京内务府查照可也。"③在恭请皇室档案结束以后，相应物资会由盛京内务府收回，并交还给盛京礼部。《盛京礼部为知会提炉棕荐业已查收贮库事咨盛京内务府》记载："管理銮驾库官员等将镀金提炉一对、棕荐五十块如数，发给外相应咨复盛京内务府，俟供奉圣容完竣后，咨送本部以便扎库查收等因前来。"④又有盛京礼部查收之后："今本衙门供奉圣容讫相应将领到提炉一对、棕荐五十块照数咨交，盛京礼部查收可也等因前来，除扎管理銮驾库官员等将提炉一对、棕荐五十块，照数查收贮库外，仍知照盛京内务府。"⑤

　　皇室档案在送到盛京之时，盛京地区的官员在恭接档案时，需要专门的恭捧官员。恭捧官员需恭捧皇室档案依次入内尊藏，《盛京礼部为预备恭接玉册玉宝典仪事咨盛京内务府》记载："送往之大臣官员率同盛京居住宗室官员，暨五部大臣官员恭捧箱匣入殿内，遵照奏准位次，敬谨尊藏。"⑥其中同时记录了玉册玉宝的数量及所需恭捧官员的数量："恭查玉册玉宝十箱，每箱匣

---

①　辽宁省档案馆编：《黑图档·嘉庆朝》（8），线装书局2016年版，第272页。
②　辽宁省档案馆编：《黑图档·嘉庆朝》（9），线装书局2016年版，第92页。
③　辽宁省档案馆编：《黑图档·嘉庆朝》（9），线装书局2016年版，第97页。
④　辽宁省档案馆编：《黑图档·嘉庆朝》（9），线装书局2016年版，第180页。
⑤　辽宁省档案馆编：《黑图档·嘉庆朝》（9），线装书局2016年版，第180页。
⑥　辽宁省档案馆编：《黑图档·嘉庆朝》（9），线装书局2016年版，第420页。

子二个，共匣子二十个，每一匣需用正捧宗室官一员，扶捧官二员，共计需用正捧宗室官二十员，扶捧官四十员。"①恭捧官员的派送由盛京礼部负责。盛京礼部需要从盛京将军衙门以及盛京五部中，分别挑选恭捧官员，并造其名册。在皇室档案尊藏盛京之前，提前发文给盛京内务府，由盛京内务府按照名册知会各个部门的恭捧官员相关事宜。《盛京礼部为知会恭捧玉宝玉册官员于黎明齐集等候事咨盛京内务府》记载："盛京礼部为知会事。档房案呈，今查恭捧册宝需用执事各官，本部业已按照官数多寡分晰开单咨取在案，今查册宝于十一月十一日辰时进省，相应知会盛京内务府转各员，于是日黎明齐集彩棚内听候唱名恭捧可也。"②

　　皇室的玉册、玉宝等送往盛京尊藏后，盛京礼部既要负责这些玉册、玉宝的安置，还要负责后续的改镌工作，即在位皇帝对其前朝皇帝、皇后追加尊谥。除此之外，皇室档案的保管也是盛京礼部的职责之一。玉宝呈正方形，主要镌刻先祖皇帝的庙号和谥号。玉册是玉制册书，所刻内容较为丰富，包括前朝皇帝、皇后的庙号、谥号及一生功德伟业等。皇室的玉册、玉宝送往盛京太庙存放，如遇皇帝给先祖添加谥号的情况，盛京礼部需要根据中央的指示，对玉册、玉宝进行改镌。例如，嘉庆四年（1799），高宗纯皇帝、孝贤纯皇后、孝仪纯皇后升祔太庙，恭进玉册、玉宝亦应另行成造一份，恭送盛京太庙尊藏，以显尊崇之意；除此之外，孝昭仁皇后、孝懿仁皇后、孝恭仁皇后、世宗宪皇帝、孝敬宪皇后、孝盛宪皇后新加尊谥，其玉册、玉宝也应恭藏于盛京太庙一份，玉册需要由京重造。基于此，礼部上奏请旨，将尊藏与盛京太庙的宝册进行改镌。得到批准后，工部预请派员带领匠作前往，即交予盛京礼、工二部，二部堂官照京城之例敬谨改镌，俟各册宝送往时一同供奉。《黑图档》中《盛京礼部为奏准尊藏高宗纯皇帝皇后之玉册玉宝重造改镌事咨盛京内务府》有所记载："盛京礼部为知咨照事。档房案呈，本年七月初七日，准礼部咨开，祠祭司案呈，本部具奏：高宗纯皇帝、孝贤纯皇后、孝仪纯皇后玉册宝应另造一分，并新加尊谥，各册、宝应重造改镌，于盛京太庙尊藏一折，于嘉庆四年五月十八日奏。奉旨：依议。钦此。相应抄录原

---

① 辽宁省档案馆编：《黑图档·嘉庆朝》（9），线装书局 2016 年版，第 420 页。
② 辽宁省档案馆编：《黑图档·嘉庆朝》（9），线装书局 2016 年版，第 440—441 页。

奏移咨盛京礼部查照办理，所有另镌玉宝各事，宜俟派员前往时再行知照。等因前来。相应抄录粘单知照盛京内务府可也。须至咨者。"①

皇室档案送往盛京太庙尊藏后，为保管好档案不让其受潮发霉，盛京将军衙门规定将圣容、实录、圣训、玉牒等每年秋季晾晒一次，由盛京五部出派官员进行晾晒。具体内容可以参考第四、五章的内容。

（四）其他职能

除了上述所论的盛京礼部的三个主要职能外，盛京礼部在日常工作中，还需要兼顾多方面的事情，如每年年初盛京礼部需要将封存的印信开启，盛京礼部需要将开启印信的时间以及礼仪等情况提前告知各个部门，以便相关工作的顺利开展。除此之外，盛京礼部的其他职能还包括：知会官帽换戴、管理官学生事务、命令不伐青木等。

1. 传达封开印信

盛京礼部的日常职能之一即为抄录传达礼部所要求的封开印信时间及礼仪服饰要求。例如，在嘉庆十三年（1808）十月二十九日，《盛京礼部为奏准年节封开印信日期礼仪等事咨盛京内务府》记载了礼部题请开封印信日期得皇帝批准后，要求盛京礼部抄录粘单："相应刷录粘单知照盛京礼部可也。等因前来。相应抄录粘单。"②盛京礼部抄录后，需将粘单内容转饬各衙门，以便各衙门遵照。其抄录的礼部公文的具体内容为："礼部谨题为循例具题事。查每年封开印信例由臣部预为题明通行，内外各衙门转饬所属一体遵照。兹据钦天监选择得，本年十二月二十一日壬子宜用卯时封印吉，次年正月十九日已卯宜用卯时开印吉。等因到部。该臣等查得本年十二月二十一日壬子宜用卯时封印吉，嘉庆十四年正月十九日已卯宜用卯时开印。自封印日起至开印日止，照例不理刑名不办事，有紧要事件仍行办理至元旦，且令节自十二月二十七日起至正月初四初五日止，上元节自正月十四日起至十六日，王以下文武各官均照定例常朝处，穿朝服外，其准内及公所办事俱穿蟒袍补服恭候，命下臣部遵奉施行等因。于嘉庆十三年八月十四日题。八月十七日奉旨：依

---

① 辽宁省档案馆编：《黑图档·嘉庆朝》(9)，线装书局 2016 年版，第 17 页。

② 辽宁省档案馆编：《黑图档·嘉庆朝》(17)，线装书局 2016 年版，第 61 页。

议。钦此。"①

2. 知会官帽换戴

官帽是清代官员重要的品级标志之一，也是各级官职最鲜明的外在体现。清代男子的官帽，有礼帽、便帽之别。礼帽俗称"大帽子"，其制有二式：冬季戴用的暖帽、夏季戴用的凉帽。两类官帽同一时期不可混用。在盛京地区，由于低温持续时间较长，每年换戴凉暖帽日期也与中央有所不同，一般每年四月份换戴凉帽，每年八月份换戴暖帽。凉帽、暖帽的具体换戴日期及相关事宜由盛京礼部负责，并提前行文告知各个衙门。在咸丰三年（1853）盛京礼部与盛京内务府衙门来往的公文中记载了相关的情况。《盛京礼部知会换戴凉帽日期事咨盛京内务府》记载："盛京礼部为换带凉帽事。档案房案呈，照得历届换带凉暖帽例由本部酌定日期，行知各部衙门。今本月部定于四月二十日换带凉帽之处，相应知会盛京内务府可也。"②

同年八月，盛京礼部又规定了换戴暖帽之事，《盛京礼部知会换带暖帽事咨盛京内务府》记载："盛京礼部为知会事。档案房呈，查向例换带凉暖帽俱系本部会同将军各位大人酌量寒暖，公同议定。今拟于八月十五日换带暖帽之处知会盛京内务府可也。"③

由此可见，清朝盛京地区官帽的换戴需一年两次，换戴日期基本在每年四月份与八月份，具体时间根据天气冷暖则无定例。在换戴之前，盛京礼部需与各个将军商议，再由盛京礼部拟定具体日期，提前知照盛京内务府以便换戴官帽的顺利进行。

3. 管理官学生事务

盛京官学成立后，由盛京五部及盛京将军衙门协同管理。《钦定八旗通志》中记载了："盛京左右两翼各设官学二处，将彼处俊秀幼童各旗选取十名，每翼四十名：满学各二十名，教读满书、习马步箭；汉学各二十名，教读满汉书、习马步箭。交与盛京礼部堂官不时稽查操演。"④盛京礼部在盛京

---

① 辽宁省档案馆编：《黑图档·嘉庆朝》(17)，线装书局2016年版，第61页。
② 辽宁省档案馆编：《黑图档·咸丰朝》(4)，线装书局2016年版，第230—231页。
③ 辽宁省档案馆编：《黑图档·咸丰朝》(4)，线装书局2016年版，第369—370页。
④ 李洵、赵德贵、周毓方等校点：《钦定八旗通志》(3)，吉林文史出版社2002年版，第1582页。

官学中的职能由此可窥见一斑。

盛京礼部在日常管理官学生时，对官学生的特殊情况需及时传达给盛京内务府及盛京将军衙门等部门。在《黑图档》的记载中主要包含传达官学生辞退补送情况及官学生的改名情况。

关于官学生辞退补送情况。盛京地区设立左右两翼官学各一处，八旗子弟入学名额皆有定额。由于入学名额较少，不同地区的八旗子弟需经各个地方佐领推荐才能入学。如官学生退学时，盛京礼部也需及时告知盛京内务府该生退学原因。在盛京礼部与盛京内务府来往的公文中，记载官学生退学的原因主要有：其一，因入学十年学无所成，按例退学。《盛京礼部为官学生忠纯之缺另选人员补充事咨盛京内务府》记载："内务府镶黄旗官学生忠纯入学已逾十年，老大无成，例应出学。"[1] 其二，因在学期间考取官职后退学。《盛京礼部为官学生广善等退学另补事咨盛京内务府》记载："内务府正白旗官学生广善为恳恩出学事，窃生已于咸丰六年童试入□，兹因于火器营捐效，奉旨因七品笔帖式赏掌仪司食俸，催长有缺即补。"[2] 其三，因家贫而退学。《盛京礼部为辞退官学生常得事咨盛京内务府》记载："内务府正白旗兆麟佐领下官学生常得呈，称生家道无力读书，不能上进，情愿辞退。"[3] 盛京礼部将官学生退学原因查明后，需及时咨盛京内务府。盛京礼部负责将盛京官学生退学的原因查明，并及时告知盛京内务府送来新生，以便及时填补空缺。

关于官学生的改名情况。《春秋公羊传·闵公元年》有言："为尊者讳，为亲者讳，为贤者讳。"这反映了我国古代的避讳制度，避讳制度发展到清代更为严格。盛京官学生的名字若与同族内有重名，则需改名。盛京礼部需要将官学生的改名情况咨送盛京内务府。例如《盛京礼部为官学生宝玉改名为宝璞事咨盛京内务府》记载："盛京礼部为咨行事。档案房案呈，据左翼助教官鸟珍等呈称，据内务府镶黄旗官学生大吉呈，为与远族前辈同名，情愿改名庆恩等情，据此理合呈明案下恩准施行，相应咨行盛京内务府可也。"[4]

盛京礼部为了使官学生能够得到更好的出路，设立了一定的奖惩制度。

---

① 辽宁省档案馆编：《黑图档·咸丰朝》(9)，线装书局 2016 年版，第 318 页。

② 辽宁省档案馆编：《黑图档·咸丰朝》(7)，线装书局 2016 年版，第 294 页。

③ 辽宁省档案馆编：《黑图档·咸丰朝》(3)，线装书局 2016 年版，第 129 页。

④ 辽宁省档案馆编：《黑图档·咸丰朝》(9)，线装书局 2016 年版，第 220 页。

咸丰五年（1855）七月的档案《盛京礼部为传官学生到部考核事咨盛京内务府》记载："盛京礼部为咨行事。档案房案呈，查例载：八旗官学生每旗于百名内裁扣十分钱粮，分为二十分，挑去年幼多熟经书、文理明顺者给予，以示鼓励。若一二年内学业不造仍行甄退。并于教习中择其学开较优者，传令督课乐，能功课勤密，卓有成效。于报满后，予以补官日纯录一次，谨按嘉庆十四年议。"[①] 这种奖惩措施可以有效督促官学生们认真学习，以为统治者招揽更多的有贤之士。盛京礼部对官学生的学习成果也要定期考核。

4. 命令不伐青木

盛京礼部的日常职能还有在每年的小暑日之前，知会盛京内务府在小暑至立秋之间不伐青木、不焚纸钱、不化尸骸。《黑图档》中每年五六月份都有相应的公文往来。其中，嘉庆朝有二十二件档案，道光朝有二十六件档案，咸丰朝有六件档案记载此事。此类档案数目之多，足以显示其重要性，如《盛京礼部为知会小暑至立秋不伐青木不烧纸钱事咨盛京内务府》记载："盛京礼部为知会事。档案房呈，本年六月初九日小暑日起，至七月初十日立秋日止，不伐青木、不焚纸钱、不化尸骸之处，知会盛京内务府可也。"[②]

第五节　盛京兵部

一、盛京兵部的设立与裁撤

清政府效仿明朝陪都南京设立六部之举，先后于盛京置礼部、户部、工部、刑部及兵部，盛京兵部是盛京五部中最后一个设立的。设立之初，盛京兵部职掌盛京军政、邮驿和笔帖式铨选等事务，但随着朝代演变，其职掌范围逐渐遭到削弱。自雍正成立军机处后，凡用兵大事，皆由军机处秉承皇帝意旨直接办理。兵部的权力遭到限制，"不过稽核额籍，考察弁员而已"[③]。光绪初，命前将军崇实奏定将军一职兼管兵刑两部，盛京兵部的权力更是大为削减。光绪三十一年（1905），以"事权不专""百弊丛生"等原因，存在 214

---

① 辽宁省档案馆编：《黑图档·咸丰朝》（6），线装书局 2016 年版，第 249 页。
② 辽宁省档案馆编：《黑图档·道光朝》（20），线装书局 2017 年版，第 138 页。
③ （清）纪昀：《历代职官表》卷 12，上海古籍出版社 1989 年版，第 235 页。

年的盛京兵部最终被裁撤。

二、盛京兵部的位置及机构设置

（一）盛京兵部的位置

盛京兵部在怀远门内街西，近盛京礼部公署。相较于其他四部公署，盛京兵部公署的房屋组成较简单。这也侧面反映出相较于盛京地区其他行政机构，该机构职权较为简单。

（二）盛京兵部的机构及官员设置

盛京兵部内部机构如其他盛京四部一样，下设左、右二司。其中左司专管驿站，右司职掌边门之稽察及铨选、考试诸事。关于盛京兵部职官的数量和种类，康熙三十年（1691）对其便有定例。《盛京典制备考》对其记载如下："额设侍郎一员。郎中二员，驻防满洲一缺，员外郎四员，驻防满洲二缺，主事四员，驻防满洲缺，笔帖式十二员，驻防满洲缺，外郎四员，驻防汉军二缺，本旗驿丁二缺。驿站监督公署，在德盛门外街西，正、副监督各一员，由各部司员圈派，三年更换。驿丞二十九员。"[1] 此职官结构在朝代发展中一直保持稳定态势，仅是于乾隆八年（1743），员外郎人数从六人削减至四人。

驿站官员的构成主要经历以下两次变动。光绪二年（1876）奏定：各厅州县所属境内驿丞、站丁，仍由盛京兵部遵派、驿站监督管理，并归地方官兼辖。光绪三十二年（1906）裁撤盛京兵部，驿站事务改归驿巡道暂行管理。翌年奉天改设行省，东三省总督徐世昌奏准奉省裁撤驿站，所有裁缺驿丞 29 人，候补驿丞 34 人，请归部，以驿丞及对品之典史等官铨选。有愿分发各省候补者，准其呈明办理。

三、盛京兵部的管辖范围

盛京兵部管辖区域主要为驿站和边防。《盛京典制备考》对驿站范围有详细记载："奉天西至山海关站道，第一站由省城六十里至老边站，四十里至巨流河站，七十里至白旗堡站，五十里至二道井站，五十里至小黑山站，七十里至广宁站，八十里至十三山站，五十四里至小凌河站，五十四里至高桥

---

① 刘立强、刘海洋、韩钢主编：《盛京典制备考》，科学出版社 2016 年版，第 114 页。

站，六十二里至宁远站，六十二里至东关站，六十三里至凉水河站，七十五里至山海关站。奉天东至兴京站道，七十里至噶布拉村站，七十里至萨尔浒站，八十里至穆奇站，四十里至兴京。奉天南至朝鲜站道，六十里至十里河站，七十里至东京驿站，七十里至浪子山站，五十里至甜水站站，四十里至连山关站，五十里至通远堡站，六十里至雪里站站，四十里至凤凰城站，过此为朝鲜界。奉天东北至吉林道站，七十里至懿路站，七十里至高丽屯站，七十五里至开原站。奉天北至法库边门站道，自巨流河分界，经旧边驿至巨流河驿一百里，七十里至严千户屯站，六十里至法库站，过此即蒙古界。"[①]清代在盛京设置 29 处驿站，东至兴京老城、西至山海关直通京城、南至凤凰城可达高丽、北至吉林宁古塔站道、西北至法库边门站道，可谓是四通八达。

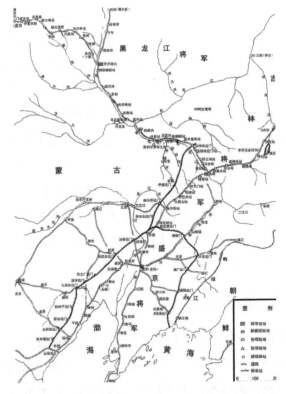

图 9-3　清代黑龙江、吉林、盛京三省将军衙门辖区交通图 中国东北部分[②]

---

① 刘立强、刘海洋、韩钢主编：《盛京典制备考》，科学出版社 2016 年版，第 114—115 页。
② 王锦厚、朴文英：《中国东北与东北亚古代交通史》，辽宁人民出版社 2016 年版，第 488 页。

四、盛京兵部的职能范围

关于盛京兵部的详细职责，史料有相应的记载。"盛京兵部职掌盛京之戎政，凡盛京各衙门及四路各城路、边门等处之军械等，每三年依册点验简阅；办理每年春秋二季旗员会射；管理驿站及武职官员之铨选事宜。"[①]

（一）职掌邮驿事务

所谓"邮"是递送公文、"驿"是提供马匹和食宿，二者在清以前各司其职，到了清代融为一体，驿站成为直接办理通信事务的机构，极大地提高了工作效率。清代在盛京设置 29 处驿站，各驿按等级配有驿丁、驿马，铺配有铺兵。其中"盛京驿不隶属厅州县，专设驿丞，归盛京兵部管理"[②]。盛京兵部内设左、右二司，二司各有其职掌，其中"左司专管驿站。盛京地区，凡东、西、南、北、西北五路，共设译二十九处，驿壮一千八百余名，马九百八十余匹；凡驿站传递文书过境者，由左司验看邮符，供应所需夫役、马匹；凡驿站之管理，设驿站正监督一人，满缺，秩正七品，以本部司员拣选题授。驿站副监督一人，满缺，由盛京将军衙门及五部之司员内拣选题授。驿站正、副监督，三年任满更代，掌治驿务。每驿设驿丞一人，共二十九员，掌支给驿夫（官役）之口粮。供给驿马马干，办理马匹倒毙买补和雇佣民车等事"[③]。光绪二年（1876）奏定，遇有过往马递限行文报，饬令各驿设立号簿，将收发时刻日行程限分晰登记，验无稽延折损等弊，即行出具印收，交原驿丁，带回备查，按十日一次分报，该管厅州县暨监督衙门，再由各厅州县按季汇报驿巡道查核，并由各厅州县设立铺司，按递日行铺递公文。

《黑图档》中关于盛京兵部递送公文的咨文十分丰富，从咨文中可清晰地了解到各处公文交由盛京兵部弛递时，必须附有印封筒和印片。若遇到需要飞递的公文，盛京兵部要求盛京内务府在文片内详细阐述其原因，再决定是否进行飞递。对于重要的公文，盛京兵部负责派员护送其驿递。总之，盛京兵部公文的邮驿工作十分严谨。

---

① 刘子扬编著：《清代地方官制考》，故宫出版社 2014 年版，第 269—270 页。
② 于淑娟、张晓风：《漫谈清代盛京驿站》，《兰台世界》2019 年第 6 期。
③ 刘子扬编著：《清代地方官制考》，故宫出版社 2014 年版，第 269 页。

（二）职掌边门之稽查

盛京作为清代的陪都，驿站每年要运送大量的人员、物品，包括官兵的粮饷、进贡物件、匠役、人犯等，事务繁多。盛京兵部在供应所需交通工具和食宿前，执事人"要持兵部颁发的邮符，由司驿官查验无误后，按邮符上注明的标准，提供伙食、住宿、马匹或草料"①。在供应所需交通工具和食宿前，要先行核查执事人出边执照和腰牌。所谓腰牌，是古代官员所配的身份符信，相当于今天的通行证，利于管理出边人员。据《清会典·兵部车驾司》记载："凡驿递，验以火牌，定其迟速之限。"可见，在人员出边办理相关事项时有相应的时间限制，并且回署后，执事人还要注意及时将回程火票和兵科验照移送给盛京兵部。

如《盛京兵部为遇有出边官差人等须赴部领取出边照票事咨盛京内务府》记载："盛京兵部为咨行事。右司案呈，卷查向例：盛京礼部、内务府所有出边各项官差具系预期咨行本部，填给出边照票，及札边门掌京封筒一并交与承差人等持赴，经过边门验照放行。历经办理。在案。近来所有出边之差，虽各衙门预期知照本部咨取，照票随札，间有轻率不更事之承差等视为具文，竟有遗忘票札，未曾领取，公然出入边册者。殊非慎□公务之道，除咨行盛京将军衙门，希即转饬各边门。嗣后凡遇出边官差人等，务须验照，本部印票放行。毋得以为原系年例官差，即率尔任其出入，致干录办外，并行文盛京礼部内务府。嗣后遇有出边之差，希□饬该□差等务须随文赴部领取票札。"②

（三）职掌笔帖式之铨选

笔帖式，满文为 bithesi，意为"有学问的人"，是清代为旗人专设的官职，为满员进身之阶。"盛京各仓官、驿官、守边官之拣选事宜，亦由右司负责办理，并报部题补。考试笔帖式，则开列阅卷官，咨吏部奏请钦派；取中之笔帖式，于右司注册，缺出，不论旗分，依次补用。"③可见，盛京兵部在笔帖式铨选中起着十分重要的作用。

---

① 于淑娟、张晓风：《漫谈清代盛京驿站》，《兰台世界》2019 年第 6 期。
② 辽宁省档案馆编：《黑图档·嘉庆朝》(24)，线装书局 2016 年版，第 84 页。
③ 刘子扬编著：《清代地方官制考》，故宫出版社 2014 年版，第 270 页。

盛京兵部于笔帖式之铨选中的职责在《黑图档》中有很系统、详细的记录。盛京兵部在笔帖式铨选中主要负责分发执照、查明旗人政治清白和办理笔帖式注册三项事务。首先，执照是捐纳人员报捐的凭证，填发执照的权力掌握于户部。盛京兵部在注册笔帖式前，先审核相关捐纳监生等是否有资格入选，再发给有资格补用之旗人以执照。其次，当捐纳人员有机会进行补用时，盛京兵部负责告知当地旗佐查明捐监生是否为正身旗人，有无犯罪等政治历史，并造送相关印结。同时，造送该员身份具体信息清册，内容包括该员三代姓氏本身年貌及捐纳年月日期满汉清册、印结和人照，为盛京兵部注册报部、核验提供资料。并且，盛京兵部要对各地旗佐所造送印结和清册内容的真实性和完整性进行详细审查。最后，在确定捐生名单后，盛京兵部负责将名单报给清政府和出榜告知百姓。该部门还负责催令旗佐造具清册和捐生们前往盛京兵部核验、注册，否则就不会予以补用，体现了盛京兵部右司对捐纳人员注册的严谨性。

如《盛京兵部为造送报捐人员各项册结以备核验事咨盛京内务府》记载："当经本部叠次勒限，行文咨催各衙门转饬各该管官分晰造具册结，连人照咨送本部，以凭核验注册报部。而杜别项旗人蒙混报捐之弊。迄今六、七年之久，造册送部验照者不过十之二三。推原其故，皆因各该管官任听兵役饰词搪塞，并不敢饬，认真催传，以致报捐各员有所倚。"①

（四）职掌官兵军械之检阅

盛京兵部在检阅官兵军械中起着重要的作用。从《黑图档》咨文可见盛京兵部检阅官兵军械的流程。首先，盛京兵部负责告知各衙门检阅官兵军械之事，催促他们造具兵器清册咨送于本部。如《盛京兵部为点验军器造具清册事咨盛京内务府》记载："查本年系点军器之年，前经本部行文盛京将军等衙门，照例照册，务于八月内咨送本部。"②对于未在期限内造送军器清册的部门，盛京兵部负责敕令催促。如《盛京兵部为饬令各旗限期造送军器清册事咨盛京内务府》记载："兹届点验之期，所有各处军器清册均未造送本部。相应行文盛京内务府衙门，希即转饬所属各旗，速行造册。务于八月二十日以

---

① 辽宁省档案馆编：《黑图档·咸丰朝》（8），线装书局 2016 年版，第 127 页。
② 辽宁省档案馆编：《黑图档·道光朝》（9），线装书局 2017 年版，第 260 页。

前咨送本部，以便定期点验可也。"①

其次，盛京兵部负责及时知会各部门检阅的时间、地点。如《盛京兵部为知会查验官兵军械日期事咨盛京内务府》记载："查得本年例，应点验各城各边，以及各城八旗文武官员兵丁军械之期。本部也经行文派员点验，在案。令本部拟定于本月初十，点验本城八旗文武官员兵丁等盔甲、弓箭、撒袋、腰刀、枪器、旗炮等项军器之处，相应知照盛京总管内务府衙门可也。须至咨者。"②可见，一般照先例确定时间和地点，具有一定的规律性。遇特殊情况需要更改时间等之处，也要及时告知，以免延误检阅进程。最后，检阅官兵军械结束后，盛京兵部将相关情况呈报给盛京内务府。

第六节　盛京工部

清代官方建筑工程的管理，主要是承袭了明代相关制度，并以京工部为最高行政机关，统领地方工部的运作。京师工部主要下设营缮司、虞衡司、都水司、屯田司这四个部门来掌管各项大小事宜，与京工部不同的是，盛京工部是顺治皇帝入关后，各部院衙门逐渐移设北京，盛京地区被总管大臣镇守，进而总理盛京户、礼、兵、刑、工五部各项政务。因此，可以说，盛京工部在一定程度上代替了京工部在盛京的各项事宜。

盛京工部直接管理的有火药房、黄瓦厂、颜料、麻铁库等部门，主要负责盛京地区官方工程的各项营缮事宜，对火药、砖瓦、行围、贡品包装等各种物资进行保管、供应或生产，此外，盛京工部还对采木山场进行管理。在盛京工部掌管的各项事宜中，应数官方工程的营缮最为重要。根据有关史料记载，除重大项目会同工部办理外，盛京工部主要承办岁修即寻常维修工程事务。盛京工部在处理盛京宫殿、陵寝、庙宇等应修建的官方工程时，首先分别由该管衙门报部勘估，随后提报兴修，并根据勘估的实际情况、修缮工程的大小等项来规定官方工程修缮的期限，等到工竣后，随时向盛京户部题销；至于对官方工程的岁修，则应该等到第二年夏季对所用银两、物料等进

---

① 辽宁省档案馆编：《黑图档·道光朝》(12)，线装书局 2017 年版，第 362 页。
② 辽宁省档案馆编：《黑图档·嘉庆朝》(9)，线装书局 2016 年版，第 148 页。

行汇总，后均由京工部对其进行核销。

在本节中，对于盛京工部的阐述，将主要从盛京工部内部机构的设置以及营缮工程的细则展开。

一、盛京工部内部机构的设置

根据《钦定大清会典》有关史料记载，盛京工部内部机构的设置虽不像京工部那般系统、全面，但也是可以称之为"麻雀虽小，却五脏俱全"。盛京工部主要由盛京工部侍郎、员外郎、堂主事、司库、司匠、笔帖式等构建而成，他们各司其职，为盛京工部各项事宜的办理奠定了良好的基础。

（一）盛京工部具体的官职设置

设盛京工部侍郎一名，主要掌管盛京的各项营作之事，如制定经费、修缮计划等；设堂主事两名，主要是由满人担任，负责掌管有关档案的移交办理；设笔帖式十七名，其中，十六名笔帖式由满人担任，一名笔帖式由汉人担任，主要负责翻译等项事宜。

（二）盛京工部机构职掌的设置

盛京工部主要设左清吏司、右清吏司、银库。首先，左清吏司主要设郎中一名、员外郎三名、主事一名，负责掌管官方工程各项营作事宜，设四品官一名，主要负责掌管永陵砖瓦、砖石、木植等工，还设六品官一名，主要负责掌管三陵供奉物品的备办，以上官员均由满人担任；其次，右清吏司主要设郎中一名、员外郎两名、主事一名，分别掌管办理各项营作事宜，设四品官一名，主要负责掌管黄瓦、木植等事宜，以上官员均由满人担任；最后，盛京工部在自己机构内部设置银库，主要是因为盛京工部在营缮工程时涉及银两数额巨大，设置银库是为了更好地厘清盛京户部或京户部发给的各项大小用银，以免在办公过程中出现官员贪污公款、挪用物料等现象的发生。银库内主要设司库两名，主要负责掌管各项工程用银的贮存和保管，银库对于官方工程岁修所用的工料银，每年向京工部行文兴修，待京工部同意后，再转行京户部发给各项工程所用银两，待工程银两到部后，由盛京工部银库负责存储备用。

二、盛京工部营缮工程之细则

正如上文所说，从盛京工部主掌的各项事宜来看，盛京工部的主要职能还是在于对各项营缮工程的管理，因此，这一部分主要围绕盛京工部在营缮工程方面的细则展开，主要有两部分：一是对盛京坛庙、公廨的营缮；二是对城垣的营缮；三是对盛京宫殿、陵寝的营缮。

（一）主掌盛京坛庙、公廨营缮事宜

史料对于盛京坛庙、公廨的记载虽然不是很多，但其在盛京工部的营缮事宜中也占据了一定分量。

首先，坛庙自古以来就是中华民族祭祀天地日月山川祖先社稷的建筑，而在清代，随着中央集权的逐渐加强，皇家对于坛庙祭祀也越来越重视。对于盛京庙坛的修缮，在顺治十三年（1656）就定，凡是盛京坛庙有应修缮的地方，可直接勘估修理。其次，公廨主要是指官员办公的地方，在盛京工部修缮的所有官方工程中，修缮盛京公廨应该是属于耗损较多、较为频繁的一项工程。

（二）主掌城垣营缮事宜

要保障一座城池的稳固和安全，首先要有结实、稳固的城基和城墙，对于清代陪都盛京城而言更是如此。嘉庆二十四年（1819）档案记载："查定例，各省修理城垣、衙署、仓库、房屋以及堤岸、闸填等工，先将保固年限分别核明，其限内坍坏，应行赔修者，一面报部，一面照例查办，毋任承办官员朦混淆修；其实系限外，例应动用修理之工，亦将何年修造，何员承办，曾否保固限满之处，于结报案内详细声明，以凭查核。等因。历经遵办在案。"①

盛京城垣的修理主要由盛京工部主持大局，在盛京各部门中选官，各个官员对所需修缮城垣进行分段监修，以此来提高修缮城垣的效率，以免耽误城垣修缮。此外，对于城垣的修缮，还要派遣委官随时对工程进行察验，在一定程度上避免了官员偷工减料、挪用公款等弊事发生。对于盛京城垣营缮所需费用，还是从盛京户部支领帑银。

---

① 辽宁省档案馆编：《黑图档·嘉庆朝》(28)，线装书局 2016 年版，第 310 页。

（三）主掌盛京宫殿、陵寝营缮事宜

在盛京工部所有营缮事宜中，盛京宫殿和陵寝的修缮最为重要，这直接关乎着皇家尊严，所以在现存的诸多有关盛京工部营缮工程的档案中，绝大多数都是对盛京宫殿、陵寝的记载。

盛京宫殿的岁修，均是由内务府专掌该项事务，会同盛京工部一同修理，并随时派委官进行察验，由此可见，盛京宫殿在所有修缮工程中重要性之大。盛京工部修缮的宫殿，主要是崇政殿、衍庆宫、关雎宫、永福宫、麟趾宫、颐和殿、介祉宫、敬典阁、迪光殿、保极宫、继思斋、飞龙阁、翔凤阁、凤凰楼、师善斋、日华楼、协中斋、霞绮楼等处。嘉庆九年（1804）档案记载："盛京工部为咨行事。左清吏司案呈，准钦差佐领巴、盛京将军富、盛京工部侍郎萨，钦工处案呈，查兴京、盛京陵寝、宫殿、庙宇等项应修工程，向系盛京工部查勘修理，此次本工恭修陵寝、坛庙各座暨宫殿房座墙垣等项工程，其或尚在保固限内之处，并福陵隆恩殿一座，东西配殿二座，现在俱无镀金铜瓦钉，原建修时，有无之处，本工俱无凭查核，理合呈明咨行盛京工部详细查明咨覆本工，以便查照办理可也，为此合咨。须至咨者。等因前来。相应抄录原咨粘单咨行盛京总管内务府衙门，希即照依单内详细查明，分析何工系何年修理，迅速咨覆本部，以便查核咨覆可也。须至咨者。右咨盛京总管内务府。"①

对于盛京陵寝的修缮，盛京工部更是形成了一套完备的陵寝修缮体系，这个完备体系不仅仅体现在盛京工部的各项陵寝修缮事宜上，从一些细枝末节我们就能窥探到盛京工部对陵寝修缮的重视，在此，本节主要以工程用料作为切入点。首先，从修缮土料、石料的选取上看，盛京工部对于各个陵寝修缮的土料、石料都有严格的规定。对于永陵的取土，主要是从永陵往东一里外取土，在永陵西南七里外烧造，在永陵西南四百里外烧石灰，对于小石的采取，主要是在张家口处取碑石；对于福陵的取土，主要是于福陵西五里外取土，于福陵西南二十里外烧造，并在福陵正南百里外烧石灰，而大石的采取主要于易州南山，小石的采取主要在流泉湖。其次，盛京工部对陵寝修缮的吉期择选以及风水的重视，如咸丰三年（1853）档案记载："奉上谕，奕

① 辽宁省档案馆编：《黑图档·嘉庆朝》（12），线装书局2016年版，第295页。

兴等奏参查太庙配殿应修各工一折，著钦天监敬谨择吉于来年二三月间兴工。应需工料，着奕兴等派委员先期备办，余着照所拟办理。钦此。"[1] 从有关档案记载中看，如若盛京工部在陵寝修缮过程中发现修缮匠役、巡视兵丁的住所有碍到陵寝修缮的风水，则会迅速将其住所迁移至别处。

盛京五部为清廷在东北特设的重要行政机构，具有相对独立性，负责处理盛京地区的一应事宜。《黑图档》为我们提供了非常细节化的盛京五部的日常办公情况，其中的盛京五部档案，为我们了解五部的职能范围、工作实践等具有重要的参考和借鉴价值。

---

① 辽宁省档案馆编：《黑图档·咸丰朝》(5)，线装书局 2016 年版，第 71 页。

第十章　清代沈阳城市记忆之盛京内务府

盛京，清朝的龙兴之地，曾是努尔哈赤、皇太极两代帝王的都城。顺治元年（1644）清代统治者迁都北京之后，仿照明代两京制度，设盛京为陪都，地位仅次于北京。而盛京城内除了盛京宫殿、福陵、昭陵等诸多对清代统治者意义重大的皇家建筑以外，还有数量众多的为其提供膳食用品的庄园、山场、林场等。为了更好管理皇室在盛京的这些财产，清廷设立了盛京内务府。盛京内务府全称盛京总管内务府，隶属于北京总管内务府，是清政府在其陪都盛京所设立的专为皇室和宫廷提供服务的特殊机构。"它和北京总管内务府犹如一对孪生兄弟，遥相呼应，同为皇帝服务，并存二百余年，这在中国封建社会国家机关史上并不多见。"①

第一节　盛京内务府的历史沿革

关于盛京内务府的设立时间，诸多清代官方史书均未给出明确记载。佟永功、关嘉录在《乾隆朝盛京总管内务府的设立》②一文中对该记载提出质疑，他们认为顺治、康熙、雍正三朝并未设立盛京内务府，只是在盛京设置了上三旗包衣佐领承办皇室及宫廷事务，而盛京总管内务府的设立确切时间应为乾隆十七年（1752）。

查阅康熙、雍正、乾隆三朝的《黑图档》可以发现，从康熙元年（1662）至乾隆十七年，几乎所有发给北京总管内务府的京行档公文的目录格式均为"盛京佐领×××为×××事呈总管内务府"或"管理盛京内务府掌关防佐领×××为×××事呈总管内务府"，如康熙元年《盛京佐领安塔木等为

---

① 佟永功：《清代盛京总管内务府设置沿革考》，《满族研究》2002年第1期。
② 佟永功、关嘉录：《乾隆朝盛京总管内务府的设立》，《故宫博物院院刊》1994年第2期。

正白旗佐领嘎布拉因病乞休事呈总管内务府》①、康熙五十九年（1720）《盛京佐领特布库为尊文查报五十五年借出粮谷及偿还情形庄头偷吃粮谷等情形事呈总管内务府》②、乾隆元年（1736）《管理盛京内务府掌关防佐领八格为差人解送雍正十三年盛京蜜丁牲丁等应折纳银两事呈总管内务府》③等。又查乾隆十七年（1752）八月二十日《盛京内务府为造送盛京宫殿规制官兵数额等项以便入会典则例事咨户部》一文中记载："再查本年正月十九日奉旨盛京内务府添设总管一员，又于本年二月二十四日奉旨铸给总管印信，不便仍用关防，照例铸给佐领图记钦此钦遵在案。"④皇帝下达谕旨命令盛京内务府添设总管并且不再使用关防印记，而是另铸总管印信，毫无疑问这标志着盛京总管内务府的正式设立。有一点需要注意的是，乾隆十七年（1752）之前，《黑图档》中并不是一次都没有出现过"盛京内务府"字样，如乾隆七年（1742）《盛京内务府为解送牛庄刘二堡之鱼事呈总管内务府》、乾隆八年（1743）《盛京内务府为造报扈驾官员名单事咨行在鸿胪寺》⑤、乾隆九年（1744）《盛京内务府为查属并无俊秀李谦吉之人事呈户部》⑥等。含有"盛京内务府"字样的公文数量虽然并不多，但这也进一步反映出盛京内务府的设立绝非一蹴而就，而是经历了一定的准备期和过渡期的。

除此之外，乾隆九年《黑图档》中首次出现了大量"协理盛京内务府事务镇守奉天等处将军"的记载，如《协理盛京内务府事务镇守奉天等处将军为收讫自京送来之满蒙清文鉴御书明句册页等项事咨养心殿造办衙门》⑦《协理盛京内务府事务镇守奉天等处将军为报十三岁女孩数目事呈总管内务府》⑧《协理盛京内务府事务镇守奉天等处将军为解送蘑菇木耳蕨菜等项事呈总管内务府》⑨等。由此可见，奉天等处将军从乾隆九年起就开始协助包衣佐领共同管理盛京事务，直到乾隆十七年，将军才正式兼任盛京内务府总管。盛京将军

---

① 辽宁省档案馆编：《黑图档·康熙朝》（总目录1），线装书局2016年版，第173页。
② 辽宁省档案馆编：《黑图档·康熙朝》（总目录1），线装书局2016年版，第563页。
③ 辽宁省档案馆编：《黑图档·乾隆朝》（总目录），线装书局2016年版，第237页。
④ 辽宁省档案馆编：《黑图档·乾隆朝》（16），线装书局2016年版，第68页。
⑤ 辽宁省档案馆编：《黑图档·乾隆朝》（总目录），线装书局2016年版，第268页。
⑥ 辽宁省档案馆编：《黑图档·乾隆朝》（总目录），线装书局2016年版，第285页。
⑦ 辽宁省档案馆编：《黑图档·乾隆朝》（总目录），线装书局2016年版，第292页。
⑧ 辽宁省档案馆编：《黑图档·乾隆朝》（总目录），线装书局2016年版，第292页。
⑨ 辽宁省档案馆编：《黑图档·乾隆朝》（总目录），线装书局2016年版，第294页。

兼任盛京内务府总管是对原盛京上三旗包衣佐领体制的一次重大改革，它既提高了盛京总管内务府的地位，同时也使得其内部机构更加健全，各项公务执行效率得到大大提高。

清朝末年，盛京内务府经历机构改革被盛京内务府办事处所取代，但其辖属机构大多仍然存在。1911年辛亥革命推翻了清王朝的统治，民国政府与清朝政府签订《清室优待条件》，条件拟定以优待清室换清帝退位，最终双方协商一致，溥仪仍然居住在紫禁城内，北京总管内务府和盛京内务府也相应保留了下来。1924年，冯玉祥将逊帝溥仪驱逐出宫，发布《修正清室优待条件》，将原有条件中保留小朝廷的条约废除，将清室一切资产收归民国政府所有，北京总管内务府不复存在，盛京总管内务府也随即退出了历史舞台。

第二节　盛京内务府的辖属机构与官员设置

北京总管内务府下设七司（广储司、都虞司、掌仪司、会计司、营造司、庆丰司和慎行司）、三院（上驷院、武备院和奉宸苑）以及三织造处、织染局等其他机构。而与北京总管内务府不同的是，盛京内务府下面只设五司（广储司、会计司、掌仪司、都虞司、营造司），除此之外还有文溯阁、三旗织造处、黑牛馆、内管领处等机构。《黑图档》是按照京来档、京行档、部来档、部行档、存查档这五个类别进行编排的，以《黑图档》为主要文献来源进行研究，有助于进一步探讨盛京内务府这些辖属机构的官员设置与运作。

一、广储司

广储司，是盛京内务府下属专门管理府藏及出纳总汇的机构。其下设"司库二员（原设三员，后裁一员），库使十六员（原设十员，乾隆九年增设六员），领催三名，兼领三旗织造库催总三员，笔帖式三员，领催十五名，三旗商人九名（原有三十名，乾隆五年后陆续减退），染丁五百五十名……又三旗织造库棉花庄二十五处，靛庄六处，盐碱庄共四处，共庄头六十名，庄丁三千三百三十三名，染匠、机匠、弹匠、弦匠一百三十八名"[①]。

---

① （清）阿桂等纂修：《盛京通志》卷45，辽海出版社1997年版，第700页。

《黑图档》中与广储司相关的公文基本上分为两类，一类是对其物品入藏的记载，如乾隆元年（1736）《广储司为所查玉器等物仍放在盛京库内妥为保存事咨管理盛京内务掌关防佐领》①、乾隆九年（1744）《广储司为知会将盛京陵图带往盛京事咨盛京佐领》②、乾隆十三年（1748）《广储司为收讫三旗属下棉靛蓝庄丁织得各色布匹事咨管理盛京内务掌关防佐领》、乾隆二十七年（1762）《广储司为遵旨将新疆所进玉石十块送盛京事咨盛京内务府》③，大到名贵的珍宝玉器和书籍字画，小到布匹棉线，广储司均会负责收入存储，并且造册以备查核；另一类是对广储司支出流向的记载，如乾隆二年（1737）《广储司为准所请动用内库银一万两生息赏三旗人等红白事件事咨管理盛京内务掌关防佐领》④、嘉庆十五年（1810）《广储司司库苏景荣等为请领银两采买绸机布事》⑤、嘉庆十五年《广储司司库苏景荣等为请领进京送鹿皮所需盘费银两事》⑥、咸丰二年（1852）《广储司为由内库领银采买染料事》⑦、咸丰七年（1857）《广储司为造送发放白事恩赏制钱清册事呈请咨盛京将军衙门》⑧。广储司的财政支出绝大多数均用于本司所需物料的采买，如绸布机、染料等，还有将物资运输进京的费用。但值得注意的是，恩赏银也是广储司一项重要的财政支出，虽然占总体支出的比例不大，但在拉拢臣民、维护统治等方面发挥着非常重要的作用。

二、都虞司

都虞司，是盛京内务府下属专掌采蜜、打猎、捕鱼等事的机构。其下设"催总二员（原设一员，乾隆二十九年增设），笔帖式一员，领催九名，采蜜领催三名，三旗蜜丁一千六百五十四名……打鸼翎丁三十三名……捕水獭丁十八名……捕鱼丁七百八十一名……捕细鳞鱼丁一百四十名……又王多罗樹

---

① 辽宁省档案馆编：《黑图档·乾隆朝》（1），线装书局 2016 年版，第 10 页。
② 辽宁省档案馆编：《黑图档·乾隆朝》（2），线装书局 2016 年版，第 438 页。
③ 辽宁省档案馆编：《黑图档·乾隆朝》（6），线装书局 2016 年版，第 174 页。
④ 辽宁省档案馆编：《黑图档·乾隆朝》（1），线装书局 2016 年版，第 290 页。
⑤ 辽宁省档案馆编：《黑图档·嘉庆朝》（52），线装书局 2016 年版，第 380 页。
⑥ 辽宁省档案馆编：《黑图档·嘉庆朝》（52），线装书局 2016 年版，第 399 页。
⑦ 辽宁省档案馆编：《黑图档·咸丰朝》（14），线装书局 2016 年版，第 159 页。
⑧ 辽宁省档案馆编：《黑图档·咸丰朝》（12），线装书局 2016 年版，第 296 页。

打牲甲丁三十名……"①。《黑图档》内绝大多数关于都虞司的公文是对其收到各种贡品的记载，如嘉庆二十年（1815）《都虞司为收到各种鱼等事咨盛京内务府》②、嘉庆二十五年（1820）《都虞司为年例鹿尾等解送迟误事咨盛京内务府》③等。另外，作为专掌山泽之事的机构，都虞司还负责上三旗武职官员铨选任用和官兵考核等事。如嘉庆元年（1796）《都虞司为将世雄补放骁骑校事咨盛京内务府》④、嘉庆九年（1804）《都虞司为新任佐领巴宁阿应领俸银俸米事咨盛京内务府》⑤、嘉庆二十一年（1816）《都虞司为造送新放佐领祥兆之出身纪录册档事咨盛京内务府》⑥等公文，均涉及了都虞司对盛京地区武官官员的任用补放、俸禄发放、出身以及为官履历等各项记载。值得一提的是，根据嘉庆二十四年（1819）《都虞司为考验武职官员军政事咨盛京内务府》一文的记载，都虞司每隔五年就会对盛京城内及外十四城的武职官员进行一次大规模军政考察，从而达到劝善惩恶的目的。"经臣富俊面奏会同臣赛冲阿等遵照定例详细据实考验，今臣等照依考察盛京内务府佐领恒森、祥瑞、祥兆等行走履历所办事务并无祸衍，请照旧留任，看得骁骑校张广生才力不及，应请革退外，其骁骑校郑义演、恒敏均属平等，俱应留任等因。"⑦若被考察武官办事妥当，则继续留用，倘若被考察官员能力平庸，都虞司当即奏请予以辞退。都虞司对武官的这种定期考察对于保证武职官员能力素质，维护清朝统治起到了重要的促进作用。

三、掌仪司

掌仪司，是盛京内务府下属专门掌管祭祀、礼仪、乐舞以及果园赋税等事的机构。其下设"催总二员（原设一员，乾隆二十九年增设），笔帖式三员，领催九名，又广宁设承管催总一员，领催三名（原设一名，乾隆二十九

---

① （清）阿桂等纂修：《盛京通志》卷45，江海出版社1997年版，第701页。
② 辽宁省档案馆编：《黑图档·嘉庆朝》(2)，线装书局2016年版，第287页。
③ 辽宁省档案馆编：《黑图档·嘉庆朝》(3)，线装书局2016年版，第16页。
④ 辽宁省档案馆编：《黑图档·嘉庆朝》(1)，线装书局2016年版，第19页。
⑤ 辽宁省档案馆编：《黑图档·嘉庆朝》(1)，线装书局2016年版，第259页。
⑥ 辽宁省档案馆编：《黑图档·嘉庆朝》(2)，线装书局2016年版，第356页。
⑦ 辽宁省档案馆编：《黑图档·嘉庆朝》(2)，线装书局2016年版，第462页。

年增设二名），广宁三旗果园丁八百零一名……"[1]。盛京内务府所辖庄园果园等处每年都会交纳各类物品，如葡萄、冻梨、榛子、香水梨、枸杞、野鸡等。据乾隆十七年（1752）《掌仪司为皇帝巡幸木兰应进鲜果循例送往该处事咨盛京内务府》[2]、乾隆五十一年（1786）《掌仪司为皇上已去避暑山庄应将鲜果随送避暑山庄事咨盛京内务府》[3]、嘉庆八年（1803）《掌仪司为新近之鲜果送往热河等事咨盛京佐领》等文记载，掌仪司所收鲜果并未一直是送往北京的，而是随皇帝的去处灵活变化。其中，嘉庆八年《掌仪司为新近之鲜果送往热河等事咨盛京佐领》一文提及："掌仪司为知照事。本年七月二十日皇上由京前往热河，贵处应进之鲜山楂、香水梨照例松至行在外，其奉先殿荐鲜山楂、香水梨仍送至京内可也。"[4] 可见，掌仪司所收入的果品除了要被皇帝与后宫享用和赏赐，还要用来供奉奉先殿内的祖先神灵，但由于上贡果品总数过多容易造成浪费现象，皇帝开始下旨对广宁果园交纳果品予以变更，以乾隆元年（1736）《掌仪司为野鸡为皇上所用虽不易捕获仍不准折价交银依旧照数交纳野鸡事咨管理盛京内务府佐领》[5]记载为例，除了部分特种果品和特殊祭祀需用外，其他果品停止交纳，改以银两征收。掌仪司主要负责将这些贡品进行价银折算，在年终核算时将其入贡果品折合的银两与该处园丁的地丁钱粮相抵消。

四、会计司

会计司，是盛京内务府下属专门负责管理庄园户口、地亩和赋税的机构。《盛京通志》记载，会计司下设"承管催总二员（原设三员，乾隆二十九年裁汰一员），笔帖式二员，领催九名，属下庄头自乾隆元年间，编等拟定头等庄头三十五名，二等庄头七名，三等庄头八名，四等庄头三十四名，除于乾隆四十二、四十四、（四十）五等年拨给王府公府二等四等各庄头共四名不计外，今现实共有庄头八十名，坐落七十四处，其八十庄属下庄丁现共

---

① （清）阿桂等纂修：《盛京通志》卷39，辽海出版社1997年版，第701页。
② 辽宁省档案馆编：《黑图档·乾隆朝》（5），线装书局2016年版，第69页。
③ 辽宁省档案馆编：《黑图档·乾隆朝》（10），线装书局2016年版，第99页。
④ 辽宁省档案馆编：《黑图档·嘉庆朝》（1），线装书局2016年版，第207页。
⑤ 辽宁省档案馆编：《黑图档·乾隆朝》（1），线装书局2016年版，第167页。

有三千八百三十四名，每年头等庄头每名报粮三百八十二石，二等庄头每名报粮三百五十二石，三等庄头每名报粮三百零七石，四等庄头每名报粮一百九十二石，每岁共应报粮二万三千九百二十二石，内除每年散放口粮并喂养牛羊马匹豆石粟米及油粮糖芽等项，共费用粮二万余石，其余一分入仓，一分入窖仓贮一万石，窖贮一万石外余粮粜卖银两，交纳盛京户部，每年应交腊猪鸡鹅等项"①。

　　而在实际操作过程中，也一直是按照该制度严格执行的。咸丰朝《盛京内务府为造送一年出入粮石销算清册事咨总管内务府》中对每名庄头每年的报粮数目进行了再次明确："头等庄头二十六名，每名应报粮三百二十二仓石，牙猪四口折粮六十仓石，计报粮三百八十二仓石；二等庄头四名，每名应报粮二百九十二仓石，牙猪四口折粮六十仓石，计报粮三百五十二仓石；三等庄头四名，每名应报粮二百六十二仓石，牙猪三口折粮四伍仓石，计报粮三百零七仓石；四等庄头三十名，每名应报粮一百九十二仓。"②会计司在征收赋役时，倘若遇如旱、涝、虫等特殊情况导致粮食减产时，也会相应减免赋税。如嘉庆五年（1800）《会计司为通行庄头被灾减免钱粮办法事咨盛京内务府》记载："会计司为咨行事。经本司呈称嘉庆四年四月内经本府奏称臣衙门所属会计司□热河等处大粮庄头地亩，如遇歉收之年，请照乾隆四十七年以前之例，如歉收一分即免一成钱粮，其赏给口粮之处仍请停止，并敕令地方官秉公履亩详查据实确报等因。具奏。奉旨依议，钦此钦遵在案。"③但到了清朝末年，国家财政紧缩，该政策又进一步调整，咸丰三年《盛京户部为催收承种之未遭灾地亩租银事咨盛京内务府》中记载："查本衙门庄头乌林阿等六名地亩被灾分数豁免银两数目造册送部以便核对，查被灾定例内开，被灾五六分者豁免一成，七分者豁免两成，八分者豁免四成，九分者豁免六成，十分者豁免七成。"④此时的赋税减免力度与清代中前期要小得多。

————————

①　（清）阿桂等纂修：《盛京通志》卷39，辽海出版社1997年版，第701页。

②　辽宁省档案馆编：《黑图档·咸丰朝》（2），线装书局2016年版，第378页。

③　辽宁省档案馆编：《黑图档·嘉庆朝》（1），线装书局2016年版，第135页。

④　辽宁省档案馆编：《黑图档·咸丰朝》（5），线装书局2016年版，第175页。

五、营造司

营造司，是盛京内务府下属专门管理宫廷建筑修缮和日常打扫清洁的机构。其下设"催总二员（原设一员，乾隆二十九年添设），领催六名（原设八名，后裁二名），乾隆八年添设太监五名，承管匠役，洁修宫殿等处（今俱故，并未补设），三旗各项匠役四十四名，扫院丁二十七名（原设十八名，乾隆十二年增设九名）"①。咸丰七年（1857）《盛京内务府为派员勘修清宁宫后西顺墙门等事咨盛京工部》记载："盛京总管内务府为咨行事。营造司案呈，据催长格诚等呈称，查得清宁宫后西顺墙门一座门扇损坏坎框糟朽并师善斋北顺墙门一座门扇糟朽损坏，卷查此项工程系道光九年经钦工修理在案，理合咨行盛京工部，希为派员查勘修理可也。"除了建筑维修，定期更换宫殿锁钥、潮脑等也是营造司的主要职责之一。②如嘉庆五年（1800）《盛京内务府为请派员勘修文溯阁上层前后瓦片等事咨盛京工部》③等诸多公文均对此有详细记载。

六、其他机构

除了上述五司以外，盛京内务府辖下还有一些其他机构，如档案房、文溯阁、内管领处、黑牛馆和乳牛馆等。

《黑图档》中嘉庆二十三年（1818）《盛京内务府为档案房失火致朝房存放历年册档号簿被焚事咨总管内务府》一文提及："查朝房一座，向为本衙门印务、总汇之区，所有各部衙门来文，以及本府三旗各司稿案、册档、号簿，俱集聚于斯，以备查办。"④此处所提的朝房一座，即为盛京内务府档案房。《盛京典志备考》中对档案房的职官设置有明确记载："管档案，堂主事一员，委主事一员，笔帖式十五员，帖写兵十五员，听事人十二名。"⑤档案房内聚集存放了大量盛京各部衙门和内务府三旗各司文书档案，以备查考利用。

---

① （清）阿桂等纂修：《盛京通志》卷39，辽海出版社1997年版，第700页。
② 辽宁省档案馆编：《黑图档·咸丰朝》（13），线装书局2016年版，第48页。
③ 辽宁省档案馆编：《黑图档·嘉庆朝》（34），线装书局2016年版，第329页。
④ 辽宁省档案馆编：《黑图档·嘉庆朝》（6），线装书局2016年版，第382页。
⑤ 刘立强、刘海洋、韩钢编：《盛京典志备考》，科学出版社2016年版，第41页。

赵彦昌、姜珊①根据对《黑图档》记载的梳理发现，盛京内务府档案房除了上述保管工作以外，还有抄写、汇总、印务及移交等其他职能，在撰写各类史籍、合理解决司法案件等方面也提供大量的参考依据。

文溯阁设九品食俸催长一员，食饷催长一员，内存"经部共一千五百六十八函，内有《古今图书集成》，史部共一千五百八十四函，子、集部共三千六百函。文溯阁每年由工部领取潮脑六十六斤，野鸡尾掸八把，短把鸡毛掸八把，隔一年糊饰窗扇一次"②。

内管领处，设"三旗内管领一员，掌领达一员，仓达三员，笔帖式三员，承管汲溅果品、收贮庄头等交纳粮食并给发三旗内管领下人丁口粮花布匹等项，属下仓上人九名，壮丁一千零七十四名，木丁八十四名，每年应交槽盆枪杆箭笴及果品山茶等项"③。

黑牛馆、乳牛馆专门负责喂养牛羊用以祭祀、耕地和食用，"兴京黑牛馆馆达二名，壮丁十名，盛京黑牛馆馆达四名，夫丁二十六名，二馆内每年岁共额养黑牛七十头，羊三百五十头，以备祭祀应用。乳牛馆馆达二名，头目一名，壮丁十名"④。

第三节　盛京内务府的职能

一、行政管理

盛京内务府的行政管理职能主要包括对盛京上三旗包衣佐领和盛京内务府所属官员的选拔、任职以及发放养廉银等方面。《黑图档》中所出现的选拔入仕方式，大致可以分为捐纳、考职、科举、挑补升用这四方面。捐纳是中国历代封建王朝都存在的卖官鬻爵收敛钱财的手段。捐纳按照捐纳所得主要分为三种，其一捐身份，即先捐纳成为监贡生，作为补用官员或再通过科举、考职的方式为官；其二捐职衔，即捐纳直接得职衔；其三捐复原职官，

---

① 赵彦昌、姜珊：《清代盛京内务府档案房职能研究——基于辽宁省档案馆藏〈黑图档〉的考察》，《北京档案》2020年第5期。
② 刘立强等：《盛京典志备考》，科学出版社2016年版，第19页。
③ （清）阿桂等纂修：《盛京通志》卷39，辽海出版社1997年版，第702页。
④ （清）阿桂等纂修：《盛京通志》卷39，辽海出版社1997年版，第702页。

即通过捐纳恢复原职。咸丰朝《户部为抄送俊秀增喜等报捐监生事咨盛京内务府》①《户部为抄送八品笔帖式德昌报捐官阶以司库补用等事咨盛京内务府》②《兵部为原任骁骑校廷弼被参革职后捐复原官应于引见后第四次缺出再行补用事咨盛京内务府》③等文均对此有记载。考职，即考生通过考试并按照名次在考班中依次补用，盛京内务府中库使、笔帖式可由考职的方式补用，如《盛京内务府为拟定候补人员捐纳及开补章程以便核办事咨总管内务府》中记载："盛京总管内务府为咨报事。档案房案呈，为酌拟预定章程事。窃查得，本府向例拣选官员俱系升补，惟笔帖式库使由考试补用。"④科举，即与外八旗一般旗人一样，通过科举考试入仕。挑补升用为官，主要是挑选平时表现优异的吏员、打仗报效国家有功的闲散升官入仕。

通过选拔后，清代盛京内务府在任用官员时也有特定手续及相关制度，除了个别低级别官员，其他官员不管是通过科举、考职、捐纳何种形式入仕为官，"都要在正式任用前进京引见，得到皇上许可后方可上任；定期清查候补官员，保证官员可以及时补用，维护官场稳定"⑤。咸丰二年（1852）《奉天府尹衙门为奉上谕府尹赴京由吏部带领引见事》⑥和《总管内务府为饬令京察编为一等官员来京预备带领引见事咨盛京内务府》⑦等文均对此有详细记载。

养廉银为清朝特有的官员薪给制度，即给文武官员颁发高薪，来培养鼓励官员廉洁奉公，以避免官员贪污腐败问题的发生，咸丰年间《档案房为盛京佐领撒暖承领养廉银》一文记载，"档案房呈为咨行事。嘉庆二十一年十月内准都虞司咨开由堂交出堂交奉堂谕查，盛京佐领三员每年自正至六月各应得春季养廉银一百两，七月至十二月各应得秋季养廉银一百两……"⑧。可见，盛京官员的养廉银一年共计发放两次，春、秋两季各一次，且每次发放银两金额巨大。

---

① 辽宁省档案馆编：《黑图档·咸丰朝》（1），线装书局 2016 年版，第 227 页。
② 辽宁省档案馆编：《黑图档·咸丰朝》（1），线装书局 2016 年版，第 207 页。
③ 辽宁省档案馆编：《黑图档·咸丰朝》（1），线装书局 2016 年版，第 44 页。
④ 辽宁省档案馆编：《黑图档·咸丰朝》（3），线装书局 2016 年版，第 36 页。
⑤ 赵彦昌，樊旭：《从〈黑图档·咸丰朝〉看清代盛京内务府官员的选拔》，《山西档案》2019 年第 4 期。
⑥ 辽宁省档案馆编：《黑图档·咸丰朝》（3），线装书局 2016 年版，第 348 页。
⑦ 辽宁省档案馆编：《黑图档·咸丰朝》（1），线装书局 2016 年版，第 92 页。
⑧ 辽宁省档案馆编：《黑图档·咸丰朝》（1），线装书局 2016 年版，第 336 页。

二、土地管理

　　盛京地界辽阔、土地肥沃、农作物生产种类丰富多样，作为清朝"龙兴之地"，城内外还分布着大量的皇庄和官庄，农业生产相对发达。由于皇庄是皇帝的私有土地，内部管理直接关系到生产、赋贡以及皇室生活，所以盛京内务府对皇庄土地高度重视，对皇庄内的劳动人员也有着极为严格的管理制度。仅以《黑图档·道光朝》的记载为例，就可发现清代道光年间东北地区遭受过多次规模不一的水灾、虫灾、风暴灾和旱灾。这些自然灾害不仅对土地环境造成了极大的危害，还对旗民生活构成了不小的影响。《黑图档·道光朝》对每次自然灾害给皇庄带来的影响均进行了详细记录。如道光十四年（1834）《盛京内务府为派笔帖式刘廷弼查明辽阳凤凰城等处私募虫灾情形事咨盛京将军衙门》一文内记载，协领扎勤勒罕对灾区进行履勘时，发现"红册地致灾五分至八分不等，余租、升科、伍田地被灾七八分"[1]。灾害发生之后，盛京内务府也会及时对灾区展开救济，以最大限度地减少灾情对民众生活的影响，维持社会秩序的稳定，从而达到尽快恢复生产的目的。道光十五年（1835）《佐领岫云为庄头乌林阿等地亩被灾蠲免正赋及差粮事呈请转咨总管内务府》、道光三十年（1850）《盛京将军衙门为抄录盛京将军奏请蠲缓受灾红册地钱粮事咨盛京内务府》[2]、道光二年（1822）《盛京内务府为造具三旗各司灾户人等领取初赈口米并续赈展赈米石清册事咨盛京户部》[3]三篇公文分别展示了盛京内务府对灾区所施行的蠲免、蠲缓和赈济这三种救济方式。

　　作为皇庄的直接经营者和主要生产劳动者，庄头、庄丁也是盛京内务府严格管理的对象。《黑图档》中有大量盛京内务府对庄头、庄丁等人员管理的记载。如咸丰三年（1853）《总管内务府为准许病故庄头边孔喜次子边世贵承袭事咨盛京内务府》[4]、咸丰二年（1852）《总管内务府为革退庄头刘光绪遗缺准由庄丁徐佩青接充事咨盛京内务府》[5]等文记载庄头可以通过世代承袭和选充的方式任职。又如咸丰三年《总管内务府庄头全永镇拖欠差役予以革退遗

---

① 辽宁省档案馆编：《黑图档·道光朝》（36），线装书局2017年版，第73—74页。
② 辽宁省档案馆编：《黑图档·道光朝》（28），线装书局2017版，第20—23页。
③ 辽宁省档案馆编：《黑图档·道光朝》（28），线装书局2017年版，第152—153页。
④ 辽宁省档案馆编：《黑图档·咸丰朝》（1），线装书局2016年版，第119页。
⑤ 辽宁省档案馆编：《黑图档·咸丰朝》（1），线装书局2016年版，第106页。

缺补放其胞弟全永坤事咨盛京内务府》①、咸丰四年（1854）《盛京将军衙门为查办拖欠租佃之壮丁舒秉顺等人事咨盛京内务府》② 等文记载了盛京内务府对未能完成额赋的庄头和欠租抗租的壮丁施行的惩罚措施。除此之外，盛京内务府还会对皇庄内部人员的人丁安置、婚丧嫁娶等各方面进行严格的管理。

三、司法管理

清朝中后期，盛京地区人口密集，阶级分化日益严重，社会矛盾也渐渐凸显，发生了诸多恶性案件。盛京内务府作为盛京地区一个重要的行政机构，在盛京地区的治安司法管理中扮演着重要的角色。《黑图档》中关于司法诉讼的公文数量众多。有民事案件，如嘉庆二十二年（1817）《盛京将军衙门为查办闲散班底呈控闲散高登信诱卖其女事咨盛京内务府》③ 一文中记载了闲散高登信诱拐妇女儿童案，道光四年（1824）《盛京刑部为将壮丁王幅峨控族兄王老小子寻隙闹事案内干证王泳贵鞭责交该管官收管事咨盛京内务府》④ 一文记载了王幅峨家族矛盾纷争案，道光四年《盛京刑部为将开设赌局之旗人顾连畛枷号杖责送交该管官严加管束事咨盛京内务府》⑤ 一文记载了旗人顾连畛开设赌局聚众赌博案，嘉庆十七年（1812）《盛京将军衙门为查取失察旗人贾成良等偷窃之各官职名事咨盛京内务府》⑥ 一文记载了旗人贾成良等人行窃偷盗案等。也有刑事案件，如嘉庆二年（1797）《盛京刑部为查核踢伤旗人刘贵身死之人犯贾承忠身份事咨盛京内务府》⑦、嘉庆六年（1801）《盛京刑部为查明被殴身死之高豹身份及家属情况等事咨盛京内务府》⑧、嘉庆十年（1805）《盛京将军衙门为查明在吉林强讨工钱杀死雇主之旗人崔普是否崔三并该旗有无报逃事咨盛京内务府》⑨、嘉庆二十一年（1816）《盛京刑部为查办壮丁张俊呈

① 辽宁省档案馆编：《黑图档·咸丰朝》（1），线装书局2016年版，第147页。
② 辽宁省档案馆编：《黑图档·咸丰朝》（6），线装书局2016年版，第7页。
③ 辽宁省档案馆编：《黑图档·嘉庆朝》（26），线装书局2016年版，第349页。
④ 辽宁省档案馆编：《黑图档·道光朝》（8），线装书局2017年版，第77页。
⑤ 辽宁省档案馆编：《黑图档·道光朝》（8），线装书局2017年版，第262页。
⑥ 辽宁省档案馆编：《黑图档·嘉庆朝》（20），线装书局2016年版，第269页。
⑦ 辽宁省档案馆编：《黑图档·嘉庆朝》（7），线装书局2016年版，第360页。
⑧ 辽宁省档案馆编：《黑图档·嘉庆朝》（10），线装书局2016年版，第47页。
⑨ 辽宁省档案馆编：《黑图档·嘉庆朝》（14），线装书局2016年版，第63页。

控堂兄张林顶撞伊父致死事咨盛京内务府》[1]、嘉庆二十二年（1817）《盛京刑部为查办闲散赵文格呈控郭三逼死其胞侄赵金盛事咨盛京内务府》[2]、道光十九年（1839）《盛京刑部为传已死之金幅富之亲属赴部领取埋葬银事咨盛京内务府》[3]等。

盛京内务府在司法案件中主要起传唤涉案人、对涉案人身份进行核实的作用，如《盛京刑部为查明被殴身死之高豹身份及家属情况等事咨盛京内务府》一文记载："盛京刑部为转饬事。肃纪左司案呈嘉庆六年三月初六日准奉天府府尹衙门咨，据开原县知县恒明详解旗人李起成殴伤高豹身死一案人犯供册到部。随讯，据李起成供：小的是内务府正黄旗强谦佐领下壮丁，年二十五岁，在开原界天桥子屯居住，父亲李士华，死有五六年了，家有母亲王氏，年四十几岁，只生小的一人，并没兄弟妻子是实等语系属一面之词，未便据供定拟，除行文盛京内务府转饬该管官将李起成是否正身旗人作速查明，咨复本部，以凭审□具题，相应行文奉天府府尹衙门转饬开原县就近讯明，伊亲杨守恭已死，高豹究系旗、民，家中有无亲属之□详报本部可也。"[4]在该案中，盛京刑部主要负责审讯涉案人，而盛京内务府主要负责对涉案人的身份、父母双亲等具体情况进行核实。

四、宫陵管理

1644年顺治帝迁都北京城，盛京自此成为陪都，城内依然保留着大量入关前的建筑，其中就包括盛京皇宫和盛京三陵（永陵、福陵、昭陵）。《黑图档》中既有对这一宫三陵建筑修缮与日常管理等方面内容的记载，也有对宫殿中的藏品保管，以及陵寝祭祀等事务方面的记载。

建筑管理方面，大到宫殿建筑修缮，如道光四年（1824）《盛京将军衙门为抄送三陵及宫殿等处除奏修外其余应入岁修工程清单事咨盛京内务府》[5]一文记载，除了福陵大红门一座、碑亭一座、昭陵明楼已经上奏修理外，还需

① 辽宁省档案馆编：《黑图档·嘉庆朝》(25)，线装书局2016年版，第142页。
② 辽宁省档案馆编：《黑图档·嘉庆朝》(26)，线装书局2016年版，第281页。
③ 辽宁省档案馆编：《黑图档·道光朝》(19)，线装书局2017年版，第326页。
④ 辽宁省档案馆编：《黑图档·嘉庆朝》(10)，线装书局2016年版，第47页。
⑤ 辽宁省档案馆编：《黑图档·道光朝》(8)，线装书局2017年版，第362页。

要将永陵启运殿、东配殿、西南角楼、西北角楼，昭陵隆恩殿、东配殿、西配殿等处被归入岁修工程，盛京内务府在公文中对所需修理的具体部位、破损程度等均进行了详细的记录。小到宫殿内部陈设保养，如咸丰八年（1858）《盛京内务府为领取宫殿内存收地毯等所需苎麻事咨盛京工部》载："查得宫殿内存收铺地毛毯以及红白毡条并永陵夏园广宁行宫铺设红白毡帘等物包裹需用苎麻二共五千零八十五斤，照例由盛京工部领取应用于咸丰六年四月内咨取在案。今已逾二年抖晾变□□□不堪应用相应咨行盛京工部验照印领如数发给苎麻五千零八十五斤以备应用，其应交回无省性旧苎麻俟新麻到日换出，除折耗外再行咨交可也。"[①]宫殿地毯所需苎麻的领取与更换也由盛京内务府负责。

宫殿内藏品保管方面，由于盛京在清代被视为"龙兴之地"，受历代皇帝重视，诸多重要史书典籍、字画墨刻均会被送往盛京宫殿内保存，盛京内务府负责这些珍贵文物藏品的运输送达、日常清洁晾晒和定期清点盘查。如咸丰八年《盛京内务府为恭接圣容玉牒等请预备黄案缎套等物事咨盛京工部》[②]记载盛京内务府为接圣容、玉牒、实录、圣训等物特地预备黄案、黄云缎套、油布挖单一事。再如咸丰七年（1857）《奉天学政为恭晾文溯阁存书完竣抄送清点情形事咨盛京内务府》[③]记载，奉天学政除了需要将文溯阁古籍定期搬出晾晒，还需要在晾晒过程中对古籍进行清点盘查，具体情况要向盛京内务府详细报告。

陵寝祭祀方面，盛京内务府对于祭祀所需要物品、祭祀时的抬桌官员、三陵食辛者库人口粮册等均有严格的管理制度。嘉庆八年（1803）《盛京礼部为分派两陵大祭抬桌官员事咨盛京内务府》[④]、道光四年《盛京礼部为经签掣得催长福保等冬至两陵大祭抬桌事咨盛京内务府》[⑤]等文均有明确记载。

---

① 辽宁省档案馆编：《黑图档·咸丰朝》（13），线装书局 2016 年版，第 104 页。
② 辽宁省档案馆编：《黑图档·咸丰朝》（13），线装书局 2016 年版，第 181 页。
③ 辽宁省档案馆编：《黑图档·咸丰朝》（7），线装书局 2016 年版，第 389 页。
④ 辽宁省档案馆编：《黑图档·嘉庆朝》（11），线装书局 2016 年版，第 334 页。
⑤ 辽宁省档案馆编：《黑图档·道光朝》（8），线装书局 2017 年版，第 405 页。

五、贡品管理

进贡，即封建社会藩属国对宗主国或臣民对君主呈献礼品。直至清朝中后期，盛京地区仍然每年都需要向北京皇宫进贡大量土特产品。《黑图档》中大量公文对盛京内务府上贡物品的种类均进行了详细记载。有瓜果类，如山楂、香水梨、葡萄等；有蔬菜类，如蘑菇、木耳、蕨菜等；有鱼禽类，如鲤鱼、野鸡、野鸭、鹿皮、水獭皮；有器物用品类，如橡子、箭杆、槽盆等。每年盛京地区的大小皇庄将所需贡品上交给盛京内务府，盛京内务府则负责对贡品进行汇总清点、造册清单，确认无误之后派员将所收贡品和贡品清单一起送往北京总管内务府。咸丰十一年（1861）《盛京内务府为进送鸭鱼事咨总管内务府》一文记载："盛京总管内务府为咨送鸭鱼事。都虞司会计司案呈：据催长庆寿、催长常喜等呈称，查本年三旗网户达庄头等应交头次鸭子二十只、网户等由三岔河捕得白鱼四尾、鳌花鱼四尾，二次鸭子三十只、网户等由三岔河捕得白鱼四尾、鲤鱼六尾、鲢花鱼六尾，三次鸭子三十只、网户等由三岔河捕得白鱼四尾、鲤鱼六尾、鲢花六尾，敬请盛装本衙门出派催长景仰递交御膳房外，仍咨报总管内务府暨咨行崇文门山海关税务衙门可也。"[1]不仅对贡品数量有要求，一旦在核查盘点过程中发现贡品质量不符合规定要求，还会被退回。咸丰元年（1851）《武备院为收到鹿皮事咨盛京内务府》[2]一文中，盛京内务府将所上贡的鹿皮交给武备院，武备院发现鹿皮中存在血污油浸、尺寸窄小滥竽充数的现象，随机告知盛京内务府，并将鹿皮全部退回。

六、其他职能

除了上述职能以外，盛京内务府还负责一些其他杂事，如定期为西勒图喇嘛送去香烛银两和口粮、传达皇上口谕命令各旗兵丁射箭全部穿用布衣布鞋以示节俭、圣祖皇帝诞辰之日禁止屠宰、夏冬季节官员官帽朝服的更换、禁止旗民赌博和私贩硝磺等各项琐事。

盛京内务府这一机构几乎贯穿清朝始终，作为清朝设立于陪都盛京专为皇室服务的特殊机构，历史曾经为它蒙上了一抹神秘的面纱，但随着近年来

---

①　辽宁省档案馆编：《黑图档·咸丰朝》(2)，线装书局 2016 年版，第 339 页。
②　辽宁省档案馆编：《黑图档·咸丰朝》(1)，线装书局 2016 年版，第 56 页。

社会科学技术发展的需要以及辽宁省档案馆馆藏《黑图档》的整理和公开出版，我们得以进一步了解其主要辖属机构和主要职能，未来随着我们对《黑图档》的深入挖掘以及其他全新档案史料的出现，终有一日可以一窥其神秘面纱后的本来面貌。

参考文献

一、档案及图书

［1］辽宁省档案馆编：《黑图档·乾隆朝》，线装书局 2016 年版。

［2］辽宁省档案馆编：《黑图档·乾隆朝（部来档）》，线装书局 2016年版。

［3］辽宁省档案馆编：《黑图档·乾隆朝（部行档）》，线装书局 2016年版。

［4］辽宁省档案馆编：《黑图档·嘉庆朝》，线装书局 2016 年版。

［5］辽宁省档案馆编：《黑图档·道光朝》，线装书局 2017 年版。

［6］辽宁省档案馆编：《黑图档·咸丰朝》，线装书局 2016 年版。

［7］辽宁省档案馆编译：《盛京内务府粮庄档案汇编》，辽沈书社 1993年版。

［8］杨丰陌、赵焕林、佟悦编：《盛京皇宫和关外三陵档案》，辽宁民族出版社 2003 年版。

［9］中国第一历史档案馆：《纂修四库全书档案》，上海古籍出版社 1997年版。

［10］《盛京将军奏折档》，全国图书馆文献缩微中心 2008 年版。

［11］《清实录》，中华书局 1985 年版。

［12］中国第一历史档案馆编：《嘉庆帝起居注》，广西师范大学出版社2006 年版。

［13］李洵、赵德贵、周毓方等校点：《钦定八旗通志》，吉林文史出版社2002 年版。

［14］（清）阿桂等纂修：《盛京通志》，辽海出版社 1997 年版。

［15］（清）董秉忠等修，孙成等纂：（康熙）《盛京通志》，康熙二十三年

刻本。

　　[16]（清）赵尔巽：《清史稿》，中华书局 1976 年版。

　　[17]《嘉庆重修一统志》，中华书局 1986 年版。

　　[18]刘立强、刘海洋、韩钢主编：《盛京典制备考》，科学出版社 2016 年版。

　　[19]杨菁、李声能、白成军：《文溯阁研究》，天津大学出版社 2017 年版。

　　[20]郭伯恭：《四库全书纂修考》，岳麓书社 2010 年版。

　　[21]祁美琴：《清代内务府》，中国人民大学出版社 1998 年版。

　　[22]秦国经：《明清档案学》（增订版），学苑出版社 2016 年版。

　　[23]冯惠玲：《档案学概论》（第三版），中国人民大学出版社 2023 年版。

　　[24]丁海斌：《档案学概论》（第二版），科学出版社 2022 年版。

　　[25]徐拥军：《档案记忆观的理论与实践》，中国人民大学出版社 2017 年版。

　　[26]徐拥军：《后现代档案学理论研究》，高等教育出版社 2023 年版。

　　[27]丁海斌、时义：《清代陪都盛京研究》，中国社会科学出版社 2007 年版。

　　[28]赵彦昌：《中国档案史专题研究编余录》，中国档案出版社 2009 年版。

　　[29]赵彦昌：《中国档案史专题研究》，黑龙江人民出版社 2009 年版。

　　[30]赵彦昌：《中国古代档案管理制度研究》，人民出版社 2011 年版。

　　[31]关嘉禄：《清史满学暨京剧艺术研究（关嘉禄文集）》，社会科学文献出版社 2012 年版。

　　[32]顾奎相、陈涴：《沈阳城市发展史》（古代卷），沈阳出版社 2018 年版。

　　[33]张志强：《沈阳城市史》，东北财经大学出版社 1993 年版。

　　[34]荆绍福：《沈阳古城影像》，沈阳出版社 2017 年版。

　　[35]周浩波、白文煜：《〈盛京景物辑要〉点校研究》，辽宁大学出版社

2018 年版。

[36] 沈阳一宫两陵志编纂委员会:《沈阳故宫志》,辽宁民族出版社 2006 年版。

[37] 沈阳一宫两陵志编纂委员会:《沈阳福陵志》,辽宁民族出版社 2006 年版。

[38] 沈阳一宫两陵志编纂委员会:《沈阳昭陵志》,辽宁民族出版社 2006 年版。

[39] 张伟、胡玉海:《沈阳三百年史》,辽宁大学出版社 2004 年版。

[40] 佟悦:《清代陪都沈阳》,万卷出版公司 2010 年版。

二、期刊论文

[1] 佟永功、关嘉录:《辽宁的满文档案及其他》,《辽宁档案》1989 年第 4 期。

[2] 王惠洁:《沈阳故宫藏书浅记》,《图书馆学刊》1990 年第 5 期。

[3] 章采烈:《文溯阁与乾隆御制诗》,《图书馆学刊》1989 年第 6 期。

[4] 于多珠、张文军:《内廷四阁与〈四库全书〉》,《北京档案》2006 年第 9 期。

[5] 王清原:《文溯阁与〈四库全书〉》,《文献》2002 年第 3 期。

[6] 张瑞强:《文溯阁〈四库全书〉的两次复校》,《社会科学辑刊》1996 第 3 期。

[7] 琚小飞:《文溯阁〈四库全书〉的撤改与补函——以相关档案为中心的考察》,《文献》2020 年第 2 期。

[8] 王智汪:《文溯阁〈四库全书〉流传述略》,《历史档案》2008 年第 2 期。

[9] 王爱华、丁海斌:《清盛京皇宫档案收藏概述》,《档案学研究》1992 年第 3 期。

[10] 郅宗:《清朝盛京皇家专门档案馆(库)～敬典阁、崇谟阁》,《辽宁档案》1989 年第 4 期。

[11] 郅宗:《从清朝盛京各衙署档案屡遭火、盗事件,看其管理工作上

的经验教训》,《辽宁档案》1989 年第 6 期。

[12] 郅宗:《清朝盛京各衙门档案的利用工作》,《辽宁档案》1990 年第 4 期。

[13] 郅宗:《清代盛京地区各衙署的文书立卷工作》,《辽宁档案》1991 年第 4 期。

[14] 郅宗:《清末盛京地区各衙署档案机构设置》,《辽宁档案》1992 年第 2 期。

[15] 赵彦昌、姜珊:《改革开放以来东北地区清代档案编纂研究》,《辽宁大学学报》(哲学社会科学版) 2018 年第 6 期。

[16] 赵彦昌、姜珊:《清代地方档案保管问题研究——以〈黑图档·嘉庆朝〉为例》,《档案学研究》2020 年第 3 期。

[17] 赵彦昌、姜珊:《清代盛京内务府档案利用研究——基于〈黑图档·嘉庆朝〉的考察》,《档案学研究》2020 年第 1 期。

[18] 赵彦昌、姜珊:《问题与方法:清代司法档案整理与法律史研究的双向互动》,《档案学研究》2022 年第 5 期。

[19] 赵彦昌、王睿嘉:《〈黑图档〉中的盛京皇宫凤凰楼》,《北京档案》2021 年第 9 期。

[20] 赵彦昌、姜珊:《〈黑图档·嘉庆朝〉所见清代文书制度若干问题研究》,《北京档案》2020 年第 1 期。

[21] 赵彦昌、姜珊:《〈黑图档·嘉庆朝〉所见清代公文撰拟用字及用印问题研究》,《档案与建设》2019 年第 10 期。

[22] 赵彦昌、姜珊:《〈黑图档·嘉庆朝〉盛京刑部档案的史料价值探析》,《档案与建设》2021 年第 7 期。

[23] 赵彦昌、刘芮岑:《〈黑图档·咸丰朝〉所见盛京文书工作探析》,《档案与建设》2022 年第 6 期。

[24] 赵彦昌、王长圆:《〈黑图档〉所见档案房物品管理职能研究》,《档案管理》2022 年第 2 期。

[25] 赵彦昌、樊旭:《〈黑图档·咸丰朝〉评介》,《满族研究》2019 年第 3 期。

［26］赵彦昌、葛香辰：《清代内务府档案整理与研究述评》，《满族研究》2019 年第 1 期。

［27］魏鉴勋、关嘉录：《康熙朝盛京内务府皇庄的管理》，《故宫博物院院刊》1984 年第 2 期。

［28］佟永功：《清代盛京参务活动述略》，《清史研究》2000 年第 1 期。

［29］程大鲲、夏春冬：《清代文书档案中印信的使用》，《兰台世界》2003 年第 3 期。

［30］吴智嘉：《辽宁省馆藏满文文书档案的特点及价值》，《满族研究》2017 年第 1 期。

［31］王有粮：《司法档案、史料与中国法律史研究：以傅斯年"史料学"思想为基本视角的略述》，《社会科学研究》2012 年第 3 期。

［32］孟昭信：《〈盛京刑部原档〉与清入关前史研究》，《史学集刊》1989 年第 3 期。

［33］孟繁勇：《清代盛京将军与陪都机构权力关系的演变》，《社会科学辑刊》2009 年第 3 期。

［34］高雅婷：《〈黑图档〉整理与研究述评》，《兰台世界》2021 年第 10 期。

［35］李小雪：《生态·生活·管理：清康熙朝盛京基层社会——以满文〈黑图档〉所载 280 件认领无名尸案为基本资料》，《黑龙江民族丛刊》2020 年第 6 期。

［36］李小雪：《清代盛京地区保甲制度之推行——以盛京内务府抄存档案黑图档为中心》，《历史档案》2020 年第 4 期。

后 记

本书是我主持的 2019 年度沈阳市哲学社会科学专项资金项目"左图右史与《黑图档》：清代沈阳城市记忆研究"（项目编号：SC19001Z）最终结题成果。自立项之后，几乎贯穿于新冠疫情的始终，原本该于 2021 年问世并结题的书稿，因为种种原因一直拖到了 2023 年。其间，我的工作单位名称也发生了变化，原先是辽宁大学历史学院档案学系，项目申报的时候还在担任系主任，现在已经归属辽宁大学信息资源管理学院，同时担任院长职务。在此期间，我们还成立了"《黑图档》整理与研究工作坊"，师生一同研读《黑图档》，分专题整理了近百万字的原始档案，并以此为素材撰写并发表了近百篇学术论文，我指导的已毕业的博士研究生姜珊同学的博士学位论文《清代盛京刑部司法审判职能研究》即以《黑图档》为主要素材，还指导了近 10 篇的硕士学位论文，诸多论文获得国家级、省级科研奖励，多篇论文被全文转载，还以此申报了一项国家社科基金项目、一项教育部哲学社会科学后期资助（重大）项目，一项辽宁省教育厅科学研究项目、两项辽宁省经济社会发展立项课题，"《黑图档》整理与研究工作坊"还被评为辽宁大学师德师风优秀案例，此中诸多故事，实不足道也。

本书虽冠名为我独著，但在撰写过程中，却凝聚了我的硕士研究生和博士研究生的很多心血，诸多章节均为与我合作完成，具体如下：

绪论：赵彦昌、纪苏桐

第一章：赵彦昌、姜珊

第二章：赵彦昌、姜珊

第三章：赵彦昌、王睿嘉

第四章：赵彦昌、王睿嘉

第五章：赵彦昌、高雅婷

第六章：赵彦昌、姜珊、王长圆

第七章：赵彦昌、高雅婷

第八章：赵彦昌、王睿嘉

第九章：赵彦昌、姜珊、王依凡、宋雪婷、赵铭媛、王琳

第十章：赵彦昌、高雅婷

　　《清代沈阳城市记忆研究》一书以辽宁省档案馆藏盛京内务府抄存档案《黑图档》为主要研究素材，兼与传世文献互证、互补，尽可能展现清代沈阳城市记忆的基本原貌，但由于学识有限，难免深度不足、广度有限，更难以避免挂一漏万，这本书也是我们"《黑图档》整理与研究工作坊"的第一部专著，陆续还会出现第二部、第三部……这也是我们辽宁大学信息资源管理学院的地域特色与学科优势所在，我们将"一以贯之"研究到底！希望学者师友、同仁多提宝贵意见，我们一定会认真吸纳并争取在今后的整理与研究中更上一层楼。

　　在本书核实史料和书稿校对过程中，姜珊老师带领我的博士研究生韩瑞鹏、简文栋、刘家佑与我的硕士研究生华晓欣、吉日格勒、李知霏、刘婷婷、刘艺伟、李嘉芸、王睿群做了大量细致而认真的工作，付出良多，在此表示感谢。在本书撰写及出版过程中，得到人民出版社贺畅老师的诸多帮助与支持，在此表示衷心的感谢！这也是我在人民出版社出版的第二部著作，更期待着第三部、第四部……的问世。

河北晋州 赵彦昌谨记

2023 年 6 月 1 日